图书在版编目（CIP）数据

竞争战略 /（美）波特著；陈丽芳译. —北京：中信出版社，2014.8（2025.11重印）
书名原文：Competitive Strategy: Techniques for Analyzing Industries and Competitors
ISBN 978-7-5086-4346-5
I. 竞… II. ①波… ②陈… III. 企业竞争 - 竞争战略 - 研究 IV. F270
中国版本图书馆CIP数据核字（2013）第271440号

竞争战略

著　　者：[美] 迈克尔 · 波特
译　　者：陈丽芳
策划推广：中信出版社（China CITIC Press）
出版发行：中信出版集团股份有限公司
（北京市朝阳区东三环北路 27 号嘉铭中心　邮编　100020）
（CITIC Publishing Group）
承 印 者：北京通州皇家印刷厂

开　　本：787mm × 1092mm　1/16　　印　　张：21.5　　字　　数：352 千字
版　　次：2014 年 8 月第 1 版　　印　　次：2025 年11月第56次印刷
京权图字：01-2013-6371
书　　号：ISBN 978-7-5086-4346-5 / F · 3075
定　　价：88.00 元

· COMPETITIVE STRATEGY · 目　录 ·

第一部分　基本分析技巧

第二部分　基本的行业环境

第三部分　战略决策

波特教授是享誉全球的管理大师，是战略管理领域的开拓者、泰斗，其战略思想影响至深，迄今依然是商学院最受欢迎的战略分析工具之一。在中欧国际工商学院EMBA（高层管理人员工商管理硕士）学员的小组课题报告中，波特教授的分析框架当仁不让成为首选。中欧办学至今近20年来无不如此，足见大师作品历久弥新的经典价值。

为何波特的战略思想如此受欢迎？我想大概有以下几条理由。第一，他的战略思想将复杂的竞争现象精简为通俗易懂的思维模型，企业家听了就能理解，拿过来就可以应用。第二，在看似朴素的方法背后，是他惊人的洞察力。尽管现实世界纷繁芜杂，商业创新层出不穷，但其战略分析均可适用。即便前几年风靡一时的《蓝海战略》，也是在波特战略理论基础上的创新与延展。第三，尽管在现实世界的管理决策中，企业家未必能够完全按照波特的分析方法去制定战略，但这并不影响企业家对波特战略的钟爱。因为，波特战略总是能帮助他们更加有条理地去思考、总结问题，也可以更好地把自己的战略意图与同事们交流和分享。

波特之所以能做到以上几点，其中一个原因是他对案例的运用。在每一个战略步骤/环节，波特都借具体案例加以阐释和说明，这使读者感觉非常受用。当然，更重要的是波特教授独特的个人经历：第一，他先取得MBA（工商管理硕士）学位，再拿到经济学博士学位，MBA的经历让他的研究始终围绕现实世界运转；第二，他不是学管理出身，而是经济学博士，经济学的特点在于抽象的总结，经济学训练赋予了波特化繁为简的功力；第三，他26岁就执教于以案例教学法闻名世界的哈佛商学院，这进一步强化了他与现实世界的联系。波特教授的这些成功因素，是值得如今的商学院教授们认真借鉴的。

对中国的一些企业家而言，《竞争战略》及《竞争优势》等“竞争”系列丛书是特别需要补课的好教材。中国企业需要认真学习波特的这套“竞争”系列丛书，其迫切性还与当下的经济转型有关。中共十八届三中全会提出的全面改革方案，开启了中国经济社会转型的大幕。转型对企业而言意味着新的竞争环境。经济增速将从高速变为中高速，原来的劳动力成本优势进一步下降，人口结构迎来刘易斯拐点，经济从投资推动转向消费驱动，以上海自贸区为标志的对外开放进一步升级……显然，企业未来的成功将不能继续简单地依赖低成本优势和经济高速增长带来的投资机会。转型的根本出路在于创新，创新将是成就未来赢家的不二法宝。但任何一次商业创新都只能带来暂时的领先，只有建立在竞争战略基础之上的持续创新，才是成就伟大企业之路。

我郑重推荐这套丛书，希望企业家们潜心细读，一定会有令你感到惊喜的收获与顿悟。

中欧国际工商学院院长，上海数字化与互联网金融研究中心主任

朱晓明

迈克尔·波特的《竞争战略》、《竞争优势》以及《国家竞争优势》，都是商学或管理学领域很有影响力的著作。其贡献不仅在理论上，而且为公共和民营组织的实践者提供了一个系统的思想方法，帮助人们考虑一个企业、组织乃至国家的竞争战略问题。从理论上来说，波特的工作开了用不同学术领域的研究方法来分析、研究、解决同一个问题的先河，产业经济学、组织行为学乃至社会学，都被用到战略管理的理论研究当中。对其在实践或应用方面的贡献，我只想谈一点近年来自己在国内商学院任教时的体验。国内EMBA学生的毕业论文大多以企业战略为题，在几个主要商学院中这个统计数字都超过60%，而这些论文都是用波特的方法来思考和解决学员所在的企业或其他组织的战略问题。可见其影响之大，是许多其他著作难以企及的。

波特教授在其著作中提出的标准分析方法，如“五力模型”、三大通用战略等，应用起来很方便。这里就有一个实战性的问题：是否用了波特的方法，就一定能在经营中成功、在竞争中取胜？这显然与事实不符。所以在读波特的书时要注意，有些东西可以套用，有些东西不能简单套用。分析的框架、考虑的要素、思想的方法可以套用，但分析的结论，特别是针对某些特定案例的结论，就不一定能套用。即使在同一行业，如果时间不同，地点不同，文化背景不同，企业的最佳策略就不一定相同。所以看波特的书，一定要结合自己的工作实际来读、来想、来分析。一切从实际出发，才是成功的秘诀。

为了保证理论阐述的完备性，波特教授在书中对问题条件、决定因素、战略选择、挑战与风险等方面的陈述和分析面面俱到，力求详尽。好处是可以全面看待问题，不会疏漏了应该考虑的条件、因素、选择和风险等。但是可能出现的问题是读者会被林林总总的信息所淹没，丢失了重点，搞不清什么是关键问题。说到“五力”，什么是起主要作用的力？说到“优势”，什么是能克敌制胜的强项？说到“劣势”，什么是可能致命的弱点？重要的东西不多，但要抓住它们并不容易。要抓住重点、抓住关键，除了经验和判断力之外，利用企业和行业的历史统计数据也是一个有效的办法。

应用波特教授的分析方法，还要注意“与时俱进”。世间万物都在变化，市场和客户在变化，产品和技术在变化，经营环境在变化，竞争对手在变化，企业本身的能力、文化也在不断地变化。这些变化超过一定限度，就要求对企业的竞争战略做出相应的调整。成功的战略决策固然不会是“一蹴而就”，更不可能“一劳永逸”，所以一定要有长远的观点、动态的观点，时时把握重要因素的变化，及时做出相应的调整。常怀危机意识，戒骄戒躁，才有企业的“长治久安”。

这里我讲了三点意思，一是要联系实际，二是要抓要点、抓关键，三是要灵活变通、与时俱进。这些意见供读者在研读和应用波特教授著作时参考。

这次由中信出版社引进并翻译的《竞争战略》，行文平白，颇合乎中国广大读者的口味，特此推介。在写此序言时，我一直把陈小悦亲笔题赠的译著放在手边，他的音容笑貌，时时浮现眼前。小悦兄与我同年出生，同年考进大学——他在清华、我在复旦，后来又一同献身管理教育和研究。如今他英年早逝，谨以这一段文字纪念这位我国改革开放后管理学界的第一代杰出学者。

耶鲁大学荣誉教授，长江商学院学术副院长
李乐德

18年前,《竞争战略》首版问世。当时，我希望这本书能够产生一定的影响。我这样的想法倒不完全是奢望，因为我在著书前经过了深入的研究，我的观点经得起同事的质疑和检验，我所在学校的MBA和总裁班学生也都一一审读了本书的初稿。

没想到本书面世后，受到了热捧，人们认定它开辟了一个新领域，这让我始料未及。全球各地大多数商学院的学生都被要求学习本书的观点，本书也被列为有关策略或者战略核心课程的指定书目，为此还开设了专门的课程。它还成为经济、营销、技术管理和信息系统等学科的专业用书。多年来，我收到热心读者的信件，与很多人探讨竞争战略的问题，发现很多企业，无论规模大小，正在努力将本书的观点贯穿在它们的日常管理实践中。很多战略顾问使用本书观点开展业务，一些战略咨询公司也应运而生。本书已经成为金融分析师取得从业资格认证的必读书目。

众所周知，本书介绍的有关企业竞争战略、行业分析、竞争对手分析和战略定位的核心内容已经成了管理实践中必不可少的一部分。善于思考的读者可以把本书作为一个有力的工具以实现自己毕生的追求，并在此过程中影响管理的实践和商业的发展。

竞争战略本身也已经成为一门独立的学科。在这个领域里，许多卓越的学者和研究人员各抒己见，提出的观点各有所长，可谓百家争鸣、百花齐放。竞争战略也是经济学家日益关注的领域，这个领域有越来越多的人努力探索。无论是研究的广度还是深度都让人震惊和欣慰，他们或正面支持，或举证批判，研究竞争战略的文献可谓数不胜数。献身该领域的杰出学者，我有幸曾为其师或与之合作著书。与他们共事共勉，我荣幸之至，不仅能为人师，传道、授业、解惑，还能在构建人类知识殿堂的过程中尽绵薄之力。

本书的再版，使我有机会反思其影响力。光阴似箭，我也日益深刻地感受到本书的意义。竞争已经成为诸多公司的中心议题，当各国公司都在忙着应付不断升级的竞争时，本书的面世可谓“及时雨”。诚然，竞争已经成为我们这个时代永恒的主题。竞争日趋激烈，波及越来越多的国家。1997 年，本书被译为中文，之后又被译为捷克语、斯洛伐克语、匈牙利语、波兰语和乌克兰语等多个语种。回想 1980 年，我完全没有想到本书会有这么多不同国家的读者。

本书填补了管理思维的漏洞。经过多年的发展，总经理和专业人士的职能和作用界定得更加清楚。人们普遍认定战略规划是确定公司长期发展方向的重要步骤。肯尼思 · 安德鲁斯（Kenneth Andrews）和罗兰 · 克里斯滕森（Roland Christensen）作为这个领域的开创者，提出了发展战略的重要问题，我在本书首版的前言中已有提及。根本没有系统或者严谨的工具来回答这些问题，比如如何评估公司所在的行业、理解竞争对手的行为以及公司竞争地位的选择等。有些新成立的战略咨询公司致力于填补这个空白，但是这些人提出的观点（比如经验曲线）比较狭隘，常建立在单一的竞争假设条件基础上，且只针对某种战略类型进行探讨。

本书为我们理解行业中五大基本竞争力提供了充实的分析框架。这一框架揭示了行业之间的区别和行业变革的过程，还确立了帮助企业进行战略定位的方法。本书为我们理解有关行业和公司的丰富知识和鲜明特征提供了工具，帮助我们构建严谨完善的分析结构。本书还在竞争优势的分析中引入了总成本战略和差异化战略的结构化因素，明确其与企业赢利能力的关系。本书提供了诸多解决战略规划中纷繁复杂问题的具体措施。企业管理者在阅读本书的时候肯定有似曾相识的感觉，引起共鸣也实属意料之中。

本书为我们指明了新的方向，推动了经济学思维的应用。经济学中有关竞争的理论相当程式化。很多经济学家主要关注行业的发展，认定同一行业的企业基本上没有差别。有些经济学家按照企业的规模以及差异来区分企业，而对这些差异究竟如何影响效率却并不清楚。有关行业结构的主流看法，往往专注于卖方集中程度以及行业进入壁垒的起因。在各类经济学模型中，完全没有管理者的位置，好像他们对竞争结果没有影响力一样。经济学家主要关注不同的行业结构和竞争模式对社会和公共政策的影响，其目标是降低“超额”利润。很少有经济学家真正考虑竞争性质对公司行为的意义或者提升利润的方法等问题。此外，经济学家也缺少必要的工具来分析少数企业之间的竞争行为。本书则定义了多种现象，通过运用新型的博弈理论和技巧，经济学家可以进行量化分析。

我首先获得了MBA学位，而后获得了经济学博士学位。在哈佛大学商学院，我接受了独特的挑战，通过案例的分析向在职人员揭示实际竞争和固定模型之间的差距。他们迫切希望能开发一些工具来指导他们在实际的市场中做出选择。通过大量的案例研究，我们获得了丰富的行业和企业知识，借此针对行业竞争提出了更加成熟全面的观点，就企业如何能赶超对手的问题归纳出了结构化要素。行业结构涉及五大竞争力，而不仅仅是两种。我们可以从成本、差异化和范围3个方面来思考竞争地位问题。在我的理论中，经理不仅对行业结构有重要的影响，还能确定企业的相对地位。

本书提出了诸多概念，包括市场信号、转换成本、退出壁垒、总成本战略和差异化战略的对比、大布局战略与集中战略的对比。事实证明，这些概念为后续研究开辟了广阔的空间，包括博弈论的应用。我的方法成功地推动经济学家开辟了新的研究领域，为商学院的经济研究学者突破标准的经济概念和模型的限制提供了条件。本书不仅广泛应用于教学中，还将成为读者将经济学思维应用于实践的起点。

本书出版后都发生了哪些变化？一方面，从某种程度上来说，一切都变了。新的技术、管理工具、新兴行业以及新的政府政策层出不穷。但从另一个方面来说，什么也都没有改变。本书提出的竞争分析框架超越了行业、特定技术或者管理方法的界限，适用于高科技、低科技和服务等诸多行业。互联网的到来改变了行业进入壁垒，重新定义了买方力量，推动了新替代模式的产生，而行业竞争的基本动力却保持不变。行业变化更加彰显了本书观点的重要性，要求人们重新思考行业结构和界限。20世纪90年代的公司与20世纪七八十年代的公司有很大不同，行业内企业取得超凡赢利能力的关键依然是相对成本优势和差异化。我们可能认定经济周期的缩短或者总体质量的提高能使企业在竞争中取胜，但关键因素是企业所实施的措施如何影响行业竞争形势、企业的相对地位、企业实施差异化以及取得溢价的能力。

本书的观点经久不衰，自成一体。它以独立于企业竞争具体方式的角度揭示了竞争的根本原因。市面上有关竞争的书籍层出不穷，但都不能长久，主要有两个原因：其一是其内容主要是关于个别案例的分析；其二是其没有以竞争战略的原则为基础，而是以特定的竞争措施为前提。我这样说，并不代表本书是有关企业开展竞争的封顶之作。相反，很多学者提出的重要思想都包含了诸多前沿知识，而新的理论也将会诞生。但是本书将是所有有关行业竞争和行业定位思想的基石，在此基础上将出现更多的观点，尚待人们去整合。

自本书出版以来，我需要做出哪些修正或者改变？对于所有作者来说，要客观地回答这个问题不是一件容易的事。不断会有新的案例可以纳入本书中，不管行业新旧，这些案例都很有用。本书提出的观点不仅适用于制造业，也适用于服务业，因此可以添加更多服务业的主题。本书提出的分析框架广泛应用于多个国家，接下来我们还可以推出国际化的案例。虽然行业、企业和国家都会发生变化，但是本书提出的观点将魅力永存。

从观点的层面来看，我可以诚实地告诉大家，迄今为止我不打算收回我的观点。这并不意味着我裹足不前，不肯深入学习。本书提出的分析框架，从多个角度来看，都经过了验证。人们虽有质疑，但本书的观点经得起考问。经过学术界多位学者的不断研究，其理论得以深化拓展。很多作者以本书为参照构建自己的理论，我对此深感自豪。然而，要对这些学者的论著进行公允的评判，我倒不方便发言，但这些文献确实为我们提供了全新的见解。比如，有关供应商的理论越来越充实，我们也更加深入地理解了壁垒的理论基础。企业与供应商、买方不可避免有议价关系，通过加强与买方、供应商以及互补产品生产商的合作关系能够提升企业获得的总价值。这一观点在后来出版的《竞争优势》（*Competitive Advantage*）及相关文献中得到了充分的发扬光大。最后，实证研究成果已经在多方面证明了本书提出的观点。

本书俨然已经引发了不小的争议，有些争议纯属误解。这说明在某些方面，我的表达可能还不够清楚。例如，本书在一个快速变化的世界里构建了一个静态的分析框架，有人对此有异议。我从来没有说框架是静态的。书中涉及的每一个分析框架，包括行业分析、竞争对手分析、竞争地位都强调了要视具体的条件变化而定。诚然，这些分析框架揭示了变化的哪些维度是最有意义的。本书自始至终都在强调理解应对变化的方法，如行业变革（第 8 章）、新兴行业（第 10 章）、行业成熟发展的情况（第 11 章）、行业衰退的情况（第 12 章）、全球化（第 13 章）等。企业应进行不懈的行业学习、不断了解竞争对手以及改善自身的竞争地位。

对本书产生的另一个误解是低成本和差异化之间的选择问题。我的立场是，要么企业努力成为最低价位的生产商，要么真正实现差异化、获得溢价，两者兼而有之的情况很少。成功的战略需要做出选择，否则就很容易被对手模仿。企业进退两难（这是我提出的概念），就有可能招致灾难性的后果。有时候，诸如微软这样的公司发展超前，让人不能望其项背，似乎其根本不需要做出战略的取舍，但先行一步的企业，日后也不可避免会出现一些劣势。

我这样说并不意味着企业可以在实现差异化的过程中忽略成本，或者在追求成本最小化的时候忽略差异化。企业某个方面的改进不能以其他方面的发展为代价，在这个前提下，就不应该轻易放弃可以实施的战略。最后，低成本或差异化的竞争优势，无论是对于实施大布局战略的企业，还是对于实施集中战略的企业来说，都意味着孜孜不倦的努力和提升。战略地位是赢得竞争优势的途径，而不是一成不变的位置。近来，我明确区分了经营成效和战略地位的概念，这有助于澄清这种误解。

本书引发的其他争议反映了人们各持己见的事实。有个学派认定行业对战略并不重要，因为行业结构和界限变化非常迅速或者企业赢利能力是由其竞争地位决定的。我一直强调行业和地位都很重要，忽略任何一方都有可能让企业陷入危险的境地。行业平均赢利能力的差别很大，而且旷日持久。近来的统计数据验证了行业对企业赢利能力以及股票市场表现的重要影响，即便是在20世纪90年代，行业差异也表现得相当稳定，这还表明行业因素在解释行业内部的利润分布情况时也很重要。如果企业竞争的战场对企业绩效的结果没有任何影响，我们也不可能凭空杜撰出逻辑去解释。

行业结构体现在五大竞争力中，这为我们思考行业内现有和潜在的参与者之间如何进行价值创造和分割的问题提供了思路。这一观点揭示了竞争不仅仅是与现有的竞争对手的较量。虽然人们对于行业界限的划分存有疑虑，但五大竞争力中总有一种力量能够解释价值分配的关键问题。有些人认为需要加入第六大竞争力来考虑，如政府或者技术。我认为不能单独理解政府或者技术的作用，政府或者技术一定要与五大竞争力结合起来考虑才行。

还有一个学派认定要素市场（投入要素）的条件在决定公司的业绩方面比行业

竞争更重要。我们要再次强调，对于行业竞争所起的作用已经有大量的实证支撑，且对此没有相反的例证；另外，供应商条件也是行业结构的一部分。虽然资源、产能或者其他与投入要素市场相关的特征有助于我们理解行业竞争，但试图割裂要素市场特征与行业竞争的关系，否定其与企业相对于对手所具有的独特优势，这种行为本身就是非常危险的。资源和产能的价值必然要与战略联系起来。不管我们掌握的企业内部境况如何，理解行业和竞争对手将是理解企业发展方向和实现目标的关键因素。

最后我要指出，近几年有些人提出企业不应该对自己的竞争地位进行选择，而应该集中精力从多个方面保持战略的灵活性，不断吸收新观点，获得关键的资源或核心竞争力。他们认为无论是关键的资源还是能力，都与企业的竞争地位无关。

恕我直言，这个观点我不敢苟同。战略多变，使你几乎无法占有竞争优势。在各个战略之间跳来跳去，将使企业顾此失彼，无法落实任何一项战略。为了保持经营的成效，企业有必要不断包容新观点，但这一点与企业保持稳定的战略定位并不矛盾。

仅仅关注资源或者能力，忽略竞争地位，企业将很有可能面临过于“保守”的风险。资源或者能力对企业特定的战略地位或者竞争方式有重要意义，但本身并不是核心要素，也不能将两者混为一谈。企业对资源或者能力的看法固然重要，但这并不等于企业能忽略在特定的业务领域中针对整个行业结构和企业竞争地位的重要意义的把握。联系企业在市场中的竞争地位及其实现的手段不仅不可或缺，而且至关重要。

撰写本书的时代已经一去不复返。时间的流逝，不仅让大家丰富了本书的观点，还催生了与以往不同的视角。而今，人们越发重视战略的意义。过去这些年，企业过分注重内部问题，其局限性日益明显，但人们逐渐重新认识到战略的影响力。随着我个人阅历的加深，我已不再如年轻时那般冲动，我希望现在我们能更清楚地看到竞争战略在整个企业管理中的重要地位，并能采取整合的方法，以全新的视角来分析竞争及其意义。

迈克尔 · 波特
1998 年 1 月于马萨诸塞州布鲁克莱恩

本书源于我对行业组织经济学和竞争战略的研究和教学，是我学术生涯中具有里程碑意义的著作。竞争战略是管理者最关心的一大领域，管理者对行业和竞争对手的理解决定了竞争战略的形成。但是，战略领域几乎没有现成的分析工具能帮助管理者理解行业和竞争对手，现有的研究也缺乏深度和广度。尽管经济学家长期研究行业结构，但主要是从公共政策的角度进行分析，经济学研究本身不能解决企业经理最关注的问题。

我曾在哈佛商学院从事教学和研究工作，研究领域横跨企业战略和产业经济学，此间我尝试过填补这方面的空白。本书源于我对产业经济学的研究，我从攻读博士学位时就开始了这项研究。之后，我一直致力于这个领域的研究。1975 年，我在为商业政策课程准备教材的时候开始撰写本书，之后开设了行业和竞争分析课程，这门课程后来为哈佛商学院的MBA和总裁班学生开设。我不仅从传统的意义上开展了基于统计数据的研究，还研究了成百上千个行业。我在开展教学和教研活动时，在监督几十个MBA学生团队的行业研究以及与美国和国际公司合作的过程中逐渐积累了针对多个行业的研究。

本书既适用于在特定企业中需要制定战略的管理者，也适用于那些想要更深刻理解竞争的学者，还适用于商界中那些有志于理解行业和竞争对手行为的人士。竞争分析不仅在制定企业战略的过程中很重要，在公司理财、营销、证券分析以及其他业务领域也有着举足轻重的作用。我希望本书能为身在不同职能部门的管理者以及不同组织层面的人士提供有价值的见解。

我还希望本书能为针对竞争制定合理的公共政策提供帮助。本书分析了企业加强自身市场地位、卓有成效地开展竞争的方法。所有竞争战略都在社会需要的竞争行为的博弈情境中发生，它们遵循着博弈规则，受基本的伦理职业道德和公共政策的制约。除非企业能够正确预期自身对竞争威胁和机会的战略回应，否则博弈规则将无法实现其既定的成效。

在本书成稿的过程中，我获得了很多人的帮助和支持。哈佛商学院为我提供了良好的工作环境，让我安心研究。劳伦斯 · 法瑞克院长和约翰 · 麦克阿瑟院长为我提供了很多有益的评价，从制度上予以支持，更重要的是，他们从头到尾都鼓励我一定要完成这本书的撰写。学校的研究部门也为竞争战略的研究项目慷慨资助。此外，我还获得了通用电气基金的资助。哈佛商学院研究部主任理查德 · 罗圣明高瞻远瞩、耐心慈爱，他为本书的出版倾注了大量心血，提出了大量宝贵的意见和建议。

在5年的时间里，我与一群才华出众、敬业勤奋的学者合作开展行业研究，准备案例材料。没有他们的帮助和支持，就不会有本书的诞生。杰西 · 布尔纳夫、史蒂文 · 罗思、玛格丽特 · 劳伦斯和尼尔 · 巴德卡姆卡尔都是哈佛大学的MBA，他们每一位都投入了至少一年的时间，全职参与本研究项目的开展。

很多博士生也参与竞争战略的研究，让我受益匪浅。本书第12章的内容就得益于凯瑟琳 · 哈里根对行业衰退期的研究。本书多个重要主题的应用都受到了约瑟夫 · 德克鲁兹、尼汀 · 梅赫塔、彼得 · 帕奇和乔治 · 叶等人的启发。

本书撰写的过程中，我得到了哈佛大学同事以及企业合作者的大力支持。我与理查德 · 凯夫斯共同开展研究，其成果构成了本书很重要的一部分。凯夫斯是我的良师益友，他对全书提出了非常中肯的评论和见解。哈佛商学院商业政策教员马尔科姆 · 索尔特和约瑟夫 · 鲍尔帮助我厘清思路，给我提出了宝贵意见。战略规划合伙公司的副总裁凯瑟琳 · 海登对整个书稿提出了很多意见和新颖的见解。我与迈克尔 · 斯彭斯共同研究，和他讨论了很多次，由此加深了我对战略的理解。理查德 · 迈耶和我一同讲授行业和竞争分析课程，他激发了我对诸多领域的深入思考。马克 · 富勒帮助我完成了案例发展和行业研究。来自波士顿咨询集团的托马斯 · 豪特、艾琳 · 鲁登和埃里克 · 沃格特对第13章的内容贡献很大。从写作初稿到最后成稿的过程中，有很多人鼓励我，向我提出宝贵意见，他们是约翰 · 林特纳教授、罗兰 · 克里斯滕森、肯尼思 · 安德鲁斯、罗伯特 · 巴泽尔和诺曼 · 伯格，还有来自古尔德公司的约翰·尼尔斯·汉森、来自麦肯锡公司的约翰·福伯斯，以及编辑罗伯特·华莱士。

我非常感谢埃米莉·费奥多和希拉·巴里两位编辑的组稿和统筹工作，她们的工作让我可以安心研究。最后，我要借此机会感谢我的学生们。在行业和竞争分析、商业策略和行业分析调查研究等课程中，他们甘愿率先对本书的概念进行尝试；他们满怀热情，耐心十足，帮助我厘清思路，从多方面把控本书整体框架的构建。

在某个行业里经营的所有企业都有自己的竞争战略，这与公司是否明文规定或者公布自己的战略无关。企业可以通过规划过程明确表示自己实施的战略，也可以通过不同职能部门的活动自然形成某种战略。企业若不加干预，每个职能部门都不可避免地会按照专业的导向和责任归属的原则，以本部门的方法办事。然而，企业部门各自为政，汇总每个部门的行事风格，未必就能形成有利于企业发展的战略。

企业强调战略规划，主要反映了明确制定战略所带来的重要好处。这样做能保证企业协调每个职能部门的政策（未必是行动），为了实现企业的共同目标而奋斗。人们日益关注正式的战略规划过程，表明管理者早已留意到这些问题：企业所处行业或者打算进入的行业内驱动竞争的力量是什么？竞争对手可能采取什么行动？企业应该怎样对此做出最佳回应？企业所在行业的发展道路是什么？企业如何进行战略定位才能更好地满足其在行业竞争中的要求？

然而，人们对战略规划过程的关注，主要体现在以某种组织有序、训练有素的方式提出这些问题，却没有给出这些问题的答案。而回答这些问题的方式和技巧，一般是由咨询公司提出的：要么是针对企业多元化的问题，而没能从行业的角度出发，要么只考虑行业结构的某个方面，比如关注成本行为，但这样做不可能全面把握行业竞争错综复杂的内情。

本书为帮助企业分析行业整体状况、预测行业未来的变革方向、理解竞争对手的行为以及企业自身的竞争地位，进而将这种分析转化为企业在特定业务领域的竞争战略，提供了全面的分析框架和方法。本书包括三部分。第一部分提出了分析行业结构以及企业竞争对手的基本框架。这部分的重点是分析行业内存在的五大竞争力及其战略影响。这部分在确立了分析框架后，分析竞争对手、买方和供应商的方法，阐明了解读市场信号的技巧；利用博弈理论来说明如何对竞争对手的措施做出回应，说明如何利用行业内战略群体图示来解释绩效的差别；之后，还提出了预测行业变革的分析框架。

第二部分阐述了第一部分提出的分析框架在特定的行业情景中制定竞争战略的应用过程。不同的行业情景反映了行业集中度、成熟度和国际竞争程度的差异。不同的行业环境对于确定企业竞争战略的背景、可选的战略决策和常见的战略错误有着决定性作用。这部分还分析了分散型行业、新兴行业、行业逐渐成熟的转型期、行业衰退期和全球化行业的状况。

第三部分系统地梳理了企业在单个行业内竞争可能遇到的战略决策类型，进而完成了竞争战略分析框架的搭建，具体包括垂直一体化、产能扩张、进入新的业务领域。（撤出投资在本书第二部分第 12 章中有详述。）每个战略决策的分析都利用了第一部分提出的基本分析工具，以及其他经济理论或者有关管理和组织激励的理论。第三部分不仅旨在帮助企业做出关键的战略决策，还可以帮助企业更清醒地认识自己的竞争对手、客户、供应商和潜在的市场进入者。

为了分析特定企业的竞争战略，读者可以从多个角度利用本书的内容。首先，可以使用第一部分提出的基本分析工具；其次，第二部分的章节可以用来为处在特定行业环境的企业制定战略提供特定的指导；最后，如果企业正在考虑制定特定的商业决策，读者可以查阅第三部分有关章节的内容。就算特定的商业决策并不明显，第三部分也有助于我们审视已经做出的决策，借此分析竞争对手过去和当前的选择。

读者可以通过不断深化对本书整体框架的理解，解决特定的战略问题；当然，读者也可以随性翻阅书中的具体章节。本书的三个部分层层深入、彼此呼应、相辅相成，以系统的方式阅读将收获更多。那些看似对企业的竞争地位不重要的章节，有可能恰恰是分析竞争对手的关键，当然还要考虑到广泛的行业情景和当前战略决策的变化。通读全书，其纷繁的细节可能让人望而却步，但是日后凭借书中所学知识来分析战略情景，进而制定竞争战略，其速度和成效将大大提升。届时你就能体会阅读本书的努力非常值得。

很快读者会发现，全面了解行业及企业的竞争对手需要大量的数据，有些数据比较敏感，获取难度很高。本书旨在为读者提供分析框架，了解哪些数据意义重大，从而掌握分析数据的方法。考虑到读者在开展这项研究的过程中可能遇到的困难，附录 2 提供了整套办法，帮助读者在实践中开展行业研究，包括相关的数据源、所涉及的领域以及指导实地调查访问的原则。

本书是为管理从业者而写的，即那些希望提升企业业绩的经理、顾问、管理学专家、证券分析师，或者其他试图理解和预测商业成功或者失败的评论人、为制定公共政策需要迫切了解竞争实质的政府官员等。本书源于我针对产业经济学和企业战略研究的成果，与我在哈佛大学商学院教授MBA和总裁班学生的经历分不开。本书是在对规模不同、发展成熟状态不一的上百个行业进行仔细分析后得到的结果。本书的视角异于学院派，写作风格也与我的其他学术著作大不相同。虽说如此，我还是希望学者朋友们依然能对本书保持关注，从书中的理论方法、行业组织理论的扩充以及展示的诸多案例中获得帮助。

概述：经典战略制定办法

从本质上来说，制定竞争战略可以为企业如何开展竞争制定大纲，进而确定企业的目标以及实现这些目标的方法。在为读者阐述整体分析框架前，本节将回顾俨然已成为行业内标杆的经典战略制定方法。具体如图 0–1 和图 0–2 所示。

图 0–1 表明竞争战略整合了企业努力实现的目标与实现的手段（政策）。不同企业对这里罗列的概念有不同的表达方式。比如，有些企业使用“使命（mission）”或者“目的（objective）”来代替“目标（goals）”，有些企业使用“策略（tactics）”来代替“运营政策（operating policies）”或者“职能政策（functional policies）”。然而，只有区分了目标和手段，我们才能把握战略的本质。

图 0–1 为“竞争战略轮盘”。该图显示了企业竞争战略的关键层面。轮盘的轴心是企业的目标。企业目标大体上界定了企业进行竞争的方式以及具体的经济和非经济目标。辐条是指企业各项主要的运营政策，用以实现企业的目标。在轮盘的每个标题下，应该根据企业活动写出各职能领域关键运营政策的简短陈述。按照企业的性质，管理层应该能够清楚地表达这些运营政策。一旦明确了主要的运营政策，战略的概念就可以用来指导公司的总体行为。就像一个轮盘一样，辐条（企业的政策）必须源自轴心（目标），反映轴心，而且辐条必须紧密相连，否则轮盘无法运转。

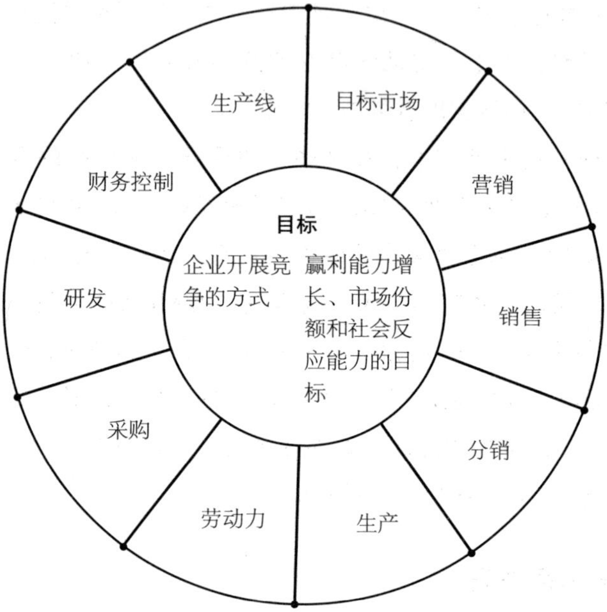

图 0–1　竞争战略轮盘

图 0–2 展示了从广义上制定竞争战略涉及的 4 个关键要素，这 4 个要素决定了企业取得成功的限制条件。企业的优势和劣势表明了企业相对于竞争对手具备的整体资产和实力，包括财务资源、技术能力、品牌识别等。关键领导者的个人价值观反映了管理骨干和其他人员必须执行选定战略的动力以及需要。企业的优势、劣势和价值一起决定了企业成功采用某项竞争战略的内部局限性。

企业的外部局限性由行业和大环境决定。行业机会和威胁定义了竞争范围，包括其对应的风险和潜在的利益。社会期望反映了包括政府政策、社会关注、社会变革和其他因素对企业的影响。在企业制定现实的可执行的一套目标和政策前，必须要考虑这四大关键因素。

竞争战略是否适用于企业，可以通过测试提出的企业目标和政策是否一致来确定，具体如表 0–1 所示。

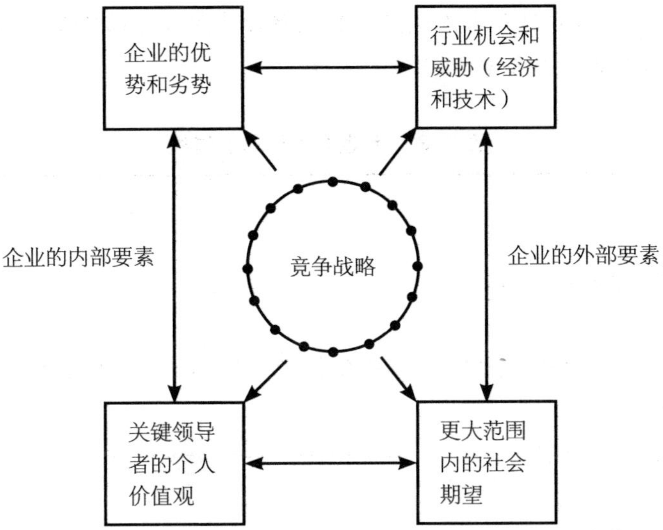

图 0–2　竞争战略的制定环境

表 0–1　一致性测试

内部一致性

对照企业目标之间的关系，它们能否全部实现?

主要运营政策是否体现了企业的目标?

主要运营政策能否相互促进?

环境匹配度

企业的目标和政策是否利用了行业的机会?

企业的目标和政策能否使其利用现有的资源应对行业威胁（包括应对竞争的风险）?

企业的目标和政策实施是否符合时机，环境能经受住这些行动吗?

企业的目标和政策能否回应整个社会的需要?

资源匹配度

与竞争对手相比，企业的目标和政策与现有的资源是否匹配?

企业的目标和政策是否符合时机，能反映组织变化的能力吗?

沟通和执行

企业的关键执行者是否理解企业目标?

企业的目标和政策是否与企业关键领导者的价值观一致，从而保证其全情投入?

管理能力能否得到有效的发挥?

有效的竞争战略需要考虑的这些方面能够转化为制定战略的一般方法。表 0–2 列出的问题表明了制定优化竞争战略的方法。

表 0–2　制定竞争战略的过程

一、企业正在做什么？

1. 自我定位

企业当前暗示或者明示的战略是什么？

2. 隐含的假设

当前的战略要站得住脚，需要针对企业的相对竞争地位、优势和劣势、竞争对手和行业趋势做出怎样的假设？

二、环境正在发生怎样的变化？

1. 行业分析

企业在竞争中取胜的关键要素是什么？行业存在哪些机会和威胁？

2. 竞争对手分析

现有和潜在竞争对手的能力和局限是什么？竞争对手将来可能采取什么样的举措？

3. 社会分析

政府、社会和政治因素中，哪些会给企业带来机会？哪些会给企业带来威胁？

4. 优势和劣势

根据对行业和竞争对手的分析，企业相对于现有和潜在竞争对手具备哪些优势和劣势？

三、企业应该做什么？

1. 验证假设和战略

与第二部分的分析相比，当前战略如何体现了假设？战略如何满足表 0–1 中的测试？

2. 战略备选方案

按照上述分析的结果，企业可行的战略备选方案是什么？当前的战略是否可行？

3. 战略选择

哪个战略备选方案最适用于企业当前的情况，能使其以最佳的状态应对外在的机会和威胁？

虽然表 0–2 所显示的过程看起来非常简单，但正确回答这些问题却需要大量深入的分析。本书的写作目的就是要全面回答这些问题。

COMPETITIVE STRATEGY

第一部分 基本分析技巧

第一部分从分析行业结构和竞争对手出发，为企业制定竞争战略构建了基本的分析框架。第1章介绍了结构化分析的概念，为理解行业内五大竞争力奠定基础。这个分析框架是我们理解本书后续展开的各项讨论的前提。第2章利用结构化分析框架大体定义了长期可用的三大通用竞争战略。

第3章、第4章和第5章着重阐明了竞争战略的另一项关键内容：对竞争对手的分析。第3章介绍了分析竞争对手的框架，这有助于确定竞争对手可能采取的行动及其对市场的反应能力。第3章详细提出了有助于分析师评估特定竞争对手的问题。第4章阐述公司行为如何会产生一系列市场信号，丰富对竞争对手的分析，并作为实施战略行为的基础。第5章率先提出企业采取竞争行为、影响竞争行为和对竞争行为做出反应的做法。第6章阐述了针对买方和供应商战略进行的结构化分析的概念。

第一部分最后两章综合了行业分析和竞争对手分析。第7章利用战略群体的概念和可能延缓企业竞争地位变化的移动壁垒原则，阐明了分析行业内部竞争性质的方法。第8章总结了分析预测行业变革进程及其对竞争战略演变产生的影响的基本分析技巧。

01 行业的结构化分析

制定竞争战略的本质是将企业放在环境里分析。相关的环境概念非常宽泛，它包含社会因素和经济力量，而企业环境的关键要素则是企业所在的某个行业或者多个行业的发展情况。行业结构对决定博弈的竞争规则以及企业潜在可选的战略有着重大影响。相对而言，行业外部的力量比较重要。由于外部力量通常会影响一个行业内部的所有企业，因此企业应对外部力量的能力差异常具有关键作用。

行业内企业竞争的激烈程度并非巧合，也非运气。行业内存在的竞争根植于行业的基本经济结构，它会超越现有企业竞争行为的边界。行业内的竞争状态取决于五大竞争力，具体如图 1–1 所示。这五大竞争力的合力决定了行业最终的赢利能力，而赢利能力是用投入资本的长期回报率来衡量的。并非所有行业都有相同的赢利潜力，五大竞争力的合力不同，决定了不同行业的最终赢利能力也不同。在诸如轮胎、纸和钢材行业，竞争强度比较大，几乎没有企业能赢得可观的回报；在石油设备和服务、化妆品以及化妆用具行业，竞争强度则相对不大。

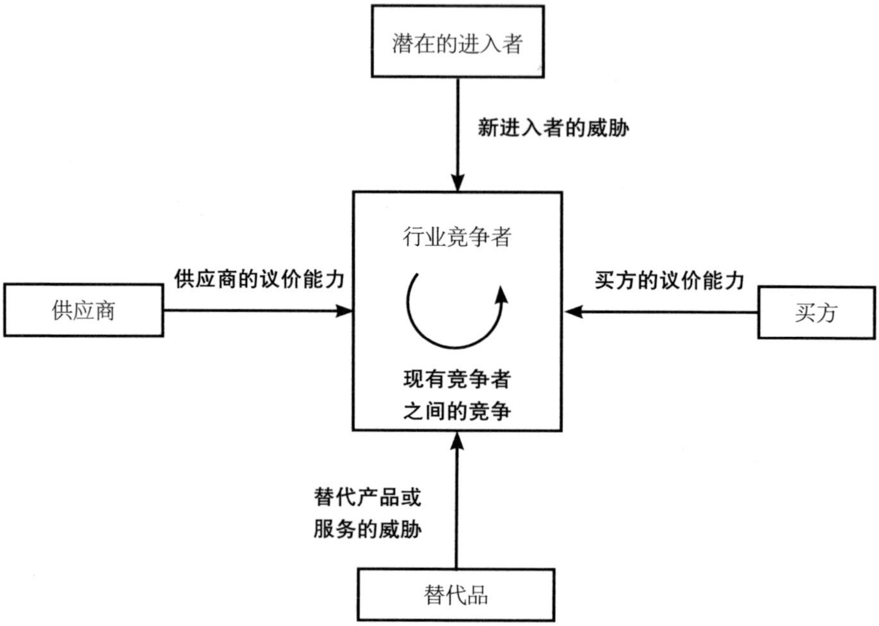

图 1–1　驱动行业竞争的力量

本章的重点是确定决定竞争强度和行业赢利能力的行业关键结构化特征。业务单元在某个行业内实施竞争战略的目标是在行业内寻找最佳的定位，让企业更好地维护自身的竞争力或者以有利于企业发展的方式影响竞争力。由于所有企业都能看清楚竞争合力，所以制定竞争战略的关键就是透过表象分析每种竞争力的源头。了解决定竞争力的基本原因，可以发现企业的关键优势或者劣势，表明企业在行业内的地位，明确在哪些方面企业的战略变化能带来最大的回报，以及可能给企业带来机会或者威胁的重要行业导向和领域。理解这些影响竞争力的要素，还有助于企业考虑实施多元化的范畴，而本章的重点就是行业战略。结构化分析是制定竞争战略的基础，也是本书提出各类概念的基石。

为了避免无谓的重复，本书所说的“产品”指代行业的产出，而没有用具体的产品或者服务，虽然这里提出的结构化分析同样适用于产品制造和服务行业。结构化分析还可以用来诊断任何国家或者国际市场中的行业竞争情况，只是分析过程中要考虑制度因素的区别。

决定竞争强度的结构化因素

我们把行业定义为“由生产彼此可以替代的产品的企业组成的集合”。现实中，人们对于行业的精确定义常有争议，主要是围绕产品替代性需求的接近程度、工艺或者地域市场的边界等方面。一旦引入了结构化分析的基本概念，我们就能更好地看待这些问题，借此初步确定行业的界限。

行业内的竞争有降低资本回报率的趋势，这种力量会一直推动资本回报率降低至竞争回报率的下限水平，即达到经济学家所谓的完全竞争的回报率。这种竞争回报率下限，又称“自由市场回报率”，与扣除了资本损失风险的长期政府债券收益相当。投资者不可能长期容忍低于这个下限的回报，因为他们有权投资其他行业。如果企业的长期回报低于这个下限，就只能选择退出行业。行业内存在的回报率高于经过调整的自由市场回报率，可能会刺激资本进入行业，或者是新的企业进入，或者是行业内现有企业增加投资。行业竞争力的强度决定了资本投资流入的程度，资本流入驱使着整体行业回报率下降至自由市场水平，这样企业就能保持高于平均水平的回报率。

五大竞争力，即新进入者的威胁、替代产品或服务的威胁、买方的议价能力、供应商的议价能力以及现有竞争者之间的竞争，反映了行业内竞争不仅存在于行业内现有的企业之间。买方、供应商、替代品和潜在的进入者都是行业内企业的“竞争对手”，竞争的态势是否明显主要取决于具体的行业发展情况。广义的竞争可以称为“扩展竞争”（extended rivalry）。

五大竞争力的合力决定了行业竞争的强度和赢利能力。谁拥有最强的竞争力，谁就将起到统领作用，因此从战略制定的角度来看竞争力是最重要的。例如，若一个企业受到一个更高级且低成本的替代品的威胁，那么即便该企业在行业内处于强势市场地位，且没有潜在的进入者的威胁，其回报率可能依然很低。就算没有替代品或行业进入壁垒不高，现有竞争者之间的竞争也会限制潜在的回报。竞争强度的极端案例是经济学家所说的完全竞争行业，在这里行业进入完全是免费的，行业内现有企业相对供应商和买方没有任何议价能力。由于众多企业生产的产品相似，行业竞争不受约束。

不同的竞争力占据主导地位，形成了一个行业的竞争状态。在远洋油轮业中，关键的竞争力可能源于买方（各大石油公司）；而在轮胎行业，强大的原始设备制造商（OEM）和激烈较量的竞争者就会产生主要的竞争力；在钢材行业，关键的竞争力来自国外企业和替代材料。

行业基本结构能从竞争力大小中反映出来，但这应该不同于对行业竞争和利润有暂时影响的短期因素。例如，经济周期中经济形势的波动会影响很多行业几乎所有企业的赢利能力，比如原材料短缺、罢工、需求暴涨等。虽然这些因素对企业采取的策略有所影响，但是行业结构分析的重点或者结构化分析的重点应该是确定行业最基本的特征，这些特征根植于行业经济和技术特征，决定了竞争战略的必要性。每个企业都有应对行业结构的独特优势和劣势，行业结构会逐渐发生改变，理解行业结构是战略分析的起点。

很多重要的行业经济和技术特征对每一种竞争力都会产生重要影响，下面我们将逐个讨论。

进入威胁

行业内的新进入者会给行业带来新的能力，背后也常暗藏着攫取市场份额的杀机。这些企业往往实力雄厚，它们的进入往往会产生两种结果：价格的下降或者当前成本的上涨，进而削弱企业的赢利能力。通过收购从其他市场进入行业的多元化企业往往利用自己的资源来上位，菲利普莫里斯公司收购米勒啤酒就属于这种情况。因此，通过收购进入行业和确立市场地位应该被视为一种新企业的进入行为，尽管看起来市场上没有增加新的实体企业。

某个行业面临的进入威胁取决于现存的进入壁垒，以及预期当新进入者到来时，行业内现有企业的反应。如果进入壁垒较高，或者新进入者可能感受到了老企业会对其发起强烈的报复来捍卫自己，进入威胁就会较低。

进入壁垒

进入壁垒有几个主要成因，具体如下。

规模经济。规模经济是指当生产周期中的绝对产量提升时，产品单位成本得到下降（或者生产产品的运营成本或职能部门的运营成本下降）。规模经济的存在使得企业在进入新行业时不得不扩大规模，要么面临激烈报复的风险升高，要么本来无须扩大规模，却因此要承担成本劣势，这两种情况对新进入的企业都不利。规模经济几乎存在于企业的所有职能领域中，包括生产、采购、研发、营销、服务网络、销售团队的利用和分销等。例如，进入大型计算机生产行业，就可能面对生产、研发、营销和服务的规模经济等主要壁垒，施乐公司和通用电气就是付出了沉重的代价后才意识到这一点的。

规模经济可能与整个职能领域的情况相关，比如销售力量的利用，也有可能源于某个职能领域的部分活动或者程序。例如，在制造电视机时，彩色显像管的规模经济非常明显，但它在模具制造和整机组装中却不明显。针对单位成本和规模经济之间的关系，必须要分别分析每一个部件的成本，这一点非常重要。

企业经营多种业务，各个业务单元如果能够共享某些程序或职能，就能获得类似的规模经济，不过也会受制于公司业务规模经济的影响。比如，经营多种业务的公司可能生产小型电动机，这种电动机常用于各类工业风扇、吹风机或者电气设备的散热系统中。电动机制造的规模经济超越了任何市场所需要的电动机数量，以这种方式实现多元化业务的企业与只生产吹风机用电动机的企业相比，就能获得多余的规模经济。因此，特定行业因规模产生的限制条件，在共同运营或者职能实现相关多元化的情况下会相应减少。潜在的新进入企业不得不进行多元化，不然就有可能面临成本劣势。看似可以共享的活动或者职能可能受制于规模经济，具体包括销售力量、分销系统、采购等。

共享活动如果存在共同成本（joint costs），共享的利益就很明显。当生产A类产品（或者某项运营活动或职能是生产A类产品必不可少的一部分）的企业也具有能力生产B类产品时，就出现了共同成本。航空客运服务和货运服务行业就是一个很好的例子。因技术限制飞机只能容纳一定数目的乘客，却能给货运留下空间和额定载重量。飞机一旦起飞，就需要承担各类成本。不管登机的乘客人数有多少，飞机肯定有载货的能力。因此，能综合客运和货运服务的企业就比开展单独业务的航空公司拥有更大的优势。在涉及制造副产品的生产工艺中，也会出现这种现象。如果新进入的企业无法从生产副产品中获得额外收入，相比那些可以做到这一点的行业内现有企业来说，新进入企业就面临着不可避免的劣势。

当企业多个业务单元可以共享诸如品牌名称和专有知识等无形资产时，就出现了共同成本。创建无形资产的成本可以一次性分摊。此后，无形资产就能免费应用于其他业务，具体要支付的成本无非就是调整费用。这样一来，共享无形资产就能给企业带来可观的规模经济。

垂直一体化实现经济效益时，就会产生规模经济进入壁垒，即在生产、分销的多个阶段都会产生规模经济。如果行业内现有企业实现了一体化，新进入者必须以一体化形式进入，否则就会面临成本劣势，产品的投入要素无法收回，产品也无法占领市场。因为绝大多数客户习惯一站式采购，所以绝大多数供应商也习惯了一条龙销售。外来的企业情况窘迫，无法以可比的价格拿下交易。如果一体化竞争者对待旗下的业务单元与对待自己的方式不同，新进入者很有可能马上会被挤出市场。企业被迫以实现一体化为前提进入行业，会提升自身遭受报复的风险，还提高了下述各种进入壁垒。

产品差异化。产品差异化表明行业内现有企业已经拥有一定的品牌认同和客户忠诚度，这主要是源于过去的广告、客户服务、产品差异或者抢先进入。差异化促使新进入企业大量投资，克服市场上对行业内现有企业客户忠诚度带来的问题，从而创造了进入壁垒。这种做法通常使新进入者一开始就蒙受损失，而且持续的时间较长。确立品牌名称所需要的投资风险较大，因为企业如果不能成功进入，就等于血本无归。

产品差异化可能是婴幼儿护理产品、非处方药、化妆品、投资银行和公共会计等行业里存在的最重要的进入壁垒。在酿酒业，产品差异化伴随着生产、营销和分销的规模经济，因而进入壁垒更高。

资本要求。为了完成竞争，新进入的企业需要投入大量的财力，这就构成了进入壁垒，尤其是针对高风险、资金不可撤销的广告或者研发投入，都是显著的壁垒。不仅生产设施的构建和改善需要资金，还要对客户信用、存货或者启动损失有额外的投入。施乐公司就为复印机行业创造了一大资本壁垒，该公司选择出租复印机，而不是直接销售复印机，这大大提高了对运营资金的要求。虽然当今各大公司都有充足的财力来进入任何行业，但是诸如计算机、采矿业等需要大量投入资金的行业依然有很高的进入壁垒，限制了进入这些行业的企业数量。就算资本市场有充分的资金，进入新行业也意味着这些资金的应用充满风险，比如潜在的进入者就有可能承受比其他企业更高的风险，这对行业内已经存在的企业来说就是一大优势。

转换成本。转换成本的存在也会创造进入壁垒。转换成本是指买方从某个供应商转到另一个供应商处购买产品所需要一次性承担的成本。转换成本可能包括员工培训成本、新的附属设备成本、测试和验证新供货源的成本，以及因依靠卖方工程帮助带来的技术支持需要、产品重新设计成本，甚至还有切断与原有供应商关系需要承受的心理成本。如果转换成本较高，新进入的企业就必须在成本或者性能方面有较大改善，从而吸引买方放弃现有的供应商，选择企业作为新的供应商。例如，就医院里使用的静脉注射治疗方案和成套设备而言，产品不同，静脉注射的程序就不同，而用于悬挂静脉注射瓶的配套设备也有可能不兼容。这里要实现转换，就有可能遭遇负责治疗过程的护士的抵触，更换相应的设备也需要新投资。

分销渠道的获取。新进入者要获得产品的分销渠道，为此承担的成本就构成了进入壁垒。现有的产品分销渠道也许已经被行业内的现有企业占领，新进入的企业必须说服渠道商接受自己，为此要做出价格让步、提高合作性广告补贴等，这就减少了新进入者的利润。新食品生产商必须说服零售商在竞争激烈的超市货架上为其产品腾出地方，对此往往要开展促销、集中销售等活动，或者在其他方面做出让步。

产品的批发零售渠道越有限，行业内现有企业就越有可能加固其与渠道商之间的关系，这类行业的进入壁垒就越高。行业内现有企业已经通过长期的合作关系、高品质的服务、只销售特定制造商产品的独家经销权与渠道商确立了联系。有时候，这种进入壁垒难以攻克，以至于新进入者不得不开辟全新的渠道来销售自己的产品，天美时在手表行业的做法就属于这种情况。

与规模无关的成本劣势。行业内现有企业可能拥有潜在的进入者无法模仿的成本优势，这种成本优势与其规模大小或者已经获得的规模经济效益无关。行业内现有企业拥有的最重要的成本优势的主要成因如下：

- 专有产品技术。通过专利申请或者保密措施保护的专有产品知识或者设计特征。
- 优先获得原材料。行业内现有企业往往能锁定最好的货源，能预知原材料需求，提前按照确定的原材料供应。比如，像得克萨斯湾硫黄公司这样的弗拉施（Frasch）硫黄制造商早在数年前就控制了大量硫黄矿资源，当时矿主还没有意识到随着弗拉施采矿法的发展，硫黄矿的价值将大大上升。硫黄矿的发现往往是那些石油商无心插柳的结果，这些石油商即使发现了硫黄矿，对其价值也不以为然。

- 有利的地理位置。行业内现有企业可能很早就看准了有利的地理位置，不会等到市场发掘这些地理位置真正的价值、抬高价格后再出手占据。
- 政府补贴。优惠的政府补贴会给现有企业在某些业务领域里带来长久的优势。
- 学习或者经验曲线。在某些业务领域里，企业生产某种产品积累了经验后，会出现产品单位成本下降的趋势。工人改进工作方法，提升工作效率（经典学习曲线），工作布局得到改善，开发专业的设备和工艺，人机协同增效，产品设计革新更有利于生产，产品测验和操作控制方法得到改善，这些因素都会降低成本。经验不过是特定技术变化的另一种说法，不仅适用于生产过程，还适用于分销、物流等职能领域。与规模经济的情况类似，经验造成的成本下降未必与整个企业有关，它源于企业的特定运营活动或者职能领域。经验能够降低营销、分销等职能的成本，也能提升生产过程中部分生产工艺或者操作的成本。经验对成本的每项构成要素究竟造成了怎样的影响，必须要一一查明。

在一些劳动强度高、任务复杂或安装操作复杂的业务领域中，通过经验降低成本显得格外重要，如飞机制造业和船舶制造业。在产品开发的初期和成长阶段、规模递减的后期阶段，经验对降低成本的重要意义几乎是普遍存在的。经验导致的成本下降也往往成了规模经济效益的成因。规模经济取决于每个阶段的产量，而非累计的数量。从这个角度来看，规模经济和经验的影响存在巨大的差别，虽然两者经常一起出现，但很难区分开来。混淆规模和经验有什么危害，将在下文详述。

行业内经验的积累降低了成本，如果经验是现有企业专有的，这就构成了进入壁垒。新成立的企业往往缺乏经验，因而要比现有企业承担更高的成本，为了获得相关的经验，实现与现有企业的成本对等（不管实际情况能否实现成本对等），就要承担更低或者相似定价带来的启动损失。行业内现有企业中，市场份额最高的行业领导者积累经验最快，由于其投资新设备和技巧的成本更低，所以现金流量更高。但一定要意识到，要通过经验曲线降低成本和规模经济，需要大量的初期资本投资，购买设备并承担启动损失。如果随着产量的提高，成本持续下降，就算累计的产量很大，新进入者也未必就能赶上行业内现有企业。有很多著名的企业，包括德州仪器、百得、艾默生电气等公司都是根据经验曲线，在行业发展的初期大量投资，累计产量较高，从而成功执行战略。它们大都能提前预料未来成本下降的趋势，由此进行正确定价。

行业内若存在多元化企业，且该企业内多个业务单元共享运营活动或者职能，某业务单元的成本下降就会影响其他部门的业务成本，企业内部关联的活动将产生对各业务单元有用的经验。面对这种情况，通过经验积累使成本下降的幅度会加大。当多个业务单元直接从事共享原材料的生产活动时，其经验积累的速度往往要快于原材料单独用于满足某个业务生产需要的情况。集团内部的活动若存在关联，兄弟业务单元之间就能够以很低的成本甚至免费享受经验积累的成果，因为在这种情况下，经验已成为一种无形资产。在满足其他条件的情况下，这种共享学习的方式强化了因经验产生的进入壁垒。

经验是战略制定过程中广泛应用的概念，其对战略的影响将在下文阐述。

政府政策。最后一种进入壁垒的成因是政府政策。政府可以限制甚至禁止新进入者的进入，主要手段有技术许可要求、原材料获取渠道的限制（如在煤区建设滑雪场的限制）。受到政府管制的行业很多，如卡车运输业、铁路运输业、酒零售业和货运代理业等。政府规定的大气和水质污染标准、产品安全和效能限制等则是政府管制中更加隐晦的手段。比如，污染控制要求提高新进入企业的进入资本标准和技术发展程度，甚至设施的优化规模等。产品测试标准可能会增加交付时间，这不仅提高了企业进入行业的资本成本，还提前让行业内现有企业充分意识到新进入者的进入行为，让企业有机会了解竞争对手的产品，有时间制定应对对手的反击战略。这些政府政策当然会产生直接的社会效应，不过这些影响是其次的，直接的后果在于建立进入壁垒。可惜的是，人们往往会忽略进入壁垒的存在。

预期的对手报复行为

现有企业对潜在进入者入行的反应如何？对于这种情况的预期会影响进入威胁。如果新进入者认定行业内现有企业会采取强硬的抵制措施，那么这些企业在行业里的日子可能就会更难过，也许据此延后进入时间。现有企业很有可能对新进入者的进入实施打击报复，并提前发出信号，这些信号和条件会阻止新企业的进入：

- 现有企业有强烈打击报复新进入企业的历史。

- 现有企业有雄厚的实力反击，包括多余的财力和尚未启用的信用额度、多余的生产能力等都能满足未来的要求。这些企业针对销售渠道或者客户有强大的议价能力。
- 现有企业非常专注自身在该行业的发展，并在其中投入了大量流动性不强的资产。
- 行业增长缓慢，这限制了行业吸收新进入企业的能力，除非以牺牲现有企业的销售额和财务指标为代价。

制止进入价格

行业进入条件可以用一个重要的假设概念来总结，即制止进入价格（entry deterring price）。通行的价格结构（以及诸如产品质量和服务的概念）使得潜在新进入者预期进入所获得的潜在利益与克服结构化进入壁垒、对打击报复风险的预期成本达到平衡。如果当前的价格水平比制止进入价格高，新进入者预期进入行业后能获得高于平均水平的利润，进入就会发生。当然制止进入价格也取决于新进入者对未来情况的预期，不只受制于当前的条件。

如果行业内现有企业决定或者迫于竞争的压力不得不按照低于理论的制止进入价格水平定价，就解除了进入行业的威胁。如果现有企业的定价高于制止进入价格水平，由于企业彼此之间的竞争或者新老企业共存难免出现较量，新进入企业的利润可能只够支付成本。由此看来，企业的赢利性有可能就是暂时的。

进入壁垒的特征

从战略的角度看待进入壁垒，要留意几个进入壁垒的特征。首先，如果上述条件发生了改变，进入壁垒也会随之改变。宝丽莱即时成像技术专利过期后，就大大降低了由专有技术产生的绝对成本进入壁垒，难怪柯达迫不及待地进入该行业。杂志印刷业的产品差异化消失后，进入门槛也降低。相反，第二次世界大战后汽车自动化水平和垂直一体化水平不断提高，汽车行业的规模经济不断提高，这样一来，潜在新进入者就很难成功进入。

其次，进入壁垒发生变化的原因往往来自企业外部，不受企业的控制，不过企业的战略地位也会对进入壁垒有重要的影响。比如，很多美国葡萄酒制造商在20世纪60年代引入了新产品，增加广告投入，开展全国分销活动，这在提升行业的规模经济、加大销售渠道获取难度的同时提升了进入壁垒。同理，休闲汽车行业的企业为了降低成本，做出了垂直一体化的决策，大大增加了企业的规模经济，也提升了资本成本壁垒。

最后，有些企业可能具备以更低的价格攻克进入壁垒、成功进入的资源或者技能。比如，《财富》世界500强之一的吉列公司就开发了畅通的剃须刀和刀片的分销渠道，其进入一次性打火机行业面临的成本大大低于其他公司。此外，共享成本的能力也为吉列公司以低成本进入提供了条件。（本书第16章里，我将详细解释可能影响进入战略的因素及其影响力。）

经验和规模作为进入壁垒

虽然经验和规模经常重叠，规模经济和经验作为进入壁垒还是有许多差异的。规模经济的存在总是引导人们去关注与小规模企业进行比较，大型企业所具有的成本优势（或者企业的共享活动）。人们常认定前者的生产设备、分销系统、服务机构或者相当规模的其他职能领域工作更加高效。只有通过获得相当规模或者适当的多元化实现成本共享，才能获得一定的成本优势。大规模企业或者多元化企业可以在多个业务单元中分摊这些高效设施的固定成本，而小型企业就算拥有技术上更高效的设施，也无法充分利用产能。

从现有企业的战略视角看，规模经济作为进入壁垒具有如下局限性：

- 企业追求规模和低成本，可能要权衡其他非常有价值的进入壁垒，比如放弃产品差异化（追求规模可能与提升产品形象或者服务响应水平冲突）或者快速开发专有技术的能力。
- 如果原先为规模经济设计的设备专业化程度很高，很难适应新兴技术，那么技术变革可能会给大规模企业造成“鸡肋式的困境”。
- 使用当前的技术专注于规模经济，可能会让企业无法感受到新技术的发生，也无法让企业及时发现其他对规模经济依赖程度低的竞争方式。

比起规模经济，经验作为进入壁垒的作用要逊色一些，因为经验曲线的存在本身并不能确保进入壁垒的产生。经验要成为进入壁垒还需要满足一个条件，即经验是企业专有的，竞争者或者潜在的新进入者无法通过下列渠道获得这类经验：第一，模仿；第二，雇用企业的员工；第三，从设备供应商那里采购最新的仪器设备，或者从咨询公司或者其他公司那里购买专有知识。通常情况下，经验很难保持专有。就算企业可以，开拓者积累经验的速度也远远赶不上市场上后来利用这种经验的企业，因为市场追随者在积累经验的过程中，能够以开拓者为前车之鉴，取长补短。当开拓者不能保证经验的专有和保密时，新进入者可能就会因为能够采购最新的设备或者采用过去没有实现的运营方式来获得竞争优势。

经验作为进入壁垒还有其他方面的限制，具体包括：

- 产品或者工艺的创新会导致全新技术的产生，进而创造全新的经验曲线，这样就等于抵消原来的壁垒。新进入者若能够赶超行业领导者，就可能发现新的经验曲线。而市场的领导者可能由于自身的定位，无法直接过渡到新的经验曲线上。
- 通过经验追求低成本需要权衡其他有价值的进入壁垒，比如凭借提升形象或者技术进步来实现产品差异化。惠普公司按照行业内技术改进的程度，建立了较高的进入壁垒。而其竞争对手则实施追随战略，凭借经验和规模在计算器和微型计算机领域内占有一席之地。
- 如果有多家企业按照经验曲线构建自己的战略，其中有些企业就会前景堪忧。当最终只有一家企业实施基于经验曲线的战略时，行业增长已经停止，获取经验曲线的收益就成为海底捞月。
- 以经验曲线为标准，全力追求成本下降，这有可能会让企业无暇顾及市场的发展趋势，无法意识到新技术的到来；而新技术出现后，过去的经验曲线很快就会过时。

行业内现有企业之间竞争的激烈程度

行业内现有企业之间的竞争就像赛马抢位一样，需要使用多项战略，包括价格竞争、广告战、产品引进、提升客户服务或者质量保证等。若一家或者多家企业感受到了行业的竞争压力，或看到了提升自身竞争地位的机会，企业之间的竞争就应运而生了。在绝大多数行业里，某个企业的竞争战略对其对手有着明显的影响，因而可能招致报复或者抵抗。这样看来，企业之间是彼此依存的关系。因为这种竞争对抗模式的存在，企业之间的博弈可能会改善整个行业的状况，也有可能恶化本来的局面。如果企业之间的竞争行为和反应升级，行业内的所有企业可能都会受到牵连，大家的日子都不会好过，整个行业也会前途黯淡。

某些竞争，尤其是价格竞争是非常不稳定的。从赢利的角度来看，这会让整个行业陷入低谷。企业的降价行为若发生得迅速，竞争对手也会竞相模仿。除非整个行业的价格需求弹性很大，否则所有企业的利润都会锐减。而且，广告战会大大拉动需求，提升行业内产品差异化的程度，让所有企业都受益。

某些行业竞争的典型特征是硝烟弥漫、苦不堪言或是见血封喉，而在其他行业里，企业之间的竞争可能不温不火、和风细雨。行业内部各大企业之间的竞争会因多个彼此作用的结构化因素的推动而变得日趋激烈。

竞争者众多，或者彼此势均力敌。行业内企业数目较多时，企业横空出世、独占鳌头的可能性更大。有些企业可能习惯性认为自己能在神不知鬼不觉的情况下从事竞争活动。即便在企业数目较少的行业中，若各企业在规模和公开资源方面都势均力敌、争斗惨烈，没有哪一方能占据资源优势开展坚决的报复，也可能造成行业的动荡。当行业高度集中或者由某家或者某些企业占领时，各方就能看清彼此的相对竞争实力。市场中的领导企业，无论是一家还是多家，都可以通过价格领先的方式，在行业中发挥重要作用。

在许多国家里，国外企业无论是从外部进入行业还是直接通过对外投资来参与竞争，它们在行业竞争中都扮演着非常重要的角色。虽然国外企业与本地企业在特征上有区别（这些区别下文会说明），但国外企业应该获得和国内竞争者同样的待遇，这样才能更好地开展结构化分析。

行业增长幅度较慢。若行业增长幅度较慢，那些试图扩张的企业将进入市场，参与市场份额的博弈，针对市场份额的竞争将变幻莫测。而在增长较快的行业里，企业只需跟上行业发展的步伐，发展就是水到渠成的事，财力和管理资源会随着行业发展同步增加。

高昂的固定成本或者储存成本。高昂的固定成本给所有企业带来了全面利用产能的巨大压力，往往会导致产能过剩，使业内出现多余的生产力。诸如纸和铝的原材料生产企业就面临这个问题。固定成本与附加值的比例是成本的重要特征，而非固定成本占总成本的比例。虽然有些企业的固定成本占总成本的比例不高，但外购的原材料占总成本的比例较高（附加值较低），那么这样的企业就特别想通过提高产能利用率来取得收支平衡。

有个明显的例子可以说明固定成本高的情况。在某些行业里，一旦生产出产品，就需要很高的储存成本。碰到这种情况，企业为了确保销售额，常常会被迫降价。这种压力将使整个行业的利润率下降，比如龙虾捕捞行业、有毒化学品制造和服务行业就属于这种情况。

缺乏差异化或不存在转换成本。当产品或者服务被视为商品或者商品的相似物时，买方所做的选择绝大多数取决于其价格和服务，这就容易造成行业价格和服务的竞争日趋激烈。这类竞争情况的不确定因素很多，在上文已有所描述。相反，产品差异化为企业创造了避免竞争的隔离层，因为买方有购买偏好，且对特定的卖家表现出了客户忠诚度。上文所述的转换成本也有同样的影响力。

产能大幅度增加。因规模经济效益的需要，必须在大型企业里提升产能利用率，增加产能就有可能影响行业的长期供需平衡，尤其是在那些有可能突然大幅度提高产能的行业。行业经常会面临产能过剩或者价格战的情况，这些问题一直困扰着生产氨肥等产品的行业。导致长期产能过剩的条件见第 15 章的描述。

竞争者五花八门。企业在战略、渊源、特点及其与母公司的关系上互有差异。因此，企业目标的设定和开展竞争的方式也有所区别。在行业竞争中，这些企业常常冤家路窄，不可避免要有正面冲突。企业很难看清楚对手的真正意图，也无法心平气和地为行业设定公平的竞争规则。适合于某个企业的战略选择，未必就能在其他企业中奏效。

国外企业的加入会让行业的竞争者状况变得更加复杂多样。国外企业所在的环境不同，目标也各不相同。小型制造商或者服务型企业可能集所有权和经营权于一身，因为它们都会满足于投资资本获得的次优回报率，只要能保证自己享有独立的所有权即可。而这样的回报率，大型的上市公司往往不能接受。在这样的行业里，小企业的存在和态度会制约整个行业的利润水平。同理，若企业把产品销往市场只是为了利用自己多余的产能（倾销就属于这种情况），这样的企业与那些把市场看成第一位的企业相比，采用的政策就有所差别。最后，存在竞争关系的业务单元与公司整体的关系是行业多元化的另一个重要因素。比如，在具有多个业务单元的公司组织结构里，身为垂直业务链一部分的部门与那些我行我素的企业的经营目标不同，虽然两者都在行业内公平竞争。在母公司的业务组合中，某个业务单元充当着

“摇钱树”的角色，而其他业务单元可能只能卧薪尝胆，希望争取长远的发展。对于这两类业务单元，其行为就有很大差别。（辨别竞争者多元化要素的方法将在本书第3章详细展开。）

战略利害关系非同小可。如果行业内有很多企业都孤注一掷，为取得成功不惜一切，行业内的竞争就会更加激烈。例如，为了深化公司战略，多元化企业可能非常注重在某个行业内的成功。像德国博世、日本索尼或者荷兰飞利浦公司，这些企业可能会认为，如果要确立企业的全球知名度或者技术认可度，在美国市场确立其稳固的市场地位就很有必要。在这种情况下，这类企业的目标不仅五花八门，也会给行业注入不安定的因素，因为企业都在不断扩张，都愿意牺牲赢利能力以实现自己的目标。（有关企业战略利害关系的评价方法详见第3章。）

较高的退出壁垒。行业的退出壁垒是指即便是在企业的利润很低甚至亏损的情况下，依然会促使企业在行业内竞争的经济、战略和情感因素。退出壁垒的主要成因如下：

- 专业化资产：专属于某个行业或者地理位置的资产的流动性价值较低，或者转移（转换）成本较高。
- 退出的固定成本：包括劳动力协议、重新安置的成本、备件维修能力等。
- 战略关联：业务单元与企业其他部门之间在企业形象、营销能力、金融市场渠道、共享设施等方面存在的关联，这类关联使得企业高度重视如何在业务领域内保持自己的地位。
- 情感壁垒：管理层不愿意做出经济上合理的退出决定，因为他们认同这些业务，忠于自己的员工，害怕失去自己的事业、尊严等。
- 政府和社会限制条件：涉及政府限制或者不提倡企业退出的决定，主要是出于对就业问题和当地经济发展的考虑，这种现象在美国以外的地方尤其普遍。

当退出壁垒较高时，多余的产能不可能从行业中消失，而且无法在竞争中取胜的企业也不会轻易放弃。它们会苟延残喘，因为自己的弱势不得不采取极端手段，结果降低了整个行业的赢利能力。

改变竞争

决定行业竞争强度的因素会发生变化。行业逐渐发展成熟，行业增长的速度会改变，这就是一例。随着行业的日趋成熟，其增长速度放缓，导致行业竞争更加激烈，赢利水平下降，甚至很多企业就此出局。在20世纪70年代初日渐兴起的休闲汽车行业里，几乎所有的汽车生产商都表现良好。但此后行业增长速度放缓，除了几家龙头企业外，之前普遍具有高回报的情况一去不复返，更别提那些弱势企业被挤出市场，个个下场惨淡了。这样的情况在多个行业内屡屡发生，雪地车制造业、喷雾包装行业和运动设备制造业都逃不过这样的规律。

当企业的收购行为为行业带来了全新的特征（比如菲利普莫里斯收购米勒啤酒，宝洁公司收购查敏纸业），竞争轨迹就会发生变化，这种现象非常普遍。技术革新还会刺激生产过程中固定成本的提高，加剧行业竞争的波动性。20世纪60年代照片冲印从批量作业转变为连续作业，就属于这种情况。

企业必须处理好很多决定行业竞争强度的因素，因为这些因素是构建产业经济学的基础，通过战略转移能够影响整体态势的发展。比如，企业可以通过为客户提供工程支持，将自己的产品纳入客户的运营过程中，或者通过提升客户对技术建议的依赖性，来增加买方的转换成本。企业也可以通过提供新型服务、开展营销创新或者改变产品来提升产品的差异化水平。企业针对行业内发展最快的细分领域集中销售力量或者瞄准固定成本最低的市场领域的行为能够减缓行业竞争的程度。此外，如果可行，企业可以避免在退出壁垒较高的行业里与竞争对手正面交锋，绕开艰难的价格战；企业也可以降低退出壁垒（本书第5章将详细描述竞争行动）。

退出壁垒和进入壁垒

虽然退出壁垒和进入壁垒在概念上不同，但是确定这两种壁垒的水平却是行业分析不可或缺的步骤。退出壁垒和进入壁垒往往是相关的。生产过程中的规模经济往往与专业化资产紧密相关，专有技术与专业化资产也密不可分。

以退出壁垒和进入壁垒的简化模型为例，我们可以展开分析。

从行业利润的角度来看，最好的情况是进入壁垒高而退出壁垒低。这样就可以阻止后来者进入，竞争不过的企业也会离开行业。若进入壁垒和退出壁垒都比较高，虽然赢利潜力比较大，却伴随着较高的风险：虽然可以阻止后来者进入，但是经营不善的企业将在行业内负隅顽抗。

进入壁垒 \ 退出壁垒	低	高
低	回报率较低，比较稳定	回报率较低，风险较高
高	回报率较高，比较稳定	回报率较高，风险较高

图 1–2　壁垒和赢利性

进入壁垒和退出壁垒都比较低时，情况则不容乐观。最糟糕的情况是进入壁垒较低、退出壁垒较高。这种情况下，企业进入行业很容易，往往是受到经济形势良好或者其他临时好处的诱惑。然而，当行业前景不好时，企业却不能及时退出，结果行业内的产能过剩，长期的赢利能力就很差。供应商或放贷者愿意为企业进入行业融资，但当企业进入行业后，往往面临着较高的固定融资成本，这就给整个行业造成了非常不利的影响。

来自替代品的压力

广义上来看，一个行业内的所有企业在与生产替代品的行业竞争。替代品限制了一个行业的回报率，因为它们的存在，行业内的企业就不能漫天要价，即使能够赢利，产品的定价也有上限。替代品的性价比越高，行业的赢利状况就越吃紧。

高果糖玉米糖浆实现了大规模的商业化，这种糖的替代品让白糖生产商很头疼，白糖生产商也从中吸取了深刻的教训。乙炔生产商和人造纤维生产商同病相怜，它们也面临着低成本原材料的替代威胁，这些替代品在各自的应用领域逐渐成为新宠。替代品不仅限制了产品在一般行业中的赢利水平，还会削减企业在行业新兴阶段的运气。1978 年，由于能源成本较高，外加天气严寒，玻璃纤维绝缘材料生产商有了前所未有的市场需求，但是很快被一些替代品的出现坏了好事，包括纤维素、岩棉和聚苯乙烯泡沫塑料等。玻璃纤维绝缘材料生产商无法大幅提价，这些替代品注定会牵制行业利润的攀升，因为它们的产能很快就能满足市场的需要。

确定替代品是指寻找能够执行行业内产品相同功能的其他产品。有时候，确定替代品是一件吃力不讨好的差事，因为分析师要去分析那些看似与产品毫无关系的行业。比如证券经纪人日益碰到房地产、保险、货币市场基金和其他个人投资理财方式的挑战，这些因素为本不乐观的证券市场雪上加霜。

那么，应如何应对替代品的侵袭呢？这需要整个行业的努力。比如，虽然某个企业的广告可能无法提升整个行业产品相对替代品的地位，但如果整个行业的参与者都大规模持续投资广告，自然就会提升整个行业的地位。同样的道理也适用于产品质量改善、营销措施、产品供应便捷性等领域，企业要在这些方面提高对客户响应的效率和成果。

需要企业格外注意的替代品具有如下特征；第一，其性价比有超过行业产品的趋势；第二，替代品所在的行业利润水平较高。如果属于后者，只要替代品的开发能加剧行业的竞争程度，还能引起价格的下跌或者绩效的提升，那么替代品往往能快速上位。可以对替代品展开正面攻击，或者与之共存，分析这类趋势有助于确定企业应对替代品的战略。在安保行业，电子警报系统就是潜在的替代品。此外，由于安保行业是劳动密集型服务行业，所以其成本将不可避免会上升，而电子警报系统很有可能在性能提升的同时实现成本下降。因此，面对这种情况，安保企业正确的回应是提供保安和电子警报系统的配套服务，重新将保安界定为电子警报系统的专业操作人员，而不是替代电子警报系统的人员。

买方的议价能力

买方在行业内主张降低价格，提升产品质量，要求企业提供更多的服务，挑起竞争对手之间的竞争，这些行为都会降低行业的赢利性。行业内重要的买方集团的力量取决于市场的情况和特征，也受制于买方从该行业内购买的数量对其整体业务的重要性。如果下列情况属实，买方集团的议价能力会很强大。

与卖方的整体销售量相比，买方购买数量较大或者比较集中。如果某个买方购买的数量占卖方销售量的比例较大，买方业务的重要性将得到提升。如果行业的特征是固定成本较高，则大量采购的买方就有很强的议价能力。比如，在谷物加工业和散装化工业中，全面利用产能的风险很高。

买方从行业内采购的产品占买方成本或者采购总量的很重要的一部分。这种情况下，买方可能会利用必要的资源获得比较优惠的采购价格，或比较慎重地选择采购的产品。当行业出售的产品只占买方成本的一小部分时，买方的价格敏感度往往较低。

买方从行业购买的产品是标准化或非差异化产品。如果买方确定自己能找到替代的供应商，就会利用其他供应商与其杀价，铝制品行业就常出现这样的情况。

买方面临的转换成本不高。本书上文定义了转换成本，转换成本的存在能帮助卖方锁定自己的买方。相反，如果卖方面临着转换成本，就能提高买方的议价能力。

买方赢利状况堪忧。利润率低会推动企业降低自己的采购成本。比如克莱斯勒汽车制造公司的供应商就怨声载道，因为供货条件实在太苛刻。如果买方赢利水平高，对采购价格的敏感度低（因为采购的项目占总成本的比例不高），它们就会从长远角度出发，努力帮助供应商实现长期而健康的发展。

买方实施后向一体化的可能性很高。如果买方实现了部分一体化，或者实现后向一体化的可能性很高，就有能力提高自己的议价能力，要求卖方让步。比如各大主要汽车生产商，包括通用汽车和福特汽车，都把自主生产作为谈判价格的重要筹码。它们实施所谓的锥形一体化，即所需的投入要素部分从集团内部购入，部分从外部供应商购入。不仅进一步一体化的威胁实际存在，而且部分生产要素由买方内部生产，可以方便其理解成本，进而大大提升买方的议价能力。当行业内的企业明确表明要开展前向一体化进入买方的行业时，就有可能部分抵消买方的议价能力。

与买方生产的产品或提供的服务相比，行业内企业生产的产品无关紧要。当买方产品的质量受行业产品影响较大时，一般情况下，买方的价格敏感度更低。在存在这种情况的行业中，包括油田设备领域，产品功能故障可能会导致惨重的损失（墨西哥海上油井喷油保护装置失灵造成了惨重的损失）；而电子医疗和医学测试工具的包装质量有可能影响用户对产品质量和内部设备的印象和判断。

买方拥有全套信息。当买方知晓需求、实际的市场价甚至供应商的成本信息时，这通常给买方带来更强的议价能力。全面了解行情，买方就有能力确保它以最优惠的价格成交；当供应商声称自己无法生存时，买方可以有效地反驳。

有关买方议价能力的上述因素，绝大多数适用于消费者，同时也适用于行业或者买方。具体分析只要经过一定的调整即可。例如，消费者如果购买的是非差异化产品，产品相对于收入而言比较贵，或者产品的质量对自己并不是那么重要，那么他们对价格往往比较敏感。

批发商和零售商的买方议价能力也受这些因素的影响，但有一点需要补充：如果零售商能影响消费者的采购决定，就能大大提升自己对生产商的议价能力，比如在音响部件、珠宝、家电、运动品牌等行业就存在这样的情况。同理，批发商如果能影响零售商或者其他买方的采购决策，其作为买方针对卖方的议价能力也将大大提高。

改变买方的议价能力

上述影响买方议价能力的因素会随着时间的流逝而变化，公司的战略决策变化时，买方的议价能力也会自然而然发生改变。例如，在成衣行业里，当买方（百货商店和服装店）越来越集中，控制权日益集中在大型连锁店手中时，行业承受的压力将日益巨大，利润也将缩水。如果行业不能实现产品差异化，也无法产生能锁定客源的转换成本来抵制这种趋势的负面影响，即使有大量进口成衣产品涌入，也将于事无补。

企业选择怎样的买方群体作为产品的出售对象，应该视为一项重要的战略决策。企业找到议价能力最弱的买方，就相当于提升了自己的战略地位。因此，可以通过选择买方来提升战略地位。企业出售产品给买方群体，这个群体的买方议价能力几乎各不相同。就算企业的产品应用于单个行业，行业中也存在不同的细分领域，对应的议价能力也各有差别，有些买方对产品价格敏感度较高，有些则较低。比如，绝大多数产品重置市场比原始设备制造商市场的价格敏感度更低。（我将在本书第 6 章全面描述买方选择这项战略的具体情况。）

供应商的议价能力

供应商可以向行业中的企业提出抬价要求，否则就降低产品或者服务质量。供应商凭借这样的威胁，能够发挥自己的议价能力。企业如果无法对出售的产品抬价，从而补偿采购原材料的提价损失，那么供应商强大的议价能力就有可能将行业的利润榨干。比如，化工企业抬价就有可能侵蚀喷雾包装承包商的利润，因为买方有能力自行生产喷雾包装，喷雾包装承包商就会面临巨大的竞争压力。

提高供应商议价能力的条件恰好与提高买方议价能力的条件对应。如果下列条件满足，供应商就会具有较强的议价能力。

假如供应商所在的行业由几个公司控制，且行业集中度较高，则供应商的议价能力就较强。如果买方所处的行业相对比较分散，那么供应商就有更强的能力影响价格、质量和供货条件。

供应商供应的产品没有替代品。如果供应商要面对替代品的威胁，就算本身规模巨大，其议价能力也会受到影响。例如，甜味剂生产商面对很多替代品的竞争，相对单个买方，它们的规模比较大。

企业所在的行业并不是供应商群体的重要客户。当供应商面向很多行业，而某个行业的采购数量占其总量比例不高时，供应商就更有可能施加影响力。如果某行业具有供应商的重要客户，供应商的财富就与该行业紧密关联，供应商也就会很慎重地保护双方的关系，这样一来其供应的商品定价就比较合理，也能在研发等一类活动中出力。

供应商产品是买方业务的重要投入要素。供应商产品对买方的制造过程或者产品质量有着重要的影响，因而提升了供应商的议价能力。尤其当买方无法储存采购的产品时，买方无法建立库存，供应商就有更高的议价能力。

供应商群体生产的产品具备差异化特征或者产生了转换成本。产品的差异化或者买方面临转换成本，减少了买方借助其他供应商压价的可能性。如果供应商面临转换成本，结果则刚好相反。

供应商群体很有可能实现前向一体化。这就遏制了行业提升采购条件的举动。

一般认为，供应商是一家企业。事实上，劳动力也是一种供应方，这种供应方在很多行业里具有强大的议价能力。有大量的实证表明某些稀缺的高技能员工或者工业化劳动力的议价能力能让行业的利润大幅缩水。在决定作为供应方的劳动力的潜在议价能力时，上述原则同样适用。评价劳动力议价能力时还要考虑的因素包括组织化程度以及这些稀缺的劳动力能否扩大供给。当劳动力组织严密或者稀缺劳动力的供给无法得到扩大时，劳动力的议价能力就会很高。

决定供应商议价能力的条件不仅会发生改变，而且有时候也会超出企业的控制范围。正如企业能够通过特定战略改变买方的议价能力一样，企业也能通过战略改变供应商的议价能力。企业可以加强其开展后向一体化的威胁，通过努力摆脱转换成本等措施来改变供应商的议价能力。（本书第 6 章将全面分析供应商议价能力对企业采购战略的影响。）

行业竞争中政府的力量

上文有关政府的描述，主要讨论了政府对进入壁垒的影响。在20世纪七八十年代，各级政府能够从多方面直接或者间接影响行业结构。在很多行业中，身为买方或者供应商的政府制定各类政策，影响行业竞争。例如，政府作为安防类产品的买方，其地位非常重要。而美国林业局控制了美国西部绝大多数的木材储备，作为木材供应商，它也在很大程度上影响着整个木材行业。政府作为供应商或者买方，大多是通过经济因素影响行业，而不是政治因素，这也是现实的写照。政府法规可能会限制政府作为供应商或者买方的行为。

政府还能通过法规、补贴或者其他手段影响行业地位和替代品的关系。美国政府使用税收激励政策和研发资助项目大力推广太阳能热水器；政府放松了对天然气行业的管制，这项政策改变了乙炔的化学给料地位；安全和污染标准影响着替代品的相对成本和质量。政府通过影响行业增长速度，利用管制手段改变成本价格，影响着竞争者之间此消彼长的关系。

那么，各级政府在当前和未来如何影响行业的结构化条件？如果没有明确这一点，任何结构化分析都是不完整的。为了满足战略分析的需要，考虑政府如何通过五大竞争力的作用来影响竞争，而不是把政府当成某一种影响力本身，这个角度能给企业更多的启迪。但是在制定战略时，我们并不反对把政府当作一个独立的参与者，但也要考虑企业战略对政府的影响和反馈。

结构化分析和竞争战略

一旦确定了行业竞争影响因素及其潜在的成因，企业就能确定其在行业中的优势和劣势。从战略的角度来看，企业的关键优势和劣势决定了它的地位，也是其竞争力量的成因。企业应该从何处下手来对抗替代品？是从进入壁垒的源头着手，还是从对抗现有的竞争者开始？

为了防范五大竞争力的来袭，卓有成效的竞争战略应采用进攻或者防御行动。从广义角度来看，这涉及以下几种可行的方法。

- 准确定位。企业利用自己的能力对现有的五大竞争力采取最严密的防御措施。
- 通过战略行动来平衡各种竞争力，进而提升企业的相对地位。

- 预测决定竞争力的因素变化，并采取对策；在对手意识到这些变化前，选择适合竞争力的战略，在变化中求进步。

定位

第一种方法是根据行业结构，针对企业的优势和劣势进行定位。按照防御竞争力的原则制定战略，或者在行业中寻找竞争合力最弱的地方进行定位。

了解企业的能力及其竞争力的起因，能够让企业明白什么时候该与对手正面交锋，什么时候该避开直接竞争。如果企业是一个低成本制造商，可以选择将产品出售给强大的买方，并且只销售那些不会受制于替代品的产品种类。

平衡各种竞争力

企业可以制定主动出击的战略，这种战略旨在突破纯粹应对竞争力的局限，改变竞争力的成因。

营销的创新能够提升品牌的识别度，实现产品的差异化。投资大型生产设施或者垂直一体化可能会影响进入壁垒。五大竞争力的平衡部分源于外力，部分源于企业可以控制的内力。可以利用结构化分析来确定特定行业驱动竞争的关键要素，明确如何实施影响竞争合力的战略行动，从而获得最大的回报。

变中求进

行业变革具有重要的战略意义，因为行业变革能够改变竞争的结构化因素。针对行业发展的诸多理论中，产品生命周期理论较广为人知。行业增速也会发生变化。当业务逐渐发展成熟时，广告支出会下降，而企业垂直一体化的趋势将增强。

这些趋势本身并非最重要的因素，重要的是它们如何影响竞争的结构化要素。以垂直一体化为例，在不断成熟的小型计算机行业里，垂直一体化俨然已成为普遍现象，无论在制造过程还是软件开发过程中，都能看到垂直一体化。这种重要的趋势大大提升了企业的规模经济及其在行业中竞争所需的资本数量。在行业的进入壁垒升高的前提下，一旦行业停止增长，某些小型企业就会被踢出行业。

显然，能影响行业内竞争重要成因的趋势或者能为行业前沿带来新的结构化因素的趋势最具战略意义。在喷雾包装承包行业里，产品差异化减少的趋势就占主导地位。这种趋势提升了买方的议价能力，降低了进入壁垒以及行业的竞争激烈程度。

结构化分析能用来预期一个行业最终的赢利能力。在企业的长期规划中，关键任务是分析每一种竞争力，预测每种竞争力决定因素的影响力，绘制行业可能获得的赢利潜力及其构成要素的示意图。

这种分析产生的结果与当前的行业结构的显示情况有很大不同。比如，当今的光伏太阳能行业有成千上万个企业，但没有哪个企业占据主导地位。市场进入门槛不高，但是身在其中的企业争得你死我活，只为确立光伏太阳能行业的市场地位，取代传统的供热方法。

光伏太阳能行业的发展潜力在很大程度上取决于未来行业的进入壁垒、相对于替代品的行业地位、竞争的最终强度以及买方和供应商的议价能力。这些特征都会受到多种因素的影响，包括确立品牌身份的可能性、技术变化能否创造重要的规模经济或者设备制造的经验曲线、进入行业的最终资本成本以及生产设施最终的固定成本壁垒等。（行业结构变革进程及其驱动力量将在第 8 章详细描述。）

多元化战略

行业竞争分析的框架可以用来制定多元化战略，该框架可以帮助我们解答在多元化战略决定过程中碰到的纷繁复杂的问题，如“该项业务具有怎样的潜能？”这个分析框架便于企业发现前景较好的行业，无须等到收购者开出高价就能发觉哪个地方最具潜力，从而先发制人。

这个框架还有助于我们确定多元化企业中存在的特别有价值的关联。比如，这种关联可以使企业通过共享职能或者与分销渠道的既定关系克服进入壁垒，进而成为多元化的基础。所有这些问题都将在本书第 6 章中详细讨论。

结构化分析和行业定义

界定相关行业是制定竞争战略的重要一步。人们非常关注相关行业的界定。很多著作都强调要越过产品从功能的角度来定义企业，超越国界来看待潜在的国际竞争状况，越过现在的竞争企业排名去发掘未来的竞争者。由于这些要求非常紧迫，准确定义企业所属的行业就成了一个争论不休的话题。这些争论背后的重要诱因就是担心自己忽视那些有可能在未来威胁行业的潜在竞争源头。

通过分析广义的竞争开展超出当前竞争者范围的结构化分析，不应该拘泥于行业的界限。任何一种有关行业的定义，从本质上来看就是划清现有的竞争对手和潜在的替代品之间的界限，了解行业内现有企业和潜在进入者之间的区别，明白行业内现有企业与其供应商和买方之间的关系。划清这些界限本身只是程度的问题，与战略选择没有太大关系。

认识了这些广泛的竞争源头及其影响后，在制定战略的过程中，划分行业边界就成为一个次要问题。当然不能忽视潜在的竞争源头，也不能混淆竞争的关键维度。

行业的定义与企业想要竞争的范围定义（即业务定义）不同。行业的定义比较广泛，但不能因此认定企业有能力或者应该在比较广义的范围内竞争。在相关的行业内竞争有许多好处，这一点上文已经有所陈述。区分行业和企业理想的竞争业务范围，能够帮你进一步厘清思路，更清楚地定义行业边界。

结构化分析的应用

本章梳理了可能对行业竞争产生影响的多种因素，这些因素并非在所有行业都很重要。结构化分析框架有助于快速地辨别确定特定行业竞争性质的关键结构要素，这是我们在分析和制定战略时要格外注意的。

02 通用竞争战略

第1章描述了竞争战略是指采取主动或者防御战略在行业中创造防御地位、成功处理五大竞争力，并为企业带来成功的投资回报。虽然有诸多实现这一目标的方法，但企业一定要因地制宜、因势利导地寻找最佳战略。广义上讲，三大通用战略可以单独使用，也可以综合使用，巩固企业的长期防御地位，在行业中赶超竞争对手。本章阐述了这三大通用战略及其要求和需承担的风险，旨在为后续分析打下基础。本书的后续章节将探讨如何在行业实践中应用这些通用战略。

三大通用战略

这三大通用战略可以应对五大竞争力，为企业赶超行业内的其他对手做好准备：

1. 总成本领先战略；

2. 差异化战略；

3. 集中战略。

有时候企业可以成功运用多项通用战略，设定基本目标，但这种做法比较罕见，下文我们会说明其原因。实现任何一种通用战略都需要我们心无旁骛地执行。一旦企业的主要目标是实现多种通用战略，相关的组织安排和支持就会分散。实现通用战略是为了赶超行业内的竞争对手。在某些行业里，行业结构决定了所有企业都能获得高回报率，而在有些行业中，即使获得说得过去的利润，也需要企业全心全意投入，集中精力实现某一战略。

总成本领先战略

我们要谈的第一个战略是总成本领先战略。经验曲线于20世纪70年代日益流行，它成了企业普遍采用的一大战略，主要是通过职能部门的一系列政策来实现企业在行业内的成本领先地位。总成本领先战略要求企业积极建立大规模的高效设施，通过经验积极降低成本，严格控制成本和管理费用，避开次要客户，在诸如研发、服务、销售团队管理和广告等领域实现成本的最小化等。企业管理层需要高度关注成本控制。在实施总成本领先战略的过程中，取得相对较低的成本成了主宰企业所有行动的因素，哪怕这有可能会导致企业忽略质量、服务及其他领域。

就算行业内的竞争力很强大，只要企业的成本较低，就能获得高于平均水平的回报率。成本较低这样的优势能让企业抵抗竞争对手。在与竞争对手展开较量的过程中，企业成本低意味着就算自己利润不高，也能有保底的回报。低成本优势让企业有能力对抗强势的买方，即便买方施压降价，也不会影响企业本身；而那些效率不高的竞争对手，则会在这个过程中受到打击。低成本优势还让企业有能力抵御强大供应商的刁难，就算投入要素成本增加，企业也有回旋的余地。产生低成本优势的要素能帮助企业确立规模经济或低成本优势的壁垒。最后，低成本优势往往能让企业在面对替代品时比竞争对手占有更有利的位置。因此，低成本优势能保护企业轻松应对五大竞争力。主要原因在于当行业竞争激烈时，效率不高的企业首当其冲，会受到竞争力的影响；议价压力将效率不高的竞争者挤出行业之外，在此期间不断蚕食对手的利润。

要获得总成本领先地位，企业需要占有较高的市场份额或者具备其他竞争优势，比如优先获得原材料等。此外，企业设计的产品要易于生产，开拓多种相关产品来分担成本，要服务于主要的消费群体，实现较高的销售额。采用总成本领先战略要求企业进行较高的前期投资，购买一流的设备，实施激进的定价策略，并负担启动损失，从而持续不断地赢得市场份额。企业获得较高的市场份额会进一步提升采购的经济效益，进而降低成本。一旦获得了低成本优势，就会给企业带来较高的利润。这些利润可以用于投资新的设备或者先进的设施，有助于企业保持成本领先的地位。这类再投资活动可以说是保持低成本优势的前提条件。

总成本领先战略看起来已经成了百力通在小型柴油发动机行业的制胜法宝，该公司在全球拥有50%的市场份额。而林肯电气在弧形焊管设备和产品供应行业的成功也属于这种情况。成功实现总成本领先战略的著名企业有很多，包括艾默生电气、德州仪器公司、百得公司以及杜邦公司等。

总成本领先战略可能会引起某些行业天翻地覆的变化，直接改变企业赖以生存的竞争基础，给竞争对手一个措手不及，使其无论在理念上还是经济上都没能做好充分的准备采取必要的手段实现成本的最小化。1979年，哈尼施费格尔公司正开拓进取，努力引发专业起重机行业的变革。该公司一开始的市场份额只有15%，通过对起重机进行改良设计，提升了制造过程的可操作性，并使用模块化的部件来加强售后服务，更新产品结构，节省材料用量。该企业还建立了部件装备区域，引进自动化传送装备流水线，大大超越了行业标准。为节约成本，该公司大量购买部件。这些措施确保了企业提供质量可靠的产品，价格直降15%。由此，哈尼施费格尔公司的市场份额上升到了25%，且还有望继续攀升。哈尼施费格尔公司的水利设施部总经理威利斯 · 费希尔这样说：

> 我们一开始并不打算生产与众不同、性能完备的设备，我们只想开发一款便于生产、工艺简单、价格低廉的产品。

竞争者纷纷指责哈尼施费格尔公司以低收益换取市场份额，而哈尼施费格尔公司却对此断然否认。

差异化战略

第二大通用战略是差异化战略，即企业提供被全行业认可的独特产品或者服务。差异化战略实施的方法有很多种，包括独特的设计或者产品形象（菲德克瑞斯在毛巾和亚麻布制造行业独占鳌头，奔驰成为汽车行业的翘楚）、技术实力（起重机行业的海斯特公司、音响器材品牌麦金托什、露营设备品牌科尔曼）、独特的功能（电子产品领域的尊爵）、客户服务（金属制罐行业的皇冠集团）、经销商渠道（建筑设备企业卡特彼勒履带式牵引机公司）等。在理想状态下，企业可以通过多个方面实现差异化。比如卡特彼勒履带式牵引机公司不仅具有优质的经销商网络和部件供应能力，还因其产品经久耐用、质量优异而闻名。这些特征在重型机械设备领域至关重要，因为停工会给用户带来巨大的损失。要强调的是，差异化战略并不代表企业就能忽略成本，只是总成本领先并不是主要的战略目标罢了。

企业如果实现了差异化战略，就能在行业里取得高于行业平均水平的绩效，因为差异化战略能为企业创造从容应对五大竞争力的防御地位，只不过企业构建这类防御地位的方法与总成本领先战略不同而已。差异化战略的实施提升了消费者对企业的品牌忠诚度，他们的价格敏感度也较低。如此一来，企业就能抵制竞争者发起的进攻。此外，差异化战略还能为企业创造利润，使企业不需具有低成本竞争优势。消费者普遍忠诚度较高，使得竞争对手不得不应对企业提供的独特产品或者服务带来的挑战，这无形中会帮助企业在行业内制造进入壁垒。差异化为企业带来较高的利润率，使其有能力对抗强大的供应商；买方也会因为没有其他可选的备用供应商，不得不选择企业的产品或服务，导致其对应的价格敏感度也较低。最后，实施差异化战略的企业获得了消费者对品牌的忠诚，还能比竞争对手更好地应对替代品威胁。

实现差异化战略可能会阻碍企业获得较高的市场份额。差异化战略要求人们意识到企业生产某类产品或者提供某类服务的独特性，这与较高的市场份额本身就相悖。实际中更普遍的情况是企业为实现差异化，往往要放弃低成本优势，因为差异化战略对应的措施和行动本身成本较高，如广泛的市场调研、独特的产品设计、用料质量上乘或者企业大力投入需要获得客户的高度支持。虽然对于成功实现差异化战略的企业，业内大部分消费者都会认可其卓越的品质，但并非所有客户都愿意或者有能力承受较高的价格。像卡特彼勒重型机械产品的价格较高，同时也占领较高市场份额这样的例子就不多见。对于大部分企业，未必能做到差异化战略和总成本领先战略兼而有之，一旦实施差异化就丧失了其相对于竞争对手的低成本优势。

集中战略

最后一种通用战略是集中于特定的买方群体、产品类别或者地域市场的战略。与差异化战略一样，集中战略有多种形式。总成本领先战略和差异化战略旨在在全行业范围内实现目标，而集中战略却是为特定的目标群体而设定，企业每个职能部门的政策都以此为中心。集中战略实现的前提是相比那些实施大布局战略的竞争对手，企业服务较小的、具有特定战略目标的对象，其能力更高，成效更好。因此，企业可以通过更出色地满足特定目标群体的需求实现差异化，也可以通过降低成本来服务这个目标群体，或者通过低成本和差异化两者兼而有之的方式集中服务特定的目标群体。虽然从整个市场的角度来看，集中战略不足以实现低成本或者差异化优势，但是相对较狭窄的市场目标群体，这两种战略有可能实现一种或者同时实现。三大通用战略的区别见图 2–1。

实现集中战略的企业有可能获得比行业平均水平更高的回报率。这种战略的实施表明企业针对战略目标群体，拥有低成本或者差异化优势，或者两者兼有。我们在介绍总成本领先战略和差异化战略时也提出了这些优势可以帮助企业抵御特定的竞争力量。企业可以选择那些最不容易受到替代品影响或者竞争对手势力最弱的目标群体来实现集中战略。

例如，伊利诺伊工具公司就集中于专业扣件市场，它根据特定客户的需求定制产品，由此产生了转换成本。虽然很多买方对该公司的服务不感兴趣，但是有一部分公司很喜欢。福特霍华德纸业公司集中于工业用纸这个细分领域，避免涉及那些易受广告战或产品升级影响的消费类纸制品市场。波特油漆集中于专业涂料市场而非自选涂料市场，通过免费搭配涂料服务、为油漆工提供免费咖啡室等措施，成功实施了专业涂料市场的集中战略，哪怕施工现场只需要 1 加仑的涂料，波特油漆也能提供快速送货服务。美国第三大食品分销商马丁伯劳尔公司就是利用集中战略实现低成本优势的一个例子。马丁伯劳尔公司精减客户清单，着重为八大顶级快餐连锁集团服务。该企业的总体战略是服务于客户的专业要求，客户产品范围较窄，所有库存产品种类有限，数量充足，订单流程符合客户的采购周期，按照客户的地点来配置仓库，还有严格控制的信息化存档。虽然马丁伯劳尔公司并不是服务市场中最具有低成本优势的企业，但在面对这类特殊的客户群体时，它体现了集中战略的成本优势。马丁伯劳尔公司因此快速增长，利润超越行业平均水平。

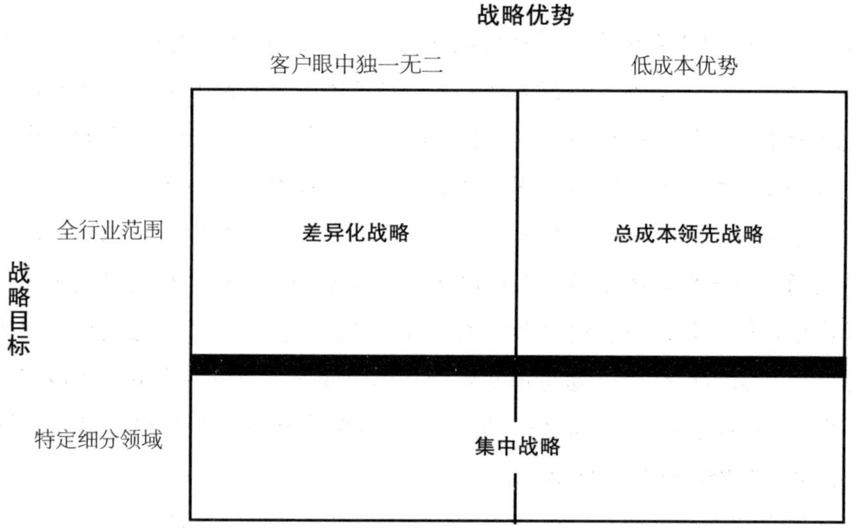

图 2-1　三大通用战略

集中战略常有市场份额的限制，一般要在企业的赢利能力和销售量之间进行权衡。与差异化战略类似，集中战略有可能牺牲总成本优势，但这不是绝对的。

三大通用战略的其他必要条件

除了上述的作用差异外，三大通用战略还在其他方面有所区别。成功实现这三大通用战略需要不同的资源和技能，这些通用战略还对应着不同的组织安排、控制流程和创新体系。因此，企业要获得成功，必须不遗余力、长期坚持某一种战略。三大通用战略的一般要求具体如下：

通用战略	需要的一般资源和技能	常见的组织条件
总成本领先战略	可持续的资本投资和资本利用情况 工艺工程技巧 严格的劳动力监督手段 产品设计易于生产 低成本分销系统	严格的成本控制 定期制作详细的控制报告 结构化组织安排和责任 基于满足严格数量目标的激励机制
差异化战略	强大的营销能力 产品工程 敏锐的创新能力 强大的基础研究能力 公司在质量或者技术领先等方面的声誉 在行业内有较长历史，或者能从其他企业中学到技术，并以独特方式综合增效 与渠道商合作密切	研发部门、产品开发部门和营销部门之间开展紧密的合作 主观评价代替以数量标准为基础的激励政策 组织氛围好，能吸引高水准的劳动力和科学家或者创新人才
集中战略	针对特定的战略目标，综合采用上述多种策略	针对特定的战略目标，综合采用上述多种策略

三大通用战略可能需要不同种类的领先战略，它们能创造不同的企业文化和氛围，吸引人才的类别也不同。

进退两难

对于这三大通用战略，企业可以根据自己的情况应用这些可靠的方法来应对竞争力。若企业无法沿着上述任何一个方向制定战略，就会处在非常不利的竞争地位，即面临进退两难的境地。这样的企业没有市场份额、资本投资，但却很想实施总成本领先战略，或者希望在全行业范围内实现必要的差异化，或者在一个更加狭窄的细分领域里，通过集中战略实现差异化或者低成本优势，但结果必然是无法实现。

企业若进退两难，则肯定无法获得高利润。而且，企业可能损失大量要求低价的客户，或者只能通过降价从那些实施低价的竞争对手处赢得一些客户资源。可惜的是，进退两难的企业还要损失回报较高的业务，眼睁睁看着那些专攻高利润群体的企业或者实现了差异化的企业将业务的大部分利润掠走。进退两难还有可能使企业饱受公司文化界定模糊之苦，不同战略对应的组织安排和激励制度也难免会有冲突。

克拉克设备公司在美国乃至世界起重机制造行业中曾占有最高的市场份额和领导地位，但它如今正遭遇进退两难的局面。两大日本制造商丰田公司和小松公司采取了提高销售量的策略，集中服务于低价客户，通过最小化生产成本，利用日本钢材价格较低的优势，弥补了运输成本高的劣势，抛出最低价。克拉克设备公司生产范围较广，没有采取低成本的策略，即使占有最高的世界市场份额（18%）和美国市场份额（33%），也无法拥有明显的成本优势。由于克拉克设备公司产品种类很多，不注重技术取胜，和海斯特公司相比，没能赢得技术领先的名声或者产品差异化的优势。而海斯特公司集中于重型起重机的生产，重点投资研发活动。因此，克拉克设备公司的回报率远低于海斯特公司，其市场份额很快流失，市场领先地位不保。

面对进退两难的局面，企业必须当机立断，做出最基本的战略决定。可以采用必要的措施实现成本优势或者至少在成本上实现平分秋色，这往往需要大量投资，实现生产的现代化，或者牺牲利润去赢得市场份额。还可以针对特定的细分领域，通过集中战略来实现某种程度的差异化。后面两种战略可能意味着市场份额的缩小，甚至绝对销售额也会下跌。企业要取长补短，根据自己的实际情况在这些备选的战略中做出选择。成功实施每一种通用战略都需要不同的资源、实力、组织安排和管理风格，这一点上文已经阐明。很少有企业能同时实现三种战略。

企业一旦面临进退两难的局面，就需要花时间和精力，锲而不舍地摆脱这种尴尬的境地。企业还有可能在此过程中有对多种通用战略摇摆不定的倾向。如果企业无法痛下决心，没能持之以恒地实现某种战略，企业就将命运多舛，失败也在所难免。

上述概念有助于我们理解市场份额和赢利能力之间的关系。在某些行业里，进退两难的局面意味着小型企业（实施集中或者差异化战略）和大型企业（实施总成本领先战略）的赢利能力最强，而处于中间状态的企业赢利状况较差。这表明赢利能力和市场份额之间存在着U形曲线的关系，如图 2–2 所示。图 2–2 的曲线显示了美国小型发动机的情况。通用电气和艾默生电气的市场份额较高，成本地位占据领先位置；通用电气的技术实力也是闻名遐迩。这两家公司在发动机行业的利润都很高。美国保德公司和古尔德公司都采取了集中战略，保德公司主攻分销渠道，实施集中战略，而古尔德公司针对特定的消费者群体实施集中战略。两家公司的赢利能力都不错。富兰克林公司处在市场的中间，并没有实现总成本领先或者集中战略。富兰克林公司在发动机行业的表现也只是作为一个典型的市场追随者。在全球汽车行业，这样的U形曲线关系未必能站得住脚。通用汽车公司（总成本领先战略）和奔驰汽车（差异化战略）是业内利润的佼佼者。美国的克莱斯勒和意大利的菲亚特则缺乏成本优势，也没能实施差异化或者集中战略，它们处于进退两难的境地。

图 2–2 显示的U形曲线关系并不适用于所有行业。在某些行业里，企业根本不可能实现集中战略或者差异化战略，一切都与成本竞争有关。在大宗商品行业里，情况的确如此。在有些行业，由于买方和产品的特征比较特殊，成本这一要素并不重要。这类企业的市场份额和赢利能力之间往往存在反向关系。还有一些行业里竞争异常激烈，实现高于平均水平回报的唯一方法是实施集中战略或者差异化战略，美国钢铁制造业就是一例。最后，低成本优势未必就一定和差异化战略或者集中战略冲突；企业可能在不需要获得较高市场份额的前提下，也能实现低成本优势。海斯特公司在起重机行业中占据市场份额第二位，但其赢利能力要比行业内诸多小型制造商（阿利斯查默斯公司和伊顿公司）要高。这些小型企业没有足够的市场份额来赢得低成本优势，或者没能通过充分的产品差异化来弥补自身的成本劣势。海斯特公司的例子表明多种通用战略的综合会产生非常复杂的结果。

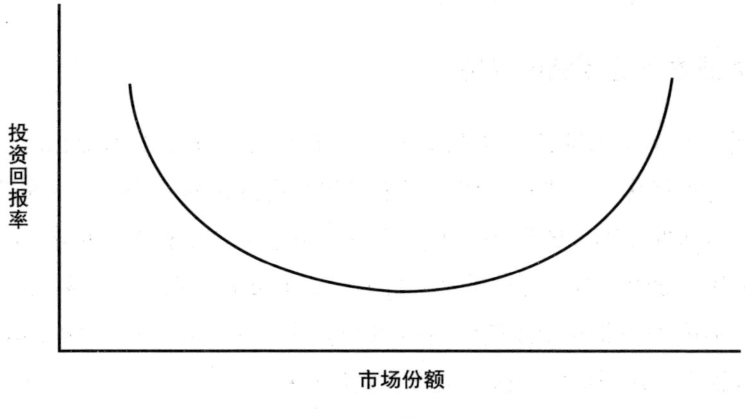

图 2–2　U形曲线关系

赢利能力和市场份额之间的联系不是单一的，除非人们对市场做出过于简单的定义，使得在某些定义较窄的细分领域里，实施集中战略或者差异化战略的企业能具有较高的利润，且针对总成本领先战略的行业定义也比较宽泛（因为成本领先的企业往往无法在每一个市场细分领域中占有高份额，所以行业定义必须宽泛）。行业定义的变化其实无法解释这种现象：实现了整个行业差异化的企业虽然比领导企业的市场份额更低，但却获得了比较高的回报率。

更重要的是，当以企业为中心来定义行业时，由于不同的企业给行业下的不同定义会引发一个问题：某个企业究竟最适合哪一种通用战略？这种决策主要取决于最适合企业特征和实力且不易被竞争对手复制的通用战略的选择。结构化分析的原则应能帮助人们找到最佳的选择，使分析人员能解释或者预测特定行业中市场份额和赢利能力之间的关系。我将在本书第 7 章进一步讨论这个问题，届时通过结构化分析来讨论特定行业中不同企业的战略定位。

通用战略的风险

从根本上来看，实施通用战略的风险有两种。第一，无法实现或者保持某种战略；第二，随着行业的发展，某种战略对应的战略优势价值逐渐减弱。从更狭义的角度来看，人们认定三大通用战略能为企业不同的竞争战略提供不同的阵地，所以各方涉及的风险大相径庭也就不足为奇。为了提升企业正确选择三大通用战略的能力，一定要事先了解这些战略对应的风险。

实施总成本领先战略的风险

为实现总成本领先地位，企业要保持低成本优势就必须承受相应的代价，即企业要时刻对现代化设备更新换代，毫不犹豫地淘汰过时的资产，避免生产线的膨胀，对技术革新保持高度警惕等。就算企业产量达到一定程度，也未必就能保证成本会自动下降；要收获规模经济带来的好处，企业要费心费力，一刻不得懈怠。

第 1 章阐述了企业利用规模经济或者经验作为进入壁垒时可能要承担的风险，实施总成本领先战略同样要冒这些风险，它们包括：

- 技术变化使过去某些投资或者学习行为失去了效用。
- 行业后来者或追随者的学习成本很低，通过模仿或者投资最先进的设备就能实现。

- 由于企业过分关注成本，所以无暇顾及必要的成本或者营销策略的变化。
- 成本提升限制了企业保持成本优势的能力，而企业的成本优势恰恰是其抵抗竞争对手独特的品牌形象或者其他差异化手段的法宝。

关于实施总成本领先战略需要承担的风险，20世纪20年代的福特公司就是一个很好的例证。福特公司通过汽车型号和种类限量、激进的后向一体化、高度自动化的生产设施、不断学习追求低成本等战略树立了自身在业内不可撼动的成本领先地位。由于产品型号不多，员工的学习效率很高。但是随着收入的提升，很多买方开始关注企业样式、型号变化、舒适度以及封闭式轿车，单独的敞篷车已经无法满足客户的需求。客户愿意出高价获得更多、更高端的产品功能。通用汽车公司早已做好了准备，大力投资开发整个系列的产品型号。此前福特汽车为实现产品成本最小化曾对一款过时的汽车投入巨资，而今不得不进行战略调整，承担高昂的改装成本。

还有一例说明了只靠低成本优势竞争的企业所需承担的高风险。消费电子产品制造商夏普一直实施总成本领先战略，曾大力开展提升消费者品牌识别度的宣传活动。而美国反倾销法的出台，使其远远低于索尼和松下电器产品价格的优势很快消失，而其依靠总成本领先战略获得的优势地位也不复存在。

实施差异化战略的风险

实施差异化战略也面临很多风险。

- 实施总成本领先战略的企业和实施差异化战略的企业之间的成本差异过大，使得为赢得品牌忠诚度，实施差异化战略的企业经常得不偿失。买方可能据此牺牲产品的某些功能或者服务，或者牺牲一定的品牌形象来大幅节约成本。
- 随着买方的成熟，买方对差异化因素的要求也随之下降。
- 由于竞争对手的模仿，买方感受到的产品或者服务差异化就会减少，这在行业逐渐成熟的时候尤其明显。

第一种风险非常重要，我们有必要详述。企业可能实现差异化战略，但这种战略可能意味着巨大的价格差异。因此，如果实施差异化战略的企业因为技术变革或者一时疏忽没有控制好成本，实施总成本领先战略的企业就有可能大行其道。例如，川崎公司和其他日本摩托车生产商通过大幅降低产品成本，已经成功地战胜了多家实施差异化战略的公司，哈雷戴维森和凯旋公司等大型摩托车生产商都是其手下败将。

实施集中战略的风险

实施集中战略可能遭遇与上述不同的风险。

- 采用大布局战略的企业和实施集中战略的企业之间的成本差异会不断加大，从而削弱了服务于少量目标群体企业的成本优势或者抵消了企业依靠集中战略获得的差异化优势。
- 战略目标群体和整个市场期望的产品或者服务之间的差异逐渐缩小。
- 竞争对手在战略目标领域内部发现了细分市场，在实施集中战略方面比企业更胜一筹。

03 竞争对手分析框架

给企业定位也是一种竞争战略，它可以使企业与其竞争对手区分开来、最大化企业的能力和价值。制定竞争战略的核心是对竞争对手进行分析。分析竞争对手的目标是制定分析框架，确定每位竞争对手可能采取的战略及其性质和成功率，每个竞争对手对其他企业采取的一系列可行的战略做出的反应以及每个竞争对手应对行业变化和整体环境变化的情况。需要确立复杂的竞争对手分析框架来回答下列问题：

企业在行业内的竞争对手是谁？要采取怎样的措施？

竞争对手战略行动的意义是什么？我们将如何应对？

由于竞争对手的反应会过于情绪化甚至出现狗急跳墙的情况，我们该着力避免进入哪些领域？

虽然在制定竞争战略的过程中肯定需要复杂的竞争对手分析，但这类分析在实践中并不是公开或者全面的。管理层对竞争对手的看法中，很难避免一些危险的先入为主的因素。比如：

> 对竞争对手进行系统分析根本不可能。
>
> 我们每天都和竞争对手打交道，因此对其非常了解。

这些看法在一般情况下具有一定的道理。深入的竞争对手分析的最大难点是需要大量的数据，很多数据无法轻易得到。很多公司不是针对竞争对手进行系统的数据搜集工作，而是只凭主观臆断，猜测或者通过企业管理人员接触的小道消息来评判。缺乏可靠的数据源使得企业很难开展深入的竞争对手分析。

竞争对手分析的过程包含四大分析要素（详见图 3–1）：未来目标、当前战略、假设和能力。理解这四大分析要素能让企业对未来遇到的竞争对手的反应有所预期，图 3–1 还显示了要提出的关键问题。绝大多数企业对竞争对手的当前状态及其优势和劣势有一定的了解。对于图 3–1 左边显示的情况则鲜有留意，很少有企业真正了解其竞争对手，对其行为背后的原因、未来目标以及竞争对手的行业性质和企业发展状况有正确的理解，这些驱动因素不像竞争对手的行为那样一目了然。企业往往在不甚了解实际的情况下对竞争对手的动向有主观臆断。

本章提出了竞争对手分析框架，在后续章节中将进一步拓展并丰富这个框架的内容。下文将分节阐述图 3–1 显示的竞争对手分析框架，提出一系列与竞争对手有关的问题，着重分析判断竞争对手的未来目标和假设的方法。这些问题比较微妙，不能单纯使用分类法来确定竞争对手制定未来目标和假设的方法。在讨论竞争对手分析框架的每个要素后，我将阐述综合这些要素来解答图 3–1 所提出问题的步骤。最后，我将从竞争对手分析所搜集数据的重要性的角度，简要阐明搜集、分析竞争对手数据的一些概念。

虽然竞争对手分析框架和这里提出的问题主要是针对竞争对手而言的，但是其中提出的观点和分析框架也适用于企业的自我剖析。这些概念为企业分析自己所处的地位和环境提供了框架。此外，开展这一类分析还能帮助企业理解竞争对手如何看待自己，这是复杂的竞争对手分析中不可或缺的一部分。因为自我分析的结论能够影响竞争对手的假设和行为，所以这对其采取的竞争行动有至关重要的意义（见第 5 章）。

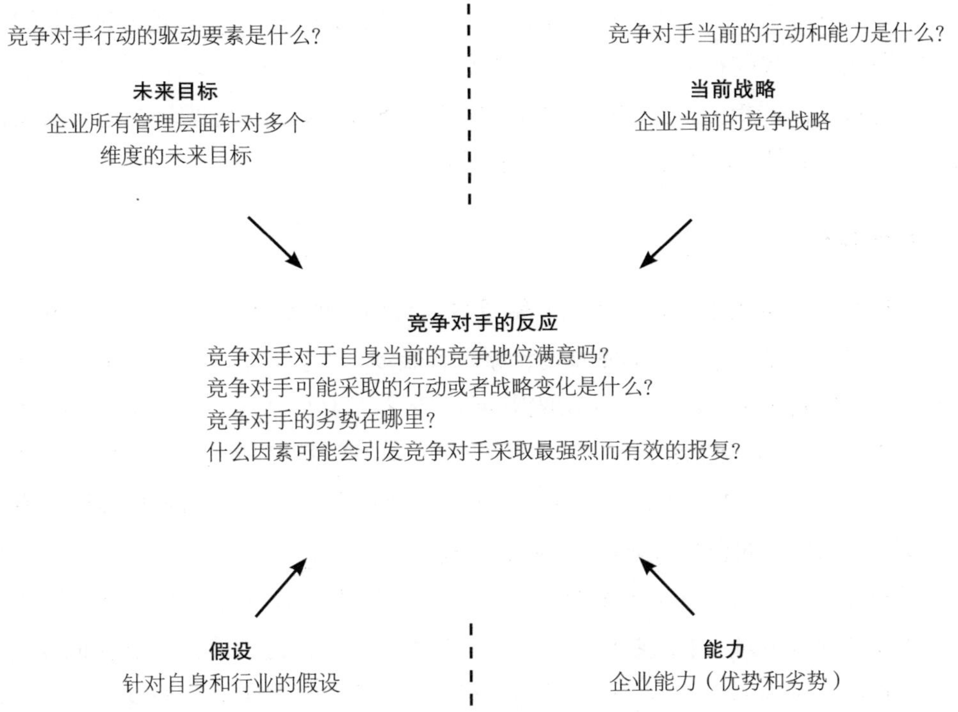

图 3–1　竞争对手分析框架

竞争对手分析要素

在逐项讨论竞争对手分析要素前，一定要明确需要分析哪些竞争对手。显然，所有当前重要的竞争对手都必须分析。此外，还要分析可能进入行业的潜在竞争对手。预测潜在竞争对手很不容易，但可以通过确定下列各类企业来分辨：

- 虽不在行业内，但却能轻松克服进入壁垒、无须承担过高成本的企业；
- 进入行业后能产生明显协同效应的企业；
- 在行业内竞争能够拓展公司战略的企业；
- 可能实现后向一体化或者前向一体化的企业客户或者供应商。

还有一个确定竞争对手的做法是预测可能出现的兼并和收购行为，包括那些发生在当前竞争对手之间以及行业内企业与行业外企业之间的收购行为。兼并的出现会大力提升处于劣势竞争地位的竞争对手，也有可能加强已经非常强大的企业的优势。预测企业的收购行为，与预测潜在的新进入企业的逻辑一样。预测行业内部的收购行为可以按照相关企业的产权情况、企业在行业内应对未来发展的能力以及在行业内作为作战基地所具备的吸引力等要素来进行。

未来目标

分析竞争对手的未来目标（以及衡量自身目标实现程度的方法），是竞争对手分析的第一大要素。这一点非常重要，原因有很多。了解竞争对手的未来目标能让企业预测这些对手是否满足于当前取得的经济效益及其他情况，进而推测这些竞争对手是否会改变当前的战略以及对外界的反应，包括对发生的事件（如经济周期）和其他企业战略的反应。例如，面对处于经济周期的下滑期或者市场份额增加等情况，重视稳固增长的企业与倾向于保持自身投资回报率的企业反应会大不相同。

了解竞争对手的未来目标能帮助企业预测对手面对战略变化的反应。某些战略变化对特定竞争对手的威胁要远远大于其他企业，尤其是考虑到这个企业的发展目标及其母公司施加的压力。这种威胁的程度也会影响到竞争对手报复的可能。最后，分析竞争对手的未来目标有助于企业解释竞争对手采取行动的专注程度。竞争对手采取的某个战略行动旨在实现某项核心目标或者试图恢复其针对特定战略目标群体的业绩表现。这些战略行动并不是随意的。同理，分析竞争对手的目标也能帮助企业做决定：母公司是否会大力支持其旗下某业务单元采取的措施或者某业务单元针对竞争对手的打击报复行为。

虽然企业非常重视财务目标，但全面分析竞争对手的未来目标往往包括多项定性因素，如针对市场领导地位、技术地位、社会表现等方面的目标。分析竞争对手的目标应该在多个管理层面上进行。公司有集团层面的目标、业务单元层面的目标，甚至还有每一个职能部门或者骨干管理者对应的目标。高层面的目标未必会全盘决定低层面的目标，但对其肯定有一定的影响力。

业务单元目标

1. 竞争对手明示和暗示的财务目标是什么？竞争对手如何在设定目标的时候做出权衡，比如如何平衡企业的短期和长期绩效？竞争对手如何平衡利润和收入增长目标？竞争对手如何权衡增长率和支付定期的股权收益？

2. 竞争对手对待风险的态度是什么？如果企业的财务目标包括赢利能力、市场地位（市场份额）、增长率和期望的风险水平等要素，竞争者应如何平衡这些要素？

3. 竞争对手是否拥有经济或者非经济的组织价值或信仰体系？这些组织价值或信仰体系可以在高层管理人员之间达成共识，也可以在整个企业上下获得一致的认同。哪些组织价值或信仰体系会影响其目标？竞争对手是否想成为行业领导者（如德州仪器公司）？竞争对手是否想成为行业统帅（如可口可乐）、特立独行者、技术领先者？竞争对手是否具有在追随特定战略或者职能政策后，将其纳入企业目标的历史或者传统？竞争对手是否对产品设计或者质量有自己的想法？竞争对手是否有任何地域偏好？

4. 竞争对手的组织结构（职能结构，是否有产品经理和单独的研发部门等）是什么？组织结构责任分配和针对资源分配、定价和产品变化等问题的关键决策机制是什么？竞争对手的组织结构显示了不同职能领域的相对地位及其具有重要战略意义的协调机制和关注重点。例如，如果销售部门是由直接向总裁负责的高级副总裁领导，而生产部门则是由向行政管理副总裁汇报的主管领导，这就表明该企业的销售比生产更加重要。决策责任的划分能让人明白高层管理人员的期望。

5. 竞争对手具有怎样的控制和激励体系？经理人的薪酬如何？销售人员的薪酬如何？管理人员是否持有公司股票？是否有递延薪酬制度？该企业的定期绩效评估手段是什么？绩效评估多久进行一次？所有这些问题虽然很难判定，却是企业了解竞争对手对行业和当前形势假设及其对外界情况反应的重要线索。

6. 竞争对手的会计制度和会计惯例是什么？竞争对手的存货估值方法是什么？如何分配成本？如何考虑通货膨胀因素？竞争对手的会计制度和政策如何影响竞争对手对自身绩效的看法，如何影响成本及其定价方式等？

7. 竞争对手的领导层由哪些管理者组成？首席执行官是谁？其背景和资历如何？哪些年轻的管理者受到奖励？竞争对手最看重这些年轻骨干的哪些方面？该企业从社会上招募人才的标准是什么？从中可以看出企业的哪些发展趋势？例如，比克公司就有从外部招聘的政策，因为它认为需要采取非传统的方法来扩展人力资源库。此外，还要明确管理层是否有很多人员会马上退休。

8. 管理层对企业未来发展方向的意见是否一致？管理层内部是否有不同派系，

且目标各不相同？若果真如此，权力更迭就意味着战略转变。反之，如果所有管理者志同道合，则管理层的权力坚不可摧，面对逆境也能迎难而上。

9. 董事会的成员情况如何？是否有很多外部董事有效地履行监督权？外部董事的背景怎样，与公司的关系如何？他们管理自己企业的方法是什么？他们代表了谁的利益（银行或者律师事务所）？董事会的成员可以让人了解竞争对手的定位、对待风险的态度以及战略举措偏好等。

10. 竞争对手受到哪些契约关系的限制？是否存在债务契约束缚其目标的实现？是否受制于许可证或合资协议？

11. 是否存在约束竞争对手行为的规定、反托拉斯政策、其他政府规定或者社会惯例，可能会影响竞争对手对其他较弱对手的反应，甚至影响其获得高市场份额的意图？竞争对手在过去是否有反垄断的问题？如果有，原因是什么？是否有过签署协议这样的经历？如果存在这样的经历，可能会让竞争对手变得异常敏感，除非碰到的问题真正具有战略影响，否则一般不会轻举妄动，对于业务威胁也是采取息事宁人的态度。比如，某企业试图从行业领导者手中夺取一定的市场份额，通过这类限制条件，这些企业可以享受某种程度的保护。

母公司和业务单元的目标

假如竞争对手是一个大型公司的业务单元，其母公司有可能出台一些规定限制该业务单元，这些规定有可能对预测该竞争对手的行为有着重要的影响。除了上述问题外，还要提出下列问题来进行分析。

1. 母公司当前的业绩（销售增长、回报率等）如何？凭借这些信息，我们能理解母公司的目标，这些目标最终会转变为市场份额目标、定价决策、新产品推出的情况等。如果业务单元的业绩不如母公司，就会承受较大的压力。如果母公司的某个业务单元一直保持着良好的财务指标增长历史，则该业务单元几乎不太可能主动采取行动破坏这一切。

2. 母公司的总体目标是什么？鉴于此，母公司希望从各个业务单元得到什么？

3. 从公司的总体战略考虑，母公司如何看待业务单元的战略意义？母公司认为该业务单元开展的业务是核心业务还是无关紧要的业务？业务单元在母公司的整体业务组合中占据怎样的地位？业务单元是否处于增长期？业务单元能否成为母公司未来发展的关键单元？其发展是否稳定成熟？能否为母公司创造丰厚的现金流？业务单元对母公司期望其实现的目标有重要的战略意义和影响。如何评价业务单元的战略意义将在下文揭晓。

4. 母公司一开始开展该类业务的原因是什么？是出于垂直一体化、利用分销渠道，还是为了突出自身的营销优势？这些因素将进一步表明母公司对业务单元所起作用的看法，说明母公司需要业务单元采取的战略姿态和承担的职责压力。

5. 业务单元和母公司其他业务单元的经济关联是什么（是垂直一体化、互补关系，还是共享研发活动）？这种关系表明母公司可能对业务单元提出怎样的特殊要求？共享设施可能意味着业务单元支付管理费用或者吸收兄弟业务单元产生的多余生产能力。如果业务单元与母公司的其他部门互补，则母公司可以选择从其他地方赢利。公司内部不同业务单元之间的关系可能表明了企业在某个方向或者其他方向的交叉补贴倾向。

6. 公司上下一致认可或者管理者共享的价值观或者信仰体系是什么？这些价值观是否引导人们在所有企业中寻求技术领先。这些公司是否希望实现生产标准化，避免解雇员工的公司政策，与行会要求保持一致？公司上下认可的规定、价值观和信仰对业务单元产生了广泛的影响。

7. 母公司是否已经在其他很多业务单元中实施了某项通用战略？是否有可能在这个业务单元中执行？比如，比克公司制定了大批量低价生产、标准化和一次性产品的战略，利用大量的广告宣传试图在书写文具、打火机、连裤袜以及剃须刀领域竞争。恒适公司正打算利用雷格斯连裤袜的战略在化妆品、男士内衣和袜子等领域开展多元化业务。

8. 考虑到集团内其他业务单元的业绩和需要以及总体战略，竞争对手的这一业务单元可能会采取怎样的销售目标？哪些因素阻碍投资回报以及面临怎样的资本利用限制等？比较该业务单元和其他业务单元的业绩以及该业务单元和整个公司的目标，该业务单元能否在赢得集团的资本配置方面占有优势？业务单元当前或者潜在的规模是否足以获得母公司的关注或支持？母公司是否认定该业务单元应该自主管理，且该业务单元在整个集团发展中只占据次要地位？公司业务单元资本投资的要求是什么？该业务单元在整个母公司的重要性如何？在公司分红后还有多少资金可供该业务单元支配使用？

9. 母公司多元化经营的计划是什么？母公司是否打算在其他领域开展多元化策

略，而其他领域需要更多的资本？母公司是否有可能在业务单元起重要作用的领域内开展多元化？母公司的发展是否为提升该业务单元的实力、增进协同效应提供了机会？雷诺兹近来收购了德尔蒙特食品公司，该公司拥有强大的分销系统，这给雷诺兹公司在消费食品业务领域的竞争提供了大好的机会。

10. 竞争对手母公司的组织结构能为企业理解其相对地位、竞争定位以及业务单元的目标提供哪些线索？该业务单元是否直接向母公司的执行官或其他有影响力的集团副总裁汇报？该业务单元是否只是母公司一个不起眼的部门？母公司是否派遣专人来管理该业务单元？该业务单元的管理者是否有可能离职？母公司的组织关系能否帮助企业理解其当前或者可能实施的战略？例如，如果多个电子产品部门集中受某个电子产品总经理的领导，相比彼此独立运营的部门，它们之间实施某项协调战略的概率更高，尤其当这个执行官本身就是集团总经理时更是如此。只有全面看待业务单元的责任制和其他要素，才能真正判断业务单元的地位，因为组织关系常出现有名无实的情况。

11. 部门管理层是否受整个母公司的控制，并且由母公司来负责薪酬的发放？针对部门管理层的绩效评估频率如何？奖金和薪水的比例如何？奖金发放的依据是什么？是否存在股权所有制？这些问题对于部门管理的目标和行为都有重要影响。

12. 母公司会对哪些管理人员实施奖励？这能表明母公司的高层管理人员看重哪些战略行为，进而影响部门管理的目标？母公司内业务单元管理者轮岗的时间间隔是多少？回答这些问题能为人们理解这些业务单元的决策和变动时间提供依据，从而明确业务单元经理对待风险战略和安全战略的态度。

13. 母公司人才聘用的渠道是什么？当前的管理人员主要是从内部选拔，还是从部门外部甚至公司外部招纳？如果是前者，可知过去的战略可以持续。当前的总经理原来所在的职能领域是什么？回答这个问题能让人看出母公司未来的战略重点在哪个领域。

14. 母公司本身是否对反垄断、法规或社会现象非常敏感，进而影响业务单元的走向？

15. 母公司或者组织内特定的高层管理人员是否与竞争对手业务单元有特定的情感联系？该业务单元是否属于母公司最早创立的单元？该业务单元是否有主管已经提拔到了母公司的高层？当前的高层管理人员是否做出了兼并或者发展该单元的

决策？该业务单元是否有什么计划或者项目是由母公司的高层管理人员直接领导的？这类关系会暗示母公司可能会给该业务单元非比寻常的关注和支持，这也表明该竞争对手面临着退出壁垒。

组合分析和竞争对手的目标

当竞争对手隶属于一个多元化经营的公司时，分析其母公司的业务组合就成为回答上述问题的重要组成部分。分析业务组合有多种技巧，它们都有助于解答这一问题：竞争对手业务单元需要满足母公司的哪些需要？了解竞争对手使用怎样的业务组合分析方式，能帮助人们更好地理解竞争对手的业务组合。

- 如果使用同一种分类体系，竞争对手业务单元在母公司中应怎样分类？结果如何？
- 母公司依靠哪个业务单元赚取高额利润？
- 未来母公司的业务组合中哪些业务单元可能有所收益或者被撤销投资？
- 母公司的业务组合中哪些业务单元是公司经营的“定心丸”，可以抵消其他业务单元的波动？
- 母公司的业务组合中哪些业务单元代表了保护主要业务的防御力量？
- 母公司的业务组合中哪些业务是母公司最有可能投资、建立市场地位的领域？
- 母公司的业务组合中哪些业务单元具有较高的影响力？这些业务单元的绩效变化可能会对整个母公司的业绩产生重大影响，包括公司的稳定性、赢利能力、现金流、销售增长或者成本等要素。这类业务单元是母公司的重点保护对象。

对竞争对手所在的母公司进行业务组合分析能够帮助企业理解该业务单元的目标，为捍卫竞争地位以及保持投资回报率、市场份额、现金流等业绩指标对抗对手的行为及其激烈程度。此外，这项分析还可以让企业理解竞争对手业务单元改变自身战略地位的概率。

竞争对手的目标和战略定位

制定竞争战略的一种方法是分析企业在不威胁其竞争对手的前提下的目标市场地位。若企业很好地理解了竞争对手的目标，就有可能出现皆大欢喜的局面。当然，这样的市场定位并非一直存在，尤其要考虑到不断会有后来者试图进入竞争态势良好的行业。通常情况下，企业为实现自己的目标必须强迫竞争对手对目标的实现做出妥协。要实现这一点，就需要企业寻找一种战略，既可以对抗现有竞争对手，同时又让后来者无所适从。

分析竞争对手目标很有必要，这样就能让企业避免涉足雷区，与自己旗鼓相当的企业开战，使企业专心实现关键目标。例如，业务组合分析能够将母公司赚大钱的业务单元、准备收割的业务单元以及着重构建的新业务单元分离开来。这表明在不威胁"摇钱树"业务单元为集团创造现金流能力的前提下，企业还有可能取得竞争优势；但是如果想从母公司大力发展的业务单元（或者母公司对其有较深感情的业务单元）中夺取份额，就有可能引发激烈的对抗。同理，如果某个企业指望某项业务获得稳定的销售收入，一旦有其他企业染指这项业务，企业就会毫无顾忌地反击，哪怕牺牲利润也在所不惜。相比那些旨在提升竞争对手利润率，不影响市场份额的举动，其反应肯定更强烈。这个例子表明竞争对手目标分析可以帮助我们回答图 3–1 中显示的有关竞争对手行为的方法。

假设

竞争对手分析的第二大要素是确定每个竞争对手的假设，具体可以分为两大类：

- 竞争对手对自身所做的假设；
- 竞争对手对行业以及其他企业所做的假设。

每个企业都是按照一系列针对实际情况的假设运作的。比如，企业将自己定位为具有社会责任感的企业、行业领导者、低成本制造商或者拥有最佳销售团队的企业等。这些针对自身所处情况的假设会引导企业的行为，对外界发生的事件做出反应。如果企业自认为是一个低成本生产商，又发现了其他企业的降价行为，就会马上做出回应。

竞争对手对自己所处情况的假设可能正确，也可能错误。若其对自身的看法出错，其他企业就会攻击其战略优势。如果有对手企业认定自己在市场上拥有的客户忠诚度最高，但实际情况却并非如此，则企业就可以采用挑衅的降价措施来赢得竞争优势。竞争对手可能认定企业的降价措施不会对自己的市场份额产生多大影响，因此拒绝降价，但没等它意识到这个错误，就已经损失了大量的市场份额，丧失了自身的竞争优势。

每个竞争对手都有一套针对企业的假设，每个企业也会根据自身对行业和竞争对手的假设来运作。企业和竞争对手做出的假设可能正误参半。例如，嘉宝公司一直坚信自20世纪50年代起，出生率会一路攀升，但实际情况是出生率一直在下跌。直到1979年，才出现了出生率的拐点。有很多例子证明企业高估或者低估了竞争对手当前的实力、资源或者技能。

仔细分析各种假设，企业就能够明确自己持有的偏见或者经理人在看待周围环境时容易出现的盲点。盲点是指竞争企业忽略的重要事件（比如战略举措）、错误的认识或者没能及时意识到的情况等。确定并根除这些盲点能帮助企业明确利润较低或者有可能招致即刻报复的行动，推动企业采取即使遇到竞争对手反击也依然有效的举动。

我们在此提出了一系列问题来明确竞争对手的假设，并判断那些不太现实或不可能的假设。

1. 按照竞争对手公开发表的声明、管理者和销售人员的声明以及其他相关指标判断，竞争对手如何看待自己在成本、产品质量、技术发展程度和业务的其他关键方面的相对竞争地位？竞争对手认定自己具有怎样的优势和劣势？这些判断准确吗？

2. 竞争对手是否对特定的产品或者职能政策曾有过相关的资历或者强烈的情感联系？如产品设计、追求高质量产品、生产活动所处地理位置、销售方法、分销安排等。哪些要素是竞争对手完全认同的？

3. 是否存在特定的文化、地域或者国别差异，影响竞争企业看待事件的态度及重视程度？比如，西德公司有时候会牺牲业务单元成本和营销费用来定义自己的生产过程和产品质量。

4. 是否存在高度体制化的组织价值、信条影响企业对待外界事件的方式？公司创始人坚信的政策是否依然适用？

5. 竞争对手如何看待未来产品的需求以及行业趋势的重要意义？企业是否会因为需求不定，对是否增产举棋不定？是否会因为过分相信产品需求攀升，而着重加大产能？企业是否错误地估计特定行业趋势的重要意义？企业是否认定行业正在集中化，而实际情况并非如此？这些都是企业能够把握制定战略决策的良机。

6. 企业对其竞争对手的目标和能力有何看法？企业是否有可能高估（低估）其目标和能力？

7. 竞争者是否相信行业传统智慧或者历史经验以及行业的常规方法，而这些信息没能反映新的市场条件？传统智慧的例子很多，包括人们所持有的这样的观念："所有产品线必须一应俱全"，"客户会追涨产品"，"我们必须控制原材料渠道"，"制造业中放权管理的车间效率最高"，"经销商多多益善"等。确定传统智慧不适用于哪些情况或者哪些观点不正确，能为企业带来某种竞争优势，使其能快速有效地判断竞争对手可能采取的反击行为。

8. 竞争对手针对当前的行业情况和自身假设受到各企业采用战略的影响，也能反映在当前实施的战略中。竞争对手可以凭借过去的经验和当前的发展态势来看待新发生的行业变化，但这种看法未必公正。

判定盲点或者传统智慧的重要意义

最近，米勒啤酒东山再起，其再度崛起受益于对盲点的清晰认识。被菲利普莫里斯收购的米勒啤酒并没有像很多家族酒庄那样受制于传统观念，而是推出了 7 盎司瓶装的低热量低酒精淡啤酒，以及专门为美国国内市场打造的新型卢云堡啤酒。卢云堡啤酒比美国国内知名高端啤酒米狮龙的价格贵 25%。据报道，很多啤酒制造商嘲笑米勒啤酒的举动，但看到米勒的这种做法为其赢得了很多市场份额后，很多企业虽心有不满，也依然追随其策略。

派拉蒙电影公司重整旗鼓，再次证明了认识到传统观念过时的重要意义，派拉蒙电影公司对现状有清醒的认识，享受了实实在在的好处。两大新任高层管理人员在网络电视管理方面很有经验，他们违反了电影行业的很多行规，对电影进行预售，在诸多大型院线同时上映影片等，这些做法使派拉蒙电影公司的市场份额激增。

企业历史能够反映其目标和假设

企业针对某类业务的目标和假设可以在其从业历史中清楚地反映出来。下列问题能给我们很多启发。

1. 竞争对手当前的财务表现、市场份额与过去某一段时间相比如何？这体现出其未来的目标，若该竞争企业曾有过比较辉煌的过去，就表明它绝对不可小觑。为重振雄风，它会不遗余力。

2. 竞争对手长期以来在市场上的表现如何？是否有过一败涂地的经历？对于过去失败的记忆，是否会让其在将来畏首畏尾？这种影响力往往持续存在，尤其对于一些大型的知名公司来说更是如此。例如，有人认为折扣店的失败经历阻碍了联邦百货商店重新进入零售业，其蛰伏期长达7年之久。

3. 竞争对手曾在行业的哪些领域作为冉冉升起的新星而傲视群雄？是在推出新产品方面，还是采用创新性营销模式方面？在其擅长的领域里，竞争对手往往很有自信重操旧业，即使碰到来势汹汹的对手的挑衅，也能从容应对。

4. 竞争对手对特定的战略举措或者过去的行业事件反应如何？态度很理性，还是比较情绪化？反应迟钝，还是反应迅捷？采用了什么对策？竞争对手对哪一类事件的反应不令人满意？原因何在？

管理人员的背景及顾问关系

管理人员的背景、履历和个人成败经历可以说是另一项关键指标，能反映竞争企业的未来目标、假设和行动。

1. 高层管理人员的职能背景是衡量企业定位和观念及对应目标的关键指标。若领导人员具有财务背景，按照他们的判断，肯定要比那些在营销或者生产领域有经验的人员对战略方向有更清楚的认识。埃德温·兰德采用激进的创新措施来解决宝丽莱的战略问题；麦吉任职海湾石油公司期间，在能源相关领域中大力提倡节俭的风气。这些都是很好的例子。

2. 理解高层管理人员的假设、目标和未来的动向，可以看看在他们的个人职业生涯中，实施的哪些战略可行，哪些战略不可行。例如，如果首席执行官过去曾用降价措施成功解决问题，那么以后碰到类似的情况，他便可以手到擒来采用以前的方案。

3. 理解高层管理人员的背景时，还有一点很重要，那就是看看这些管理人员曾经涉及哪些其他业务，他们对待那些业务遵守怎样的游戏规则，采用了怎样的战略方法。例如，马克 · 罗伊杰特曼于 20 世纪 60 年代中期在凯斯集团任职的时候采用的推销战术，在工业设备领域非常成功，他主要是大力销售农业设备用具。雷诺兹公司近期从包装食品和化妆品公司引入管理人员，并成功推广这些管理人员习惯的产品管理方式和其他典型的运营方法。家庭理财公司刚退休的顶级管理人员出身于零售业。此前，家庭理财公司未能加强自己在消费信用行业的优势，也不对异军突起的零售信贷行业投资，而是特立独行地把资源放在零售业的多元化经营上面。该公司新一任总经理是从消费金融业务部门提拔上来的，他很快就扭转了这一局面。在律师事务所、咨询公司以及其他类型的公司里，采用过去领导人惯用的理念似乎非常普遍。这些信息都能让企业了解其对手，从过去的点点滴滴中了解竞争对手现在可能使用什么战略来应对挑战、解决问题。

4. 高层管理人员可能经历过一些大事，并受此影响，如经济大萧条、能源短缺、货币通胀造成的损失等。这类事件有时候会对管理人员的世界观产生重大影响，进而改变他们的战略选择。

5. 从高层管理人员的言谈举止中也能看出他们的看法。管理人员的技术背景如何？也许他们曾经申请过专利，其他企业与他们的接触（比如通过他们所在的董事会的接触）、高层管理人员在公司以外的地方的作为及其他我们能想到的情况，都能从侧面反映这些管理人员的管理目标和工作思路。

6. 竞争对手的管理咨询公司、广告代理、投资银行和其他顾问，为企业理解对手提供了很多线索。企业中的这些顾问人员做了什么项目？这些顾问在业界立足的理念和方法是什么？分析对手企业顾问的身份及其具体背景能帮助我们了解竞争对手未来的战略动向。

当前战略

竞争对手分析的第三大要素是明确每个竞争对手的当前战略。要明确竞争对手的战略，最有效的方法是明确企业各职能领域的核心运营政策以及职能部门之间的联系。这类战略可能是明确说明，也有可能是企业内部的意会，但这样的战略每个企业都有。明确战略的原则在本书前言部分已经做了介绍。

能力

客观现实地评价竞争者的能力是竞争对手分析的最后一大要素。其目标、假设和当前战略都会影响竞争对手做出反应的可能性、时机、性质和强度。竞争对手的优势和劣势会决定其实行某项战略或者对其他企业战略行动做出反应的能力，也会影响企业应对环境或者行业事件的能力。

像竞争对手的优势和劣势这样的概念比较清晰，我在此不再赘述。从广义的角度来看，可以通过对照第 1 章阐述的五大竞争力和竞争者的地位来评估其优势和劣势，这一点我将在第 7 章详细展开。从狭义的角度来看，表 3–1 总结了在企业每个关键领域分析竞争对手优势和劣势的总体框架。结合这样的框架，提出一些其他综合问题，能更好地分析企业的能力。

表 3–1　竞争对手优势和劣势的范围

产品
从用户的角度看产品在每个细分领域的地位
产品线的广度和深度
经销商 / 分销渠道
渠道覆盖和质量
渠道关系的优势
服务渠道的能力
营销和销售
营销组合中多方面的技能
市场调查和新产品开发过程中的技巧
销售队伍的培训和技能
运营
制造成本优势，如规模经济、学习曲线、设备更新等
设施的技术先进程度
设施的灵活性
私人专有知识和独特的专利或者成本优势

（续表）

产能增加、质量控制和模具加工的能力等
地点，包括劳动力和运输成本
劳动力环境；工会地位
获得原材料的渠道和原材料的成本
垂直一体化程度
研究和工程
专利和版权
研发过程中的自力更生能力（产品研究、工艺研究、基础研究、开发和模仿等）
研发人员在创意、精简、质量、可靠性等方面的能力
利用外部研究和工程资源的能力（例如供应商、客户和分包商等）
总成本
相对总成本
与其他业务单元共享成本或者活动
竞争对手实现规模经济的领域或者对成本优势至关重要的其他因素
财力优势
现金流
短期和长期借款能力（相对债务/股本比例）
在可预见的未来企业增资扩股的能力
财务管理能力，包括议价能力、筹措资金、信用、存货和应收账款管理能力
组织
价值观统一，组织目标明确
为了满足近期的要求，组织表现出来的疲劳感
组织安排与战略的一致性
总经理管理能力
首席执行官的领导素质；首席执行官的激励能力
与特定职能部门或者多个职能部门协作的能力（如生产和研发能力的协调）
管理者的年龄、接受的培训和职能背景
管理深度
管理的灵活性和适应能力

（续表）

公司组合
集团支持所有业务单元就财力和其他资源实现既定变化的能力
集团补充或者增强某业务单元的能力
其他
获得政府特殊待遇或者与政府部门协作沟通的渠道
人事流动

核心能力

- 竞争对手在各个职能领域中的能力如何？最擅长什么？最不擅长什么？
- 竞争对手如何满足战略一致性检验（见本书前言）？
- 随着竞争对手逐渐成熟，这些能力是否有可能发生变化？这些能力会随着时间的流逝增强或者减弱吗？

增长的能力

- 随着竞争对手的强大，其能力会增强或者减弱吗？主要体现在哪些方面？
- 竞争对手在人员、素质和产能方面的增长能力如何？
- 竞争对手在财力方面实现可持续增长的能力如何？根据杜邦分析法，这种能力能否随着行业的增长而增长？这种能力能提升市场份额吗？可持续增长能力对外部筹措资金的影响是否较大？对于获得短期优秀的财务结果会有怎样的影响？

快速反应的能力

- 竞争对手对其他企业采取措施的反应能力如何？是否具备立即发起进攻的能力？这项能力主要由下列因素决定：自由现金储备，备用借贷能力，多余产能，尚未推广但已经做好销售准备的新产品。

适应变化的能力

- 竞争对手的固定成本和可变成本分别是什么？未使用的产能成本是多少？这

些问题的答案都有可能影响竞争对手对变化的反应。

- 竞争对手适应每个职能领域并对变化的环境做出反应的能力如何？例如，竞争对手能否适应以下几项活动：成本竞争，管理更复杂的生产线，增加新产品，开展服务竞争，营销活动升级？
- 竞争对手能否对下列外部可能发生的变化做出反应：居高不下的通货膨胀率，出现让现有的厂房设施过时的技术变革，经济萧条，工资水平上涨，最有可能影响企业的政府管制形式？
- 竞争对手是否具有阻止自身减小规模或者在企业内开展多元化经营的退出壁垒？
- 竞争对手是否与母公司的其他业务单元共享生产设施、销售团队或者其他企业设施？这样的共享现状可能会影响竞争对手自我调整或阻碍成本的控制。

耐力

- 竞争对手打持久战的耐力如何？这有可能会给竞争对手的赢利能力或者现金流方面带来怎样巨大的压力？这种能力取决于如下一些要素：现金储备，管理层意见一致，长远的财务目标，股票市场没有给自己带来压力。

竞争对手反应分析框架

在分析了竞争对手的未来目标、假设、当前战略和能力后，我们可以开始提出一系列有助于搭建竞争对手反应分析框架的问题。

进攻举措

建立竞争对手反应分析框架的第一步是预测竞争对手可能发起的战略变革。

1. **对当前的地位比较满意。**比较竞争对手的目标及其当前的地位，试问竞争对手是否有可能发起战略变革？

2. **可能的行动。**根据竞争者的未来目标、假设和相对竞争能力，竞争对手最有可能发起的战略变革是什么？回答这些问题将反映竞争对手对未来的看法、具备的优势及其认定哪些对手不堪一击、具体的竞争方式、高层管理人员对业务持有怎样的偏见以及其他在上文分析中提及的问题。

3. **战略举措的力度和决心。**分析竞争对手的未来目标和能力可以用来评价可能发生的战略举措的力度和决心。一定要评价竞争对手从采取这些举措中能获得什么。例如，允许竞争对手与其他业务部门共同承担成本进而大幅度改变其相对成本地位的举措，可能要比那些大力提升营销效果的举措更有意义。分析竞争对手从某战略举措中可能获得的利益、明确竞争对手的目标，能让人明白企业在面对对手抵制、反击的时候依然坚持竞争的决心。

防守能力

建立竞争对手反应分析框架的第二步是确定行业内某企业可能采取的合理的战略举动清单，明确可能发生的行业和环境变化。根据本章前面的内容，按照下列标准对这两方面内容展开评估，从而确定竞争对手的防守能力。

1. **弱点。**竞争对手对哪些战略举措或者政府、宏观、行业事件最没有防御能力？哪些事件会导致利润不均衡的结果，即对发起企业和竞争对手的利润影响不一致？哪些举动需要竞争对手耗费大量的资源进行反击或者跟随，以至于竞争对手不愿轻举妄动？

2. **挑衅。**哪些举动或者事件会引起竞争对手的报复行为，哪怕报复行为成本很高，甚至会影响边际财务绩效？也就是说哪些战略举动会对竞争对手的目标或者地位产生重大影响，使其不得不奋起反抗？竞争对手反抗的概率如何？绝大多数竞争对手都有自己的敏感问题。在涉及敏感问题的业务领域里，竞争对手一旦受到威胁，就会做出强烈的反应。这些敏感问题反映了企业坚信的目标、情感和承诺等。如有可能，尽量避免触及竞争对手的敏感问题。

3. **实施打击报复行为的成效。**鉴于竞争对手的未来目标、当前战略、能力，其对战略行动或者事件的反应有快有慢。如果竞争对手要奋起反抗或者击败对手，企业要采取哪些行动才能让竞争对手无还击之力？

表 3–2 为分析竞争对手防守能力的简单示意图。左边一栏列出了一些企业可以采取的可行的战略举措，以及可能发生的环境和行业变化（包括竞争对手可能采取的行动）。这些事件要以回答上述问题为准。通过对应的矩阵，根据竞争对手可能会对之做出反应的事实，我们能选定最有成效的战略。这些事实也会加速竞争对手对能暴露其弱点的行业和环境事件做出反应。有关竞争行动概念的详细描述，我们

将在第 5 章揭晓。

表 3–2　竞争对手防守能力评价表

事件	竞争对手应对事件的劣势	事件可能引起竞争对手报复的程度	竞争对手对事件采取报复的成效
企业采取的可行的战略举措			
列出所有可能的选项，包括：			
丰富生产线			
提升产品质量和服务水准			
降低价格，按照低成本进行竞争			
可能发生的环境变化			
列出所有的变化，包括：			
原材料成本的大幅度上涨			
销售额的下降			
买方成本意识的提升			

挑选战场

假设竞争对手会对企业发起的某个行动做出反应，其战略议程肯定包括选择最佳的战场来和竞争对手展开殊死搏斗。

最理想的情况是按照竞争对手当前所处的形势找到一种让竞争对手束手无策的战略。由于过去的某种传统和当前的战略，竞争对手要追随某种战略可能要付出惨重的代价，但是对于发起这些举措的企业来说却不会碰到太多困难或承担过多的开销。例如，当福爵咖啡用降价手段侵占了麦斯威尔咖啡的东部阵地时，麦斯威尔因市场份额巨大，想要用同样的降价手段奋力反击，就得付出沉重的代价。

竞争对手分析派生的另一个关键战略概念是为竞争对手创造进退两难的困境。实施这种战略后，竞争对手即使实现了有效的反击，其竞争地位也会受到影响。比如，IBM 面临小型计算机的威胁，而它本身也生产小型计算机。小型计算机的存在可能会加速大型计算机销售额的回落，加快大型计算机被小型计算机替代的过程。将竞争对手置于一个目标摇摆不定的局面是攻击当前已经在市场上取得卓越成绩的大型公司的有效战略手段。小型公司和新进入企业往往不会受制于业内当前战略的影响，它们可以灵活选择战略，大力打击竞争对手，从中获得巨大的回报。

从现实的角度来看，竞争对手不会对企业的进攻无动于衷，因进退两难而无所作为。在这种情况下，上面提出的问题就能帮助我们确定哪些战略举措能让发起进攻的企业找到最佳的阵地，打好竞争这场战役。这表明要充分利用对竞争对手目标和假设的认识来避免有效的打击报复行为，挑选最佳的战场使企业所具有的独特能力成为其撒手锏。

竞争对手分析和行业预测

分析每个重要的当前或者潜在竞争对手都可以为预测未来行业的情况提供参考。了解每个竞争对手可能采取的行动及其对变化的反应能力，对已经掌握的信息进行总结，就会发现竞争对手彼此互相作用，并为解答下列问题提供线索：

- 已经确定的竞争对手可能采取的多种举措互相作用会产生什么结果？
- 各个企业的战略是否互相交叉，甚至之间有冲突？
- 行业内各家企业的可持续增长率是否可以保证企业能够追随行业预期的增长速度而增长，两者之间是否存在偏差，以致招来新进入的企业？
- 企业采取的各种战略举措是否可能会影响行业结构？

建立竞争对手信息系统的必要性

回答这些有关竞争对手的问题需要大量的数据。获取有关竞争对手的信息数据有多种渠道，包括公开的报告、竞争对手管理人员向证券分析师发表的声明、商业刊物、销售团队的说法、企业从其与竞争对手共有的客户或者供应商处获悉的数据，以及竞争对手产品检查报告、企业工程人员所做的估计、从竞争对手的离职管理人员或者其他人员口中获悉的数据等。有关这方面数据的获取渠道详情请参阅本书附录 2。进行全面的竞争对手分析需要很多数据，不可能一下子就全部获得。要回答本书提出的问题，需要长期且系统地搜集数据，而非山洪暴发的一次性行为，由此做出精细的判断，而且必须要结合时间的变化，来全面分析竞争对手所处的境地。

为复杂的竞争对手分析处理数据，只靠勤奋努力是不够的。要卓有成效地完成这项任务，还必须建立组织机制，即建立竞争对手信息系统来保证整个流程的高效完成。竞争对手信息系统的要素可能会依据企业的集体需求而有所不同，取决于行业、员工的能力以及管理层的兴趣和才能。图 3–2 罗列了在进行复杂的竞争对手分析时必须完成的职能以及职能部门之间互相协作的情况。在某些公司里，所有这些职能可以由一个人高效地完成，但很少有人能做到这一点。分析竞争对手所需要的数据来自于多个渠道，包括调查数据和公开数据，公司内部能提供这些数据的人肯定不止一个。另外，处理、分类、消化并行之有效地将这些数据传达给公司上下的人员，一般不可能由一个人独立完成。

实践中，我们常发现企业执行这些职能的组织方式有很多种。竞争对手分析小组可能是企业组织规划的一部分，负责所有职责（可以借助组织内部的其他人员负责搜集现场数据；可以安排一名竞争企业信息协调官，负责数据处理、分类和沟通；还可以确立一个信息系统，战略人员可以在其中以不太正式的方式实现所有功能）。通常情况下，要某一个人负责整个竞争对手的分析，几乎不太可能，而搜集竞争对手数据也没有约定俗成的方式。显然，相关人员一定要对搜集竞争对手数据的工作很感兴趣，否则就不可能在此过程中发现重要的数据。高层管理人员也可以在这方面出力，鼓励相关人员搜集进行复杂的竞争对手分析所需要的数据，作为规划过程的一部分。至少得有某个经理担当起竞争对手信息系统建设的核心任务，这一点很有必要。

每一项功能都有多种实现方式，具体见图 3–2。图中显示的多种方案涉及的难度和完整度各不相同。小型企业未必有充足的资源或者人员来尝试上述复杂的方法，而成功获悉竞争对手的信息对大型企业的影响很大，因而应该全面实施上述办法。不管数据本身的复杂程度如何，企业上下沟通的渠道畅通非常重要。除非搜集的数据能用于战略的制定，否则这些数据一无是处；此外，一定要以最精确、最有用的方式将这些数据呈报给高层管理人员，否则搜集数据无异于浪费时间。

无论为竞争对手信息的搜集确立了怎样的机制，拥有正式的竞争对手信息系统以及正规的归档系统肯定会对企业很有利。此外，零星的数据很容易丢失，因此有必要将这些信息碎片进行整合。分析竞争对手这一过程非常重要，不允许有任何差错。

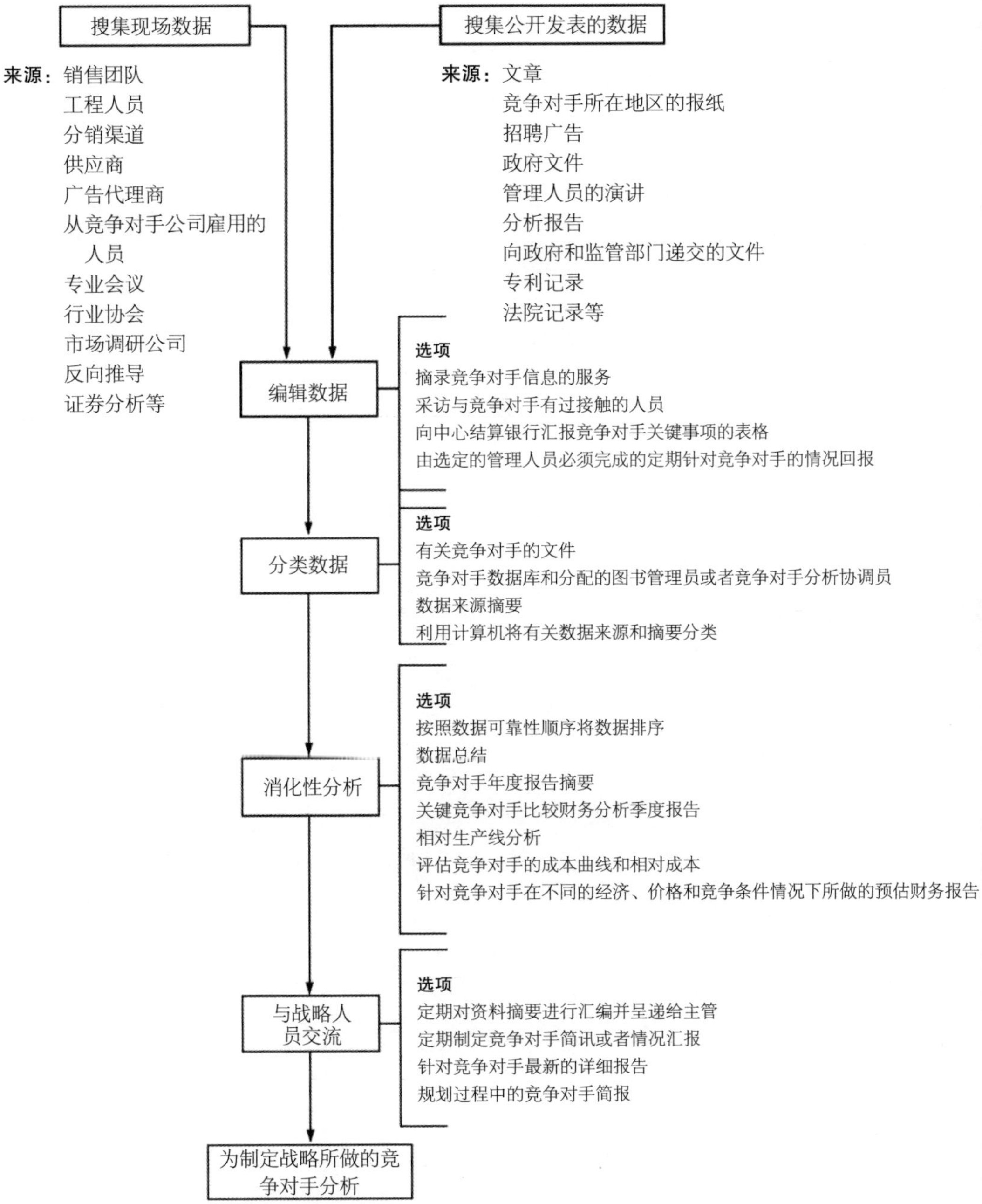

图 3–2　竞争对手信息系统的作用

04 市场信号

市场信号是企业直接或者间接显示其目的、动机、目标或者内部环境的举动。竞争企业的行动从多个角度展现了不同的信号。有些信号只是虚张声势，有些信号是警告，还有些信号表明了竞争对手采取某种行动的决心。市场信号是市场中一种间接的沟通渠道，竞争对手的绝大多数行为都有一定的含义，能帮助企业完成对竞争对手的分析和战略的制定。

意识并精确地解读市场信号对于制定竞争战略有着举足轻重的作用，从竞争对手的行为中解读市场信号也是竞争对手分析（详见第3章）的有益补充。同时，理解市场信号（详见第5章）对于实施有效的战略举措也很重要。精确解释市场信号的前提是完成最基本的竞争对手分析：理解竞争对手的未来目标、针对市场和自身的假设、当前战略以及能力等。解读市场信号是一种第二层面的竞争对手分析，主要通过对照竞争对手的行为与企业已经掌握的有关竞争对手的信息来做出微妙的判断。正如大家所看到的，在解释市场信号的过程中，有很多令人费解的细节需要企业不断比较竞争对手的行为和第 3 章阐述的竞争对手分析的结果。

市场信号的种类

市场信号具有两种最基本的功能：一是能够真实地反映竞争对手的动机、意图或者目标，二是表现竞争对手的虚张声势。代表虚张声势的信号旨在误导其他企业采取或不采取某种行动，成全发出信号的企业。明确真实的信号和虚张声势的信号往往要求人们做出精确的判断。

市场信号有多种形式，主要取决于涉及的特定竞争对手行为以及信号传递的渠道。在讨论多种信号形式时，要明确这些信号如何被用来虚张声势，并判断这两种信号的本质区别。

重要的市场信号罗列如下。

事先声明

事先声明的形式、特征和时间都可能是潜在的市场信号。事先声明是竞争对手针对它未来可能或不可能采取行动的正式说明，包括建立厂房、改变价格等。声明不一定能保证某种行为的发生；做出事先声明后，后续的行动可能未必会发生，原因可能是只打雷不下雨，或者最新的声明否定了先前的做法。声明的这种特点提升了它作为信号的价值，我们将在下文讨论。

通常情况下，事先声明可以有多种信号功能，有些信号彼此重叠。事先声明的第一种功能是，它可以是企业咄咄逼人地为了先发制人、夺取优于其他竞争对手的地位而决定采取的某种行动。如果某个竞争对手发表了增加产能以满足所有预期行业增长需求的声明，就代表了该企业在努力说服其他企业不要增加产能，因为这就可能引发整个行业的产能过剩。比如IBM在推出某一款新产品前，总是会事先大肆宣传这种产品，努力让客户迎接新产品的面市，说服他们不要在这段时间购买竞争对手的产品。伯基公司曾起诉柯达公司，控告柯达公司过早披露新相机产品的推出，而后才投入生产，这期间大大打击了竞争对手。

事先声明的第二种功能是，在竞争对手打算按部就班采取某种行动时，它可以起到威胁的作用。如果企业甲了解企业乙降低特定生产线的特定产品价格的意图

（或者企业乙宣布了这类意图），企业甲则可能凭借比企业乙更大幅度的降价行为来赢得人气。这可能会延迟企业乙的降价行为，因为企业乙明白企业甲的状态：它对自身的低价策略很不满意，打算掀起一轮新的腥风血雨的价格战。

事先声明的第三种功能是，它可以用来测试竞争对手的情绪，但不一定实际采取这样的行动。企业甲可以宣布一项新的质保方案，来看看行业内其他企业的反应。如果其他企业的反应在预期范围之内，则企业甲可以按照计划的改变而奉陪到底。如果竞争对手发出了不愉快的信号，或者事先宣布与企业甲提出的质保方案不同，那么企业甲就有可能收回这个举动或者宣布改良质保方案来赶超竞争对手。

这种行动的顺序揭示了声明的第四种功能，这种功能与其本身具有的威胁性功能相通。声明可以作为企业向社会传达自身对特定的行业竞争性发展是否满意的渠道。宣布实施一种与竞争对手的措施一样的举措可能表明企业对现状比较满意，而宣布一种与竞争对手的措施完全不同或者惩罚对手的举措则可能表明企业的不满。

声明的第五种常见功能是起到安抚性措施的作用，旨在降低即将做出战略调整的挑衅性。企业发表公开声明，意在避免某项战略调整引发对手怨声载道、拼死反抗的战争。例如，企业甲可能决定需要在行业里降低价格水平。提前宣布这一举动，并解释成本变化的具体原因，可以避免企业乙因发现价格变化，认定企业甲纯粹是为了赢得市场份额而打价格战，进而做出激烈的反抗和还击。声明的这种功能在企业实施某个行动确实不是针对任何对手的时候特别管用。然而，像这一类的声明也有可能麻痹竞争对手，使其忽略一些本质上很有攻击性的战略举动。由此可见，在很多情况下，市场信号往往是一把“双刃剑”。

声明的第六种功能是避免与同行在某个领域中出现策略撞车的现象，比如一起增加产能就会出现行业中产能过剩的情况。企业必须提前宣布增产计划，帮助竞争对手及时调整产能扩充的时间，依次进行，从而将产能过剩的可能性降到最低。

声明的最后一项功能是和金融市场联通，提升股价或者公司的声誉。这种做法很普遍，企业希望通过声明以最有利于自己的方式宣传公司，树立公司的正面形象。这类性质的声明可能会因为给对手传递不当的信号而惹来麻烦。

企业事先声明还可以用来从内部支持某项政策。企业下定决心公开某种措施的实施，可以减少内部针对这项举措是否可行或有利的争论。不定期公布财务目标，可以使企业上下统一，全力达到目标。

从上述讨论可知，整场竞争战役在企业耗费实际的财力物力之前，可以事先发出声明，打响第一枪。诸多计算机存储器制造商的一系列声明就说明这类企业之间剑拔弩张的态势。德州仪器公司宣布了两年后随机存取存储器（RAM）将达到的价格。一周以后，伯马公司宣布的价格更低。3个星期后，摩托罗拉宣布了一个更低的价格。此事一出后两个星期，德州仪器公司宣布的价格只有摩托罗拉价格的一半，而其他公司决定不再生产这种产品。因此，德州仪器公司不费一兵一卒，直接用声明赢得了这场战役的胜利。这类声明大战可以在不干扰市场秩序、不引发对手之间大战的前提下，设定价格变化的区域，开启新一轮分销商折扣项目。企业只需要声明开展某项计划，回头再撤回或者更改这种计划就行。

确定某种事先声明是旨在先发制人还是意在妥协，这种判断一定要正确。要区分这两种性质，首先可以分析竞争对手从先发制人的举动中能获得什么样的长期利益。如果竞争对手从先发制人的行动中获益良多，就可以判断其采取行动的概率较高。如果竞争对手从中获得的利益较少或者只是出于一己之利，其实施的突如其来的行动收效更好，那么就可以推断其和解的意图会更明显。若竞争对手公布某项对其他企业无关痛痒却和自己切身利益相关的行动，凭借企业对对手的了解，这种声明可以判定为妥协信号。还有一个评判对手发表声明意图的方法是看声明发布的时间与实际行动之间的间隔。同等条件下提前很多的行动往往是妥协的表现，当然也不能光凭声明提前发表的时间来判定对手的真正意图。

还要留意的一种情况是，声明有可能是虚张声势，因为声明中所说的行动未必会落实。诚如上文所述，声明可以代表企业执行某项对对手有致命威胁行动的决心，从而给对手施压，使其停止某项行动或者减少某项行动的力度，或者将其行动彻底扼杀。例如，企业若得知对手要扩大产能，就可以宣布一项大型车间建造计划，旨在说明自己保持市场份额的决心，从而让对手感知行业产能过剩的可能和压力。如果企业只是吓唬对方，而对手也没有因为企业的这一举动而改变自己，那么企业也没有必要去认真执行自己新建厂房的承诺。但是，企业是否会真正执行声明中所述的行动，不管是威胁对手，还是实际行动，对其将来的声明和承诺的可信度都将产生重大的影响。在极端的情况下，企业发表某项声明可以是图谋不轨的恫吓，意在让对手投入资源去抵抗完全不存在的威胁。

竞争对手发表事先声明有很多种媒介，如正式的媒体发布会、管理人员与证券分析师的谈话、媒体采访等。选择发表声明的媒体往往能让人了解竞争对手的用心。声明发表的方式越正式，宣布声明的企业就越希望外界知晓声明的内容，它希望得到的关注就越多。发表声明的媒体也会影响其传播的对象。在专业的贸易杂志上发表的声明很有可能只被竞争对手或者其他行业参与者了解。这种声明的内涵很有可能与向大众公布的股票分析报告或者在全国性的财经媒体上发表的声明不同。向大众公布的事先声明可能意在公开企业要完成某项行动的决心，这在对手看来很难动摇。这样一来，这种声明就会具备明显的威慑价值。

针对既定结果或者事实的事后声明

企业经常会在事后宣布（确认）增加产能、销售目标以及其他行动的结果或者成效。这种声明可能带有一定的市场信号，甚至可能披露了一些发布声明的公司很难用其他渠道透露的信息，或者是意外的信息。事后声明应确保其他企业知晓并铭记这些披露的信息，进而影响它们的行为。

和普通声明一样，事后声明可能有错或者误导性，虽然这种情况并不常见。这类声明中常包含一些未经审计或者有待美国证券交易委员会进一步验证的有关市场份额的信息。如果某些信息具有先发制人的作用或者能够传递企业采取某种行动的决心，那么企业就有可能宣布具有误导性的数据。宣布外围产品的销售业绩，即明显膨胀的市场份额，就是采用这种策略的例证。还有一种策略是说明某个新厂房的产能，哪怕实现这样的产能需要企业追加投资，但是把企业最终的产能说成是初始产能，也是具有明显误导性的声明。如果企业能够获悉或者看清这种具有误导性的行为，就能理解反映竞争对手目标和真正竞争力的信号。

竞争对手对行业的公开讨论

竞争企业对行业条件做评论是很常见的现象，包括预测需求和价格、预测未来的产能以及成本大幅度上涨等外部变化的重要意义。这类评论包含着市场信号，可以反映企业对行业的看法及其可能采取的应对策略。企业做出某种评论，可能是有意或者下意识地希望其他企业按照相同的假设行事，进而降低各企业之间由于误解开展的竞争的概率。这类评论可能也暗含了企业对价格控制自律的诉求。“价格竞争非常激烈。行业在把成本上涨转嫁给消费者方面做得不太好。”“当前这个行业的问题是有些公司根本没有意识到当前的价格对我们的增长和长期生产高品质的产品计划有着致命的影响。”企业对行业的看法也有可能暗示着其他企业要逐个增加产能，彼此不要开展铺天盖地的广告大战，在应对大型客户的时候不要乱了程序等；还可能暗示如果其他企业的做法“比较有分寸”，竞争对手之间会有很多合作的机会等。

当然，企业对行业做出评论，可能旨在按照提升自己优势的方式解释行业的情况。比如，企业希望价格下降，这样就可以把行业条件解释为竞争对手的价格过高，虽然保持高价格水平可能让竞争企业获得更高的利益。企业在看到这类评论信息后，也应亲自去确认消息的可靠性，根据这些信息寻找有利于自己行业的解释，让竞争对手的伎俩无法得逞。

除了对行业做出的一般评论外，企业还会对竞争对手的行动直接评论。“最近一些企业扩大了向经销商的授信额度，我们认为这种做法不太妥当。主要理由如下。”这些评论能够表明企业是否赞成某种行为，与其他类型的公开声明一样，其他企业对这类评论背后的动机有不同的解释。有时，企业会偏向竞争对手的某种解释，这样做相当于提升了自身的竞争地位。

有时候，企业会直接点名表扬竞争对手或者宣传整个行业。这种情况在医院管理行业中就出现过。这类表扬行为属于企业的怀柔政策，旨在减少业内的竞争或者结束不受欢迎的举动。如果客户群或者整个利益链对某行业的集体印象会影响所有企业的发展，上述情况就会经常出现。

竞争对手对自己行动的讨论和解释

竞争对手经常会向大众或在很多企业都参与的论坛上公开评论自己的举动。若在行业论坛上与主要的客户或者经销商讨论自己的行动，这些评论肯定会在业界传开。

企业解释或谈论自己的一些举动，可以有心也可以无意，通常有三大目的。首先，这可能是为了让竞争对手了解自己战略举动的逻辑，使这些战略的理由更充分，不被竞争对手视为一种挑衅行为。其次，解释、讨论这些举动可以产生先发制人的效果。企业推出新产品、进入新市场有时候会向媒体表示此举的艰辛不易、自己为此付出的代价，这就可能让其他打算入行的对手望而却步。最后，针对某些行动的讨论可以表明自己的决心。竞争企业可以强调自己在其中耗费的大量资源以及长期打算在某个新领域发展的决心，从而告诉对手自己会坚决捍卫自己的领地，其他人不得染指。

竞争对手采取的策略及其放弃的行动

相比企业本可以做出的选择，企业实际设定的价格水平、广告开销、产能扩充程度、特定的产品特征等，都是解释企业行动的重要信号。从竞争对手的角度来看，企业所做的最糟糕的战略决策就是毁灭对手，这本身就是具有强烈进攻性的信号。如果企业本可以实施置对手于死地或大伤其元气的行动，且这类举动是在企业合理的选择范围内（比如企业的成本稍微高于竞争对手），但在实际行动中却手下留情，这就说明企业已经做出了妥协。竞争对手的某种行为与它的一己之利相悖，也有可能表明它做出了退让。

战略变革首次执行的方法

竞争企业的新产品可以首先在外围市场推出，也可以直接将其出售给对手的核心客户。代表了企业核心生产线的产品价格首先会发生改变，或者企业会选择在对自己没有太大利益的产品细分领域或者市场细分领域内改变价格。这一类变化可以选择在企业常规战略调整期内进行，也可以随机行动，这说明我们可以从企业任何一项战略变革的启动方式和时间中了解其意图。是为了惩罚对手，还是为了行业整体的最佳利益考虑，自然能见分晓。虽然这类战略变化非常普遍，但也不能排除企业虚张声势的可能。

偏离过去目标的做法

如果某企业一直以来只生产某类高端产品，却突然引进了低端产品，就表明该企业可能会进行重大的战略调整，也有可能是企业对行业的看法发生了改变。同理，企业在其他战略领域也出现了偏离过去目标的做法。发现竞争对手有这种偏离，企业就得时刻关注对手的信号，并对竞争对手进行谨慎的分析。

与行业先例相悖的做法

偏离行规的行为通常是强烈的攻击信号。行业内从不打折的产品开始打折，在新的地区或者国家新建厂房等做法都暗含了这类信号。

避实就虚

当企业在某个领域采取某种措施，而竞争对手却在不同的领域做出可能影响企业的回应时，就出现了避实就虚的情景。如果企业在多个地域内竞争或者拥有多条并不重合的生产线，这种情况出现的概率就比较高。例如，地处东海岸的企业进入西部市场，后来西部的企业也进入了东部企业的大本营。烘焙咖啡业近来发生的情况就属于避实就虚。麦斯威尔在东部市场一直占据着统领的地位，而福爵咖啡在西部市场则很有优势。宝洁公司收购了福爵咖啡后，通过多项激进的营销措施，加速了对东部市场的渗透。麦斯威尔咖啡并没有坐以待毙，而是减价予以反击，并在福爵咖啡的西部主战场加大了营销的投入。机械设备行业中，这种战略也很普遍。20世纪50年代末期，迪尔公司使用了类似于卡特彼勒公司的战略方式进入了重型推土机行业。迪尔近来在渗透卡特彼勒公司主要市场领域方面不惜重金、不遗余力。有传言说，卡特彼勒公司打算进入迪尔公司的战略重地——农业设备领域竞争。

避实就虚代表了防守型企业的选择，表明它们不会与发起战略变化的企业硬碰硬。通过间接回应，防守型企业最好不要采取一系列具有毁灭性的举动，而是要在面临攻击的行业里发出明确的信号以表示不满情绪，同时提升日后反击的威胁。

如果企业避实就虚的回应直指发起战略变化企业的核心市场，就可以将其理解为给竞争对手的严厉警告。如果这类回应只是针对一个无关紧要的次级市场，就可以视为给对手的一般警告，也可以表示做出回应的企业不希望发起任何让人不安或者草率的反抗。在不太重要的市场做出回应，也表示如果发起战略变化的企业不收手，防守型企业有可能在日后做出更有威胁性的抵抗和反击。

这些分析的重大意义在于让企业明白，如果企业在与竞争对手有交集的市场中能保持一定的市场地位，就能成为牵制竞争对手行动的重要手段。

品牌挑战

与避实就虚相关的一种信号是品牌挑战。企业受到对手的威胁或者感受到对手的威胁，就能推出新的品牌以作为回应。不管是纯粹推出新的品牌，还是为了惩罚对手或者摆出惩罚威胁源头的姿态，都是很有效的做法。例如，可口可乐公司在20世纪70年代中期引进了皮波先生这个品牌，其味道尝起来跟胡椒博士差不多，胡椒博士这个品牌的市场份额前景可观。麦斯威尔引进了一款名为地平线的咖啡，与福爵咖啡的特征和包装设计类似，在一些市场里，福爵咖啡正在努力赢得市场份额。品牌挑战可以理解为警告或者威慑，借此可以抵消竞争对手进攻的冲力。品牌挑战往往发生在企业发动正式进攻之前，无须大费周章，而且具有警告作用。此外，品牌挑战还可以作为进攻的武器，在更大规模的战略行动中发挥作用。

私人反垄断诉讼

如果企业发起一场针对竞争对手的私人反托拉斯诉讼，就可以视为企业在发泄不满，在某些情况下也可以视作一种骚扰行为或者拖延战术。因此，私人诉讼有点儿像避实就虚的战术。诉讼方可以随时撤诉，相比竞争性降价行为，这类诉讼只是为了表达企业的不满。诉讼可能表达这样的信息："这次你们太过分了，最好见好就收。"这样做不会在市场上引发直接的对抗。如果是弱势方控诉强势方，那么就意味着前者提醒后者在诉讼撤销前，最好不要轻举妄动。如果强势企业遭到司法审查，其实力就会得到有效遏制。

如果是大企业向小企业提出诉讼，私人反垄断诉讼就可能成为一种赤裸裸的惩罚。诉讼强迫弱势一方长期承担高昂的法律费用，分散其在市场竞争中的注意力。或者按照上述的说法，诉讼是强势企业试图以低风险的方式告诉弱势企业，不要夜郎自大，过分蚕食市场份额只能是自讨苦吃。如果弱势一方表现出了误导信号的迹象，那么强势企业很有可能通过法律操纵手段和有选择地执行某些措施（增加小企业的成本）来让悬而未决的诉讼短期很难见分晓。

利用历史数据判定市场信号

研究企业声明及其行动之间的历史关系，以及其他种类的潜在信号及其对应的后果之间的联系，能够大幅提升企业正确判定信号的能力。寻找竞争对手过去在做出战略改变时无意间发出的信号可以帮助企业发现这个竞争对手独有的无意识信号。产品发生变革前，销售队伍是否有特别的行为？是否在全国性的销售会议之后就紧跟着新产品的发布？当前生产线的价格改变是否预示着新产品的引进？竞争对手的产能利用水平达到一定的程度后，是否就会宣布扩大产能？

当然，在解释这些信号的时候，我们总会发现竞争对手会偏离过去的行为。理想状况下，一套完整的竞争对手分析能让人发现这种偏离发生的经济层面和组织层面的理由。

过分关注市场信号是否会让企业分心？

市场信号的解释非常微妙，但过分关注市场信号有可能会分散企业的注意力，使其不能专注于竞争过程本身。因此，与其妄自揣测竞争对手的一言一行，不如集中精力关注企业自身竞争过程中面临的各种问题。

对于各种市场信号，高层管理人员的确有应接不暇、沉迷其中不能自拔的危险。这样一来，他们就有可能忽略重要的业务管理和构建战略竞争地位的职能。这一点我们可以想象得到，但也不能因此就放弃关注那些有价值的信息源。战略制定本身包含了一些针对竞争对手及其动机的明示或者暗示假设。市场信号可以大大加深企业对竞争对手的理解，提升自己对竞争对手的假设的精确度和重要性。忽略这些信息就相当于忽略竞争对手本身。

05 竞争行动

在绝大多数行业中，竞争的核心特征是企业之间彼此依赖的、互相依存的关系。企业可以感受得到其他企业的行动，对之做出反应。在经济学家所谓的寡头竞争情况下，某企业竞争行动的结果在某种程度上依赖于对手做出的反应。竞争对手（哪怕是非常弱势的竞争对手）所做出的糟糕或者非理性反应也有可能把上乘的战略或策略搞砸。因此，只有当竞争企业主动选择或者被迫以一种友善的、非破坏的方式来做出回应，才能保证这些策略的成功。

在寡头竞争中，企业往往面临着进退两难的境地。企业可以为追求行业的整体利益（赢利能力，包括企业某些部门的赢利能力）不主动采取竞争行动，也可以在承担引发对手报复或者将行业竞争升级为战斗的风险的前提下，按照有利于自我利益的方式行动。因为选择某种战略或者回应都是为了避免战争的风险，提升整个行业的经济效益（这种战略可称为合作战略）。实现合作战略意味着企业可能要放弃潜在的利润和市场份额。

这种情况与博弈理论中的经典的囚徒困境一样。囚徒困境的故事是这样的。

有两个囚犯被关了起来，每个人有招供或者保守秘密的选择权。如果两个囚徒都不招供，那么他们都会被无罪释放。如果他们两个人都招供了，则有可能都要上断头台。如果某一个囚徒招供，另一个守口如瓶，那么告密者不仅能免去牢狱之灾，还能借此发一笔小财。不过如果两个人都选择闭口不谈，那么两人都有可能逃脱牢狱之灾。考虑到个人利益，每个囚徒都有可能认定另一方不会出卖自己，而自己却坦白从宽。把这个问题放在寡头竞争的情况中分析就是，如果企业合作，它就能获得比较丰厚的报酬。然而，如果某个企业实施了自私的战略，而其他企业没有对之进行有效的反击，那么该企业就有可能获得更高的利润。如果竞争对手对企业的举动进行了坚决抵抗，那么两家企业的下场都要远远差于它们互相合作时的情况。

本章介绍了在上述情况下开展竞争行动的基本原则，包括提升竞争地位的进攻战略和阻止竞争对手采取不利于自身行动的防御战略。首先，本章利用第 1 章提出的观点来探讨行业中爆发竞争大战的可能性，这是企业不得不采取进攻或者防御战略的背景。其次，本章分析了实施各种竞争行动时需要考虑的问题，包括非威胁性行动（又称合作性行动）、威胁性行动、威慑性行动。通过阐明这些问题，可以揭示开展各类行动的决心的重要作用，并详细论述这类竞争行动的方法。最后，我还简单描述了企业推进行业合作的方法。

除了借用第 1 章的观点外，本章还要借鉴第 3 章描述的竞争对手分析的基本原则以及第 4 章描述的市场信号来分析竞争行动。竞争对手分析显然是企业考虑采取进攻战略或者防御战略的前提，而市场信号是理解竞争对手、实施竞争行动的工具。

行业不稳定性：竞争大战爆发的可能性

企业在考虑采用进攻战略还是防御战略的时候，首先要考虑的问题是行业的不稳定性，即企业稍有风吹草动就有可能触发竞争大战的行业条件。有些行业对企业谨慎运营的要求更高。第 1 章描述的行业基本结构决定了竞争的强度以及寻找合作或者避免战争的难度。行业中参与竞争的企业数量越多，它们的相对实力就越平均化，其产品就越标准化，固定成本就越高，引诱企业扩充产能的条件越多，行业增长的速度越慢，企业就越有可能不断尝试各种举措来提升自己的利益。企业会采取诸如降价（一如囚徒困境中的告发行为）的行动，这类行动无疑会遭到竞争对手的反击，如此一来冤冤相报，整个行业就会陷入恶性循环，行业的总体利润就会降低。同理，竞争企业的目标和视角差异越悬殊，越不平衡，企业在特定业务领域的战略利益就越大；市场细分的程度越低，企业理解对手的意图越难，保持合作性关系的概率就越低。从广义的角度来看，无论是采取进攻战略还是防御战略，如果行业的条件倾向于激烈的对抗，企业采取任何行动的风险就会更高。

有些行业条件可能会引发战争，有些行业条件却能缓和企业之间的竞争。若企业之间有过竞争的历史，或者一直以来相互依赖，彼此之间比较容易建立信任（各家企业认定对手不会出招，导致鱼死网破的结局），这些企业的竞争反而能促进行业的稳定，并能让企业更加精确地了解对手的回应。相反，如果竞争企业彼此之间的关系时好时坏，竞争对抗一直以来不太稳定，那么就有可能爆发竞争大战。企业之间相互作用的传承不仅取决于稳定的企业群体，还有可能受到这类竞争企业中拥有较稳定管理层的影响。

多重议价区是指企业在多个区域中相互作用比较明显，这种条件也能推进行业的总体稳定。比如，如果有两家企业都在欧美市场上竞争，一家企业在美国市场的赢利状况肯定会被另一家企业在欧洲市场的赢利状况所抵消，企业对彼此在各个市场上的所得都不服气。多重市场竞争为企业提供了更多的机会，在不进攻对手的前提下反而让对方受益；多重市场竞争还可以让企业更好地惩罚叛离者。通过合资企业或者共同参与的手段实现互联也可以促进企业的合作倾向，为企业提供较为公允的对手企业信息，推进行业的稳定发展。正确全面的信息有助于企业避免错误的反应，阻止企业尝试鲁莽的战略举措，由此推进行业的稳定性。

行业结构影响了竞争对手的地位，也影响了企业承受的压力，使其采取进攻战略；此外，行业结构还影响了企业利益冲突的程度。因此，行业结构为企业开展竞争行动奠定了基调。然而，行业结构本身并不足以决定市场发生的行为。企业之间的较量取决于个别竞争对手所处的环境。还有一种评价行业不稳定性和企业采取竞争行动背景的方法是实施竞争对手分析。使用本书第 3 章描述的方法，我们可以分析每个竞争企业可能采取的战略、竞争对手战略给企业带来的威胁以及每个企业有效应对这类行动的方法。竞争对手分析是企业制定威慑战略或者对对手战略做出回应的前提，借此企业可以做出有关进攻战略的决策。因此，我们本章所有的讨论都有一个前提，即企业已经开展了竞争对手分析。

评价行业不稳定性的最后一点是决定市场内各家企业之间信息流的性质，包括行业条件共享知识的程度以及通过市场信号有效传递企业意图的能力。本章的重点就是分析这类信息流。

竞争行动

在存在寡头竞争的行业中，企业的行为将部分取决于对手的行为，选择正确的竞争行动需要快速辨认哪些企业会受到这些竞争行动的影响（不至于引发持久战或者你死我活的争斗），确保这些行动的结果尽可能有利于企业的利益。也就是说，企业的目标是避免扰乱行业秩序或者引发让各家企业付出沉重代价的战争。与此同时，还要让企业在竞争中脱颖而出，置对手于不利的境地。

选择适当的竞争行动的一种普遍的方法是，企业使用自身在资源和能力方面的优势，强力推动竞争朝着对自己有利的方向发展，避免对手针对自己实施旷日持久的反抗，这种方法可以被称为“蛮干”。这种方法只有在企业拥有明显的资源和能力优势的条件下才能采用。企业必须要保持自身的相关优势，竞争对手不会误读这些企业的信号，不会轻举妄动打算改变自身的地位；唯有如此，面对这种情况行业才能保持稳定。

有些公司似乎笃信武力，认定企业之间的竞争就是一场赤裸裸的厮杀，一定要聚集资源来进攻对手。企业的优势和劣势（见第3章）当然能帮助我们确定企业面临的机遇和威胁。然而，单纯拥有雄厚的资源不足以保证竞争行动能如期开展，因为竞争对手会做出坚决的抵抗（更糟糕的情况是企业陷入了绝望或者不理智的境地），竞争对手还有可能追求不同的目标。此外，企业拥有明显的优势，未必就能帮助每个企业找到或者提升自己的战略地位。最后，就算企业明确了自己的优势，一场竞争大战也会让企业耗费巨大，即便可以胜出，企业也要尽可能避免这样的情况。

竞争行动如博弈。无论企业手头已经具备哪些资源，都要仔细设计博弈的布局，精心挑选并果断执行竞争行动，从而使企业从中受益。在理想状况下，企业的竞争行动最好不要引发竞争对手的反击。在存在寡头竞争的行业中，企业的竞争行动要综合企业具备的各种强力措施，并在实际操作中做到有度、有力、有效。

合作行动或者不具威胁性的行动

采取不威胁竞争对手目标的行动是企业着力提升自己竞争地位的起点。在详细彻底地分析了竞争对手的目标和假设后，企业使用了第 3 章介绍的竞争对手分析框架，从而采取各种措施来提升自己的赢利能力（甚至增加市场份额），同时不影响重要竞争对手的业绩或者威胁其竞争对手目标的实现。这一系列行动通常可以分为三类：

- 能提升企业和竞争对手的竞争地位的行动，且竞争对手无须具备和企业一样的实力；
- 能提升企业和竞争对手的竞争地位的行动，但竞争对手应具备和企业一样的实力；
- 能提升企业竞争地位的行动，因为竞争对手无法与其相提并论。

如果企业的竞争行动会被对手发觉，那么第一种竞争行动的风险最小。企业采取的措施可能损人不利己，不仅影响了自己的业绩，还影响竞争对手的业绩，如错误的广告宣传或者与行业情况不相符的定价结构等。如果这种情况发生，往往是因为企业过去的战略效果不显著。

第二类竞争行动更加普遍。在绝大多数行业中，如果企业的某项举动被所有参与竞争的企业所模仿，那么这项竞争行为就能惠及所有企业。这种情况的确存在。比如，如果每家企业都将自己产品的保质期从两年减少到一年，企业的整体成本就会下降，赢利能力随之提高，但前提是行业的总需求对产品的质保条件不敏感。还有一个例证是成本变化要求价格上有所调整。这类竞争行动有个问题，即未必所有企业都会追随这种策略，因为此举虽然能提升所有企业的地位，但针对每个企业来说，未必是最优策略。例如，对于产品性能最可靠的企业来说，减少质保期限，无疑会降低这类企业的竞争优势。竞争对手还有可能会因为别人跟随这种行动，自己按兵不动，意识到没有作为也能提升自己的竞争地位，那么这些对手肯定不会跟风操作。

在选择第二类竞争行动的时候，关键的步骤包括：第一，评估此举对每一家重大竞争对手的影响；第二，评估每个竞争对手破坏企业在行业中排序所获得的收益，为此放弃的合作利益，以及此间经受的压力。这类评估让人头疼，但却是竞争对手分析必不可少的。如果企业的竞争行动能否成功取决于竞争对手是否跟随，那么企业就要承受对手不买账的风险。如果放弃选定的竞争行动，企业需要承担的成本并不高，竞争对手的相对地位变化较慢或者比较容易重新调整，那么这种风险就不高。然而，如果对手打定主意作壁上观，且从中很有可能获得相对优势，而企业一时也难以赢得这类竞争优势，那么竞争行为的风险就很大。

确定第三种非威胁性竞争行动，即竞争对手不予跟随的行动，需要仔细分析竞争对手特定目标和假设所提供的机遇，这要求企业必须找到竞争对手认为没有必要且不予回应的竞争行动。例如，竞争对手可能不太重视拉美市场，而格外重视加拿大的出口机会。进驻拉美市场会牺牲当地企业的利益，但对竞争对手本身却不会有任何影响。

如果竞争行动满足下列条件，就属于不具威胁性行动的范畴：

- 竞争对手几乎没有觉察，因为企业采取这些行动所需要的调整主要是从内部展开的；
- 竞争对手不会把这类行为放在眼里，因为其对行业以及如何在行业中竞争有一套自己的看法；
- 如果按照竞争对手自己的标准来衡量，企业的这些竞争行动对竞争对手的行为影响甚微。

天美时在20世纪50年代初期进入钟表行业，采用的进入战略是制造低价手表（没有任何珠宝装饰）。手表的价位较低，如果坏了，修理起来倒不如重买一块更划算。这种竞争行为就具备上述的非威胁性竞争行为的诸多特征。这种手表在平价商店和其他非传统手表零售店中出售，并没有在珠宝店中出售。瑞士手表一直以来以其高品质、高价位、在珠宝店出售的高端形象以及精密的工艺统领钟表市场。天美时手表与瑞士手表相差甚大，瑞士手表也从来没有把天美时放在眼里。因为天美时手表不会威胁瑞士手表的形象，也不会威胁瑞士手表作为高端、高品质、高价位手表商的领导地位。此外，瑞士手表正处于上升时期，天美时手表的走红丝毫没有影响瑞士手表业的业绩。因此，天美时在没有引来瑞士手表商过分关注的前提下，在低端钟表市场迅速走俏，牢牢站稳脚跟。

开展竞争行动、提升所有企业的竞争地位要求企业认识到行政举措不具威胁性。这类竞争行为比较普遍，企业需要根据变化的行业条件进行调整。所有三类不具威胁性的竞争行为都有可能被竞争对手误解是进攻举措，这种风险一定存在。

企业可以使用多种机制来避免针对这些情况的误解，但没有哪一种做法是完全保险的。通过发布声明、公开评论变化等发出积极的市场信号（见第4章），企业可以表达出一些善意。例如，在媒体上发布长篇大论，说明因成本上涨而导致的价格调整有理有据，就有助于传达企业的意图。采取了竞争行动后，企业可以教训那些没有跟进的企业，比如直接向竞争对手的客户做广告、进行促销。以传统的行业领导者为靠山，也能降低被误解的风险。在某些行业里，领导企业承担起率先适应新的行业情景的重任，而其他企业却等待着别人先行，而后跟随。还有一种普遍的做法是将价格或者其他决策参数与显而易见的指标挂钩，例如消费者价格指数，从而推动调整的进行。下面讨论的竞争焦点问题也是可以运用的协调机制。

威胁性行动

能够大力提升企业竞争地位的行动的确会威胁竞争对手，而这正是寡头竞争的本质。因此，威胁性竞争行动成功的关键是预测竞争对手的报复行为，并影响其反击的行动和成效。如果竞争对手快速实施报复行为，而且其反击非常有力，那么这样的竞争行动不仅没有给企业带来任何好处，反而让其陷入更加尴尬的境地。如果竞争对手下手异常狠毒，做出的回击让人一蹶不振，那么发起竞争行动的企业就会得不偿失。

在考虑威胁性行动的时候，有几个关键问题如下：

1. 竞争对手报复发生的概率有多大？
2. 竞争对手将在多久后报复？
3. 竞争对手的报复行为的成效如何？
4. 竞争对手实施报复的坚决程度如何，即竞争对手明知要付出代价，也要坚决对企业的竞争行为反击的程度如何？

5. 竞争对手的报复行为是否会受到影响？

第3章的竞争对手分析框架解决了上述多个问题，我们将集中精力分析竞争对手对企业进攻行为开展报复的时滞问题。这方面的考虑能帮助企业制定防御战略。影响竞争对手的报复行为将在本章“开展竞争行动的决心”一节中详细讨论。

报复时滞

在同等条件下，竞争对手对企业愿意采取的竞争行动反应最慢、报复最晚。在企业防守时，它会希望竞争对手相信它将迅速有效地回应竞争对手的挑衅行动。报复时滞产生的原因有4点：

- 认知滞后；
- 制定的反击战略拖泥带水；
- 无法确定报复对手的地方，这将提升短期运转的成本；
- 由于目标矛盾或动机复杂，产生时滞。

第一个产生时滞的原因——认知滞后，是指竞争对手意识到或者留意到企业实施战略行动的时滞，这可能是因为企业保密工作做得好，也可能是因为企业暗度陈仓，没让竞争对手发觉（比如针对小型客户及国外客户不动声色的行动）。有时候，企业对自己的行为秘而不宣、低调行事，在竞争对手有所警觉、着力反击前，企业已经完成了某项举措、开拓了新的产能。此外，竞争对手可能会因专注于实现自己的目标、对市场看法有失偏颇等，未曾留意企业的某项举动。天美时手表成功进入市场就属于这种情况。天美时手表抢占市场，大大影响了瑞士手表商和美国手表商的业绩。过了很久后，很多企业才反应过来，而这之前它们认定天美时是上不了台面的次品，根本不值得花力气与之较量。

认知滞后部分取决于企业监控竞争对手行为的机制，而企业是能够影响认知滞后的。当一些企业从外界统计数据（如行业协会数据）中获得基准数据进而计算竞争对手的市场份额时，在拿到现实的数据前，很有可能对行业的变化浑然不觉。认知滞后有时候也会受到竞争对手烟幕弹策略的干扰，对手可能会推出新产品或者在发起竞争的企业的核心业务领域以外的地方采取某项措施等。从防御的角度来看，企业若能建立竞争对手监控系统，不断从现场调查、分销商以及其他渠道搜集数据，就能大大减少认知滞后。通过仔细监控竞争对手的做法，企业能够提前知晓对手的行动，因为竞争对手要有所行动，就必须提前预订广告空间、设备交付等事项。如果企业设立的竞争对手监控系统在业界人人知晓，这本身就很有威慑作用。

若制定的反击战略比较滞后，具体的时滞则取决于发起的竞争行为。对手对于企业降价的报复行动可能是即刻发生的，但针对产品改变进行的防御性产品研发，或者兴建应对竞争对手的新工厂，更新生产线并投产，却需要多年的积累。新款汽车从开发到上市至少需要 3 年时间。生产生铁的大型现代鼓风炉、一台集成的造纸设备也需要 3~5 年的时间方能建成。

报复反击行为的时滞会受到企业本身行为的影响。企业可以对具有下列特征的竞争对手发起进攻：制定反击战略犹豫不决、拖泥带水。企业只要了解所需要的时间及竞争对手的内在缺点，就能当机立断。从防御的角度来看，可以通过构建反击资源来缩短报复回应的时间，虽然很多用来反击对手的资源可能用不到。例如，企业开发了很多新产品，却放在仓库里没有上市；哪怕订单量减少，也要预订生产设备等。

由于无法报复对手，企业的回应将会滞后。这种情况与为了更换某个损坏的晶体管而不得不拆了整台电视机的情况一样。尤其对于大型企业来说，要对小公司的竞争行动有所回应，采取的报复行为不可能局限于某类客户或竞争发生的细分市场，而是针对整个市场。例如，为了对小型企业发起价格战，大型企业不得不给所有客户打折扣，此举对企业造成的内伤不容忽视。如果企业发起行动后付出的代价远远低于竞争对手决定回击所需要承受的代价，竞争对手在是否反击报复的问题上就会犹豫不决，反击滞后也在所难免，甚至有可能选择不予反击报复。

由于目标冲突或者动机不纯造成的反击滞后，是我们在研究竞争相互作用时着重关注的问题，因为它非常普遍而且意义非凡。第 3 章就说明了避实就虚的问题，在这种情况下，企业发起的某个竞争行动威胁了部分竞争对手的业务。但是如果竞争对手施以迅速而坚决的反击，就有可能使发起企业其他领域的业务受损。避实就虚的策略本身造成了反击的时滞，同时大大降低了反击的成效，有时候甚至会直接威慑对手，让其打消了反击的念头。企业排除内部意见不一致也需要花很多时间，这也是时滞产生的一大因素。

按照具体的行业状况，可以寻找多个竞争企业目标冲突和自相矛盾的弱点，很多公司利用这一点取得了成功。瑞士手表业对天美时手表走红的现象反应迟钝就是一个好例子。天美时手表在各大平价百货商店有售，不仅放弃了传统的珠宝商等手表零售渠道，强调了低成本、免修的优点，还提出了全新的理念：手表未必能代表身份，却能成为重要的配饰。天美时的大量脱销最终威胁了瑞士手表业的经济效益和增长目标的实现，让各大知名手表商对天美时发起反击的问题犹豫不决。瑞士手表业在珠宝零售店这个渠道商上占有很多股份，为提升高端精确、镶嵌珠宝的瑞士手表进行了大量投资。瑞士手表商如果对于天美时手表实施有力的报复，恰恰说明了天美时的理念正确，这也会危及瑞士手表商在珠宝商店出售手表的合作关系，更糟糕的是还有可能模糊瑞士手表的产品形象。因此，瑞士手表业从来没有对天美时进行任何类型的反击。

这一原则在其他领域中也有很多例子。大众汽车和美国汽车公司早年采用的战略是，只生产具有基本功能的汽车，汽车外观和款式都有限。这为三大汽车制造商提出了同样的难题，它们的战略是建立在以旧换新和款式不断变革的基础上的。近期在剃须刀行业中发生的情况也说明了这一点。比克引进了一次性剃须刀，使得吉列公司处于一个非常尴尬的境地。如果吉列公司对比克的行动做出反应，就得减少剃须刀这一大类产品系列中其他某些产品的销量，而比克却没有这样的问题。IBM一直不愿意进入小型计算机行业，因为这个举动会影响大型计算机的销量。

确定能让企业从竞争对手反击时滞中受益的战略举动，或者采取行动将竞争对手的反击时滞延长至最大，是竞争各方相互作用的关键。然而，企业试图延迟对手反击，这种努力不能毫无节制。有时候竞争对手迟迟不予反击，但反击真正到来时，却有排山倒海之势，这样胸有成竹的反击要比快速欠火候的举措更能给发起竞争行动的企业致命的一击。因此，一定要权衡反击时滞和反击行动本身的成效，也就是说企业在选择竞争行动时，一定要平衡这两者之间的关系。

防御行动

此前，我们一直讨论进攻行动，但是对竞争对手的举动进行威慑或者防御也同样重要。当然，防御和进攻涉及的很多问题都有相通之处，并非完全对峙。良好的防守工作，主要是为了让企业创造不怒自威、先声夺人的姿态。对手打算采取某项行动前，要对企业的情况进行分析，它们常得出的结论是企业不好惹，不可轻举妄动。和进攻行动相反，防御行动旨在不主动出击，便能胁迫企业做出退让，而最有效的防御工作是把战争扼杀于无形之中。

为了阻止某些竞争行为的发生，有必要让竞争对手相信反击的发生，让其明白企业一旦出招，便不会给对方还手的机会。本书已经讨论了部分措施，在下文“开展竞争行动的决心”一节中将进一步探讨这类措施。

为了预防某类行动不成功，还有很多其他防御战略，具体如下。

以进为退

如果竞争对手发起了某项竞争行为，而企业坚决反击，这种正面回应的反击战略会让发起竞争行为的企业相信反击必然会发生。企业给予的反击越有力、针对性越强，就越能说明企业和对手势不两立，这样的正面回应就越能为企业树立坚决防御的形象。例如，直接推出针对竞争对手特定产品的新品牌，比推出无针对意义的新产品更能说明企业反击的决心。相反，如果企业的反击行为不太有针对性（例如适用于所有客户的降价措施，而不是面向发起降价潮的企业的特定客户），那么这种回应付出的成本更高，成效也更差。假如针对某项竞争行动的回应很全面，而非针对发起竞争的企业，那么正面回应触发一系列连锁反应的风险就更大，而以进为退的防御战略本身的风险也就更大。

釜底抽薪

一旦竞争对手采取了某项竞争行动，企业若能打击竞争对手行动的基础，对其釜底抽薪，并让其相信这一系列的行为将继续，就会导致竞争对手退让。比如新进入者常在特定的时间内有特定的增长目标，包括市场份额和投资回报率等。如果新进入者丧失了实现这些目标的基础，认定自己在很长时间内都不可能实现这些目标，那么它们就会撤回或者降低竞争行动的强度。捣毁竞争对手的阵地有很多策略，包括激烈的价格竞争、研发活动的大量投资等。在竞争对手新产品的测试阶段着力打击对方新产品就是一种有效的方式，说明企业愿意与之较量到底，这样做比坐等对手全面上市再反击付出的代价要小。还有一种釜底抽薪的策略是使用特殊的交易让客户大量采购货物，借此大大降低市场对产品的需求，提升进入市场的短期成本。如果企业的市场地位面临威胁，可以牺牲短期运营的利益来打击竞争对手竞争的基础，这样做非常值得。这种策略的核心是企业非常清楚竞争对手的业绩目标和实现目标的时限。

吉列公司从电子表行业中撤出就是釜底抽薪的例子。虽然吉列公司曾宣布在试销阶段销售额可观，但是它还是最终决定退出该市场。主要原因是发展技术需要大量投资，且该业务领域的利润率远远低于公司的其他业务领域。吉列公司的这一决定很有可能是受到了德州仪器公司积极的定价策略、快速发展电子表技术的影响。

开展竞争行动的决心

在规划执行进攻或者防御行为的过程中，最重要的一个概念是决心。决心可以保证企业对待进攻行为实施反击的可能性、速度和力度，也是制定防御战略的基石。竞争行动的决心影响着竞争企业对自己和竞争对手所处地位的理解。做出行动的承诺是明确无误地传达企业资源和行动意图的重要方式。竞争对手对于企业的意图和掌握资源的程度并不知情，传达企业竞争行动的决心能减少对手的疑虑，肯定自己在对手心目中一不做二不休的形象，促使其从全新的角度重新审视理性的战略，避免不必要的战争。例如，如果企业能够针对某项已经发生的竞争行为毫不犹豫地做出坚决回应，竞争对手就可以从中判定，在制定战略的过程中，该企业不会妄加揣测，竞争对手也就不敢轻举妄动。在竞争的博弈中，制胜的秘诀是说一不二、言出必行，最大化提升企业的竞争地位。

在竞争环境中有三大主要的竞争行动的决心，每一种都是为了实现不同的威慑和恫吓的目的：

- 企业拥有把正在开展的某项竞争行动坚持到底的决心。
- 假如竞争对手轻举妄动，企业必然会全力回击，不打倒敌人绝不罢休。
- 企业不做出任何实施行动或者放弃行动的决心。

如果企业能让其竞争对手相信企业对正在实施或者打算实施的某项竞争行动的决心，就增加了竞争对手放弃争夺新的竞争地位的可能，使其不再消耗资源对企业进行反击，也不会阻止企业的某种竞争行为。企业在开展某项竞争行动时表现得越坚决，越胸有成竹，就越容易出现这样的结果。如果竞争对手感受到了企业的冷酷无情和雷厉风行，其肯定会相信，反击必然会招致企业更加残酷的打击和报复，企业对赢取新的竞争地位志在必得，与企业对抗只能是自找死路。

第二类企业开展竞争行动的决心与此类似，但是与企业针对竞争对手可能发起的竞争行为的反应有关。如果企业能够让竞争对手认为，对手一旦有行动，企业将绝不手软，这样对手可能就会认为，根本不值得死磕，还是放弃竞争行动为妙。若竞争对手对企业发起激烈的反抗深信不疑，认定在行业内引起对抗将损人不利己，那么它们就很有可能打退堂鼓，这与我们碰到劫匪的情况类似。劫匪常说："打劫！把钱交出来！"如果心慌意乱的受害者誓死一搏，不轻易就范，他们就会说："要钱没有，要命一条！死了我也要拉你当垫背的！"

第三种形式的决心是不采取任何有危害性质的行动，也可以称为建立信任。这种决心在缓解竞争大战的强度时很有用。比如，如果企业能让竞争对手相信自己会提升价格而非降低价格，那么就有可能从此停止价格战。

企业的承诺和决心是否可信，主要与企业承诺的自我约束力和一往无前的斗志相关。威慑措施的价值也会随着竞争对手确定企业言出必行的程度而增加。具有讽刺意义的是，如果企业的决心不足以阻止竞争对手的行动，就不得不承担兑现诺言的后果（比如被打劫的那个人也许并不真的视死如归）。这样企业就面临着两难抉择：究竟是兑现承诺、承担后果，还是食言、降低自己的公信力?

企业表明决心的行动和时机都很重要。最先表明决心的企业有能力让其他企业在考虑下一步战略时默认企业的行为，这有助于让形势按照有利于自己的方向发展。如果各家企业一味求稳，但对如何实现稳定的方式有分歧，那么率先表明决心、做出承诺的企业就占有优势。如果两家企业势均力敌，拼死争夺某个竞争地位，且两家企业的诸多利益都有冲突，那么过早表明决心也不会有太大的帮助。

表明决心

无论是开展竞争行动还是坚决对竞争对手的行动反击，表明决心可以通过多种机制和多种信号的传递进行。提升企业承诺公信力的方式如下：

- 快速兑现企业承诺的资产、资源和其他机制；
- 明显表现出兑现承诺的意图，包括过去信守承诺的历史；
- 信誓旦旦要破釜沉舟，绝不后退；
- 具备自我检查履行承诺情况的能力。

企业具备兑现承诺的机制，表明自己对待竞争行动的决心，这一点非常必要。如果企业看起来坚不可摧，就很难发生与之对抗的情形。有助于企业兑现承诺的资产包括多余的现金储备、多余的产能、强大的销售团队、广泛的研发设施和机构，以及企业在竞争对手其他业务领域中占有一席之地、能实现对对手的报复和品牌挑战能力等。还有一些不太明显的资产包括企业已经开发、等待面市、直接针对竞争对手核心市场的产品。惩罚是指那些用于惩罚竞争对手发出了不利于企业竞争行为的机制和资源，上述诸多资源都是有效的惩罚机制。

构建这类资源来兑现企业的承诺在表明企业的决心方面起着重要作用，但仅仅具备这些资产是不够的。竞争企业必须知道自身拥有这些资产，才能对竞争对手有威慑作用。确保竞争对手意识到企业具有兑现承诺的资产，这需要企业发布公开声明，与客户谈论相关信息，并在业界传播开来，与财经杂志合作，发布一些说明这类资产存在的文章等。资产显赫尤其能够震慑竞争对手，这一点很少会被误读，竞争对手也不能置若罔闻。

企业一定要清楚地表明履行承诺的决心，这样才能让人们相信其心意已决。要实现这一目的，有一种做法是保持行为的一致性。企业的竞争对手往往会参考企业过去的历史来看待企业开展的竞争行为，并表明对其竞争行为做出回应的决心和力度。如果企业过去面对业内竞争行动的一系列反应言行一致（可能这些反应本身并不重要，甚至都是一些琐事），那么对手企业借此就能评判企业未来行动的意图和动向。企业明确地表明要兑现承诺，开展缩短反击时滞的行动，或者实施人尽皆知的防御性研发项目，这些信号都是在向业界表明心志。企业的公开声明或者无意透露的履行某承诺的意图，也能帮助企业表达决心，虽然这类信息中承载的信号并没有企业过去的作为那么有说服力。

用果敢有效的言行来表达企业的决心，昭示企业无所畏惧的气概。例如，公布的与某供应商或者客户的长期合约表明了企业进入或者保持在某领域市场地位的长期利益和决心。买下厂房而非租赁厂房，或者进入某个市场变为整个产品链的综合制造商而非安装工厂，也能表明这一点。企业通过发布与零售商或者客户针对降价措施、保证产品质量、合作性广告策略来赶超竞争对手的书面或者正式协议等方式，以表达反击竞争对手的决心。这种承诺一旦做出，就不可能撤回。在公开声明中宣布在某行业发展或者对某股东利益群体负责，以及公布市场份额的目标和其他多个信号，能够让竞争对手明白如果企业收手，无异于搬起石头砸自己的脚。明白这一点，竞争对手就会推迟自己的竞争行动。

这样一来，竞争对手可能认定企业很有可能在应对竞争中乱了方寸，就会变本加厉地逼迫企业。竞争环境中企业是否理性，可以通过过去的行为、诉讼和公开声明等体现出来。告诉竞争对手企业言出必行，这样的行为遍布在企业的各种活动中。企业对供应商、客户和分销渠道乃至对大众的承诺，或多或少都传递了企业涉足某业务、长期履行某个承诺的决心。

企业要表明自己的决心并非一定得有大量资源的支持。比如，具有大量市场份额或者诸多生产线的企业通常在反击竞争对手某些竞争行为时碰到目标不一致的情况，这在上文已经有所提及。小型企业若发起某项竞争行动或者对其他企业的行动予以反击，将会受益颇多，损失较小。企业挑起的降价行为对大型企业有着巨大的影响，因为这样的企业销售量也较大。虽然小型企业开展威胁性行动具备的资源不多，但是通过行动的强度或者孤注一掷，也能增强其言出必行的可信度。

最后，企业自我检查履行承诺情况的能力是企业能否坚决对对手进行反击的重要因素。如果竞争对手认定自己能够瞒天过海，做到神不知鬼不觉，那么它们玩的花样也会越多。但是，如果企业表明自己可以瞬间洞察价格削减、质量调整或者新产品上市等动向，那么企业对对手竞争行为坚决反击的决心及可信度就更高。业界公开的监控销售额的制度、企业和客户的沟通机制以及采访分销商获得信息等行为只是为了表达企业洞察行业态势的能力。要注意的是买方可能倾向于通报秘密的降价行为，这是为了鼓励各家企业都打折扣，哪怕这类降价行为根本不可能发生。在信息匮乏或者供应商无法确证买方信息的情况下，这种举动会干扰市场的稳定性。

巴克斯医疗器材公司在生产静脉注射用品、血液容器和相关一次性医疗保健产品的领域就出现了竞争愈演愈烈的情况，这个例子能让人更好地了解企业如何表达自己的决心和承诺。巴克斯医疗器材公司（市值 8 亿美元）拥有明显的市场地位，受到了美国医疗设备公司（市值 15 亿美元）麦高分部的威胁，后者开发了一款新型静脉注射容器。虽然截至 1977 年 11 月，美国食品药品监督管理局并没有正式批准这种新型产品的生产许可，但是据称巴克斯已经开始采取行动来表达自己抵制新产品进入的决心。医院采购代理所报价格竞争日趋激烈。据报道，巴克斯在很多产品上都给予了较大的折扣，对于麦高的客户折扣力度更大。巴克斯在研发活动的投入一直很高，在 20 世纪 70 年代初期有新进入企业进入行业的时候，据称巴克斯在价格战中的表现不俗。巴克斯医疗器材公司为迎接竞争挑战的强硬立场和决心也表现得淋漓尽致。

以信任表决心

我们的讨论一直专注于如何表达坚持某项竞争行为或者反击竞争对手行为的决心。在某些情况下，假如企业表示不做任何反击的举动或终止进攻的承诺，反而对自己更加有利。虽然这看起来很容易，但竞争对手对企业的和解信号半信半疑，尤其是那些过去曾吃过这些企业亏的对手更是深有感触。它们可能还会怀疑一旦不再设防，会让发起竞争行为的企业有机可乘，这类企业一旦卷土重来，就会置自己于万劫不复之地。那么企业究竟该如何做才能表达停战的信息，建立业内同行的信任呢？

要注意的是在现实中，出现这类情况的概率较高，在“表明决心”这部分中描述的原则通常适用。表达信任的可靠方式是企业要向竞争对手表明为了提升竞争对手的利益，自己做出牺牲也在所不惜。例如，有充分的证据表明通用电气公司在涡轮发动机行业市场周期性下滑阶段放弃了很多市场份额，主要是为了避免严重的跌价现象，而在市场周期性上扬阶段，它又努力赢回了市场份额。

竞争焦点

导致寡头竞争中不稳定现象的问题是协调各家企业针对市场结果的预期。各企业对市场结果的预期分歧越大，激烈的竞争就越不可避免，业内爆发大战的概率就越高。托马斯 · 谢林在有关博弈论的著作中提出，明确寡头竞争环境下的结果，重点是发现竞争焦点或者各种竞争力量对未来预期的交集。竞争焦点的力量源于各家企业共同实现某种稳定结果的需要和渴望，由此避免没完没了让人纠结的竞争行为和反击战略。竞争焦点可以采取逻辑价格点、百分比加成定价制度、整数规划市场份额以及以某些地域或者客户为基础的不正规的市场共享等措施。竞争焦点的理论表明竞争调整最终会落到某一点上，这个点将是自然的节点。

竞争焦点的概念对竞争行为有三大启示。首先，企业应该尽早努力寻找理想的竞争焦点。人们越早发现竞争焦点，通过激烈竞争实现行业平衡的成本就越少。其次，行业价格或者其他决策参数可以简化，以便确认竞争焦点。这个过程涉及确立标准等级或标准产品，以替代产品线上各种复杂的产品分类。最后，为了本企业的利益，应努力搭建博弈平台，以期找到最有利于企业的竞争焦点。这可能意味着在行业里引进有利于确定理想竞争焦点的术语体系，如按照每平方英尺的价格来说明问题，而非按照绝对价格来判定。还可以合理安排战略措施的顺序，从有利于企业的角度出发，从而确定理想的竞争焦点，使之自然而然地显现。

信息和保密工作

部分出于商业媒体的膨胀和人们对信息公开需求增加的原因，企业自我曝光的程度越来越厉害。虽然有相关的法律规定，但大部分公司年报、访谈或者演讲内容以及从其他渠道公开的资讯并非出于制度原因曝光。信息披露主要是出于股市、管理者自尊和员工无意间透露等原因，也有可能是企业希望增加公众的关注度。

按照本章阐述的内容，在制定进攻或者防御竞争行为的过程中，信息非常重要。有时候，有选择地公布一些信息能够收到意想不到的效果，比如市场信号、表达企业行动的决心等。不过，企业披露有关自己规划或者意图的信息能方便竞争对手了解自己，推动其做出正确的战略决策。比如，如果披露了某项新上市产品的细节，竞争对手就会集中自己的资源准备反击。与此相反，很多新产品细节的描述非常模糊，这样一来，竞争对手只能揣测新产品的实际性质，不得不多手准备。

有选择地披露信息，是企业开展竞争行动的一项关键资源。可以说，信息披露已经成了竞争战略选择必不可少的一部分。

06 针对买方和供应商的战略

本章将针对买方选择和目标客户（目标客户群）选择探讨结构化分析的影响，我们还将探讨采购战略的结构化分析方法。人们对买方和供应商策略的视角往往过于狭隘，而主要关注运营的问题。通过关注与战略有关的广泛问题，企业可以更加理性地制定买方和供应商的政策，有效提升自己的竞争地位，减少受制于买方或者供应商的情况。

选择买方

绝大多数行业里，企业不是向一家买方而是向多家买方出售各类产品或者服务。买方的议价能力从综合角度看，是决定行业赢利潜力的一大关键竞争力。第 1 章已经介绍了决定行业整个买方群体实力的结构条件。

从结构化的角度来看，行业面对的买方群体很少是完全一致的情况。很多制造行业将产品出售给业务跨度范围很大的买方，它们使用产品的用途也各不相同。这些企业在采购量、产品作为生产过程投入要素的重要性等方面差别甚大。消费类产品的买方在采购数量、收入水平、教育背景以及其他方面的差别也比较大。

行业的买方在采购需要方面也有很大的差别。买方对客户服务水平、理想的产品质量或者耐用程度、销售陈述中所需的信息等都有不同的要求。买方采购需求不同是买方拥有不同的结构化议价能力的一个原因。

买方不仅在结构优势方面相差较大，在增长潜力乃至整个采购量的增长率方面也有很大的不同。将某电子部件出售给潜力巨大的公司（比如数码设备和小型计算机行业）暗含的销售量增长空间肯定要比将同一件产品出售给黑白电视机制造厂的销售量增长空间更大。

最后，服务不同个体的买方，其成本也不同。这里的原因很多，比如，在电子部件分销领域里，服务小批量购买的买方成本肯定要高于服务大批量购买的买方成本（按照销售额的百分比计算），原因是不管交易数量如何，服务一笔订单的固定成本是一样的。主要的成本涉及文本归档、处理和操作成本，这些程序不会受到电子产品交易数量的影响。

由于买方五花八门，选择目标买方（目标买方群）成了重要的战略变量。从广义上来讲，企业应该尽可能把产品出售给那个最合适的买方。买方选择会对企业的增长率产生重大影响，也能最大限度地降低买方的破坏力。着重于结构化分析的买方选择是成熟行业中尤其重要的战略变量。在那些借产品差异化制造壁垒、技术革新难以为继的行业里，基于结构化分析选择买方非常重要。

下文将介绍买方选择的基本概念。在确定了令人满意或者优秀的买方特征后，我们将阐明买方选择的重要战略影响。其中有一个关键的战略影响是企业不仅能找到好的买方，还可以创造优秀的买方。

买方选择和战略的框架

按照上文的讨论，从战略的角度决定买方质量的四大标准是：

- 买方需求与公司能力的比较；
- 增长潜力；
- 结构竞争优势内在的议价能力，以及在要求低价时，施展这种议价能力的强度；

• 服务成本。

若买方具备不同的采购需要，企业在服务这些买方的需要方面比竞争对手具有更大的实力，那么买方的采购需要就有重要的战略意义。在其他条件相同的情况下，如果企业集中精力服务于某类买方，而企业具有满足这些买方需要的相对较好的条件，那么企业就能提升自己的竞争优势。买方增长潜力对企业战略制定的重大意义是显然的。买方的增长潜力越大，对企业生产产品的需求就会随着时间的流逝日益增大。

为方便战略分析，买方的结构优势通常可划分为两大类。若买方影响力已定，而且它拥有的其他替代供应商来源也较为固定，那么买方拥有的议价能力就会对卖方产生重大的影响。可以拿买方的议价能力作为筹码，也可以弃之不用，但是不同买方利用自己的议价能力试图向卖方压价的倾向不同。有些买方虽然采购数量较高，但对价格的敏感度不高，或者说这些买方愿意出钱购买产品的其他性能，从而使卖方有条件保持自己的利润。买方内在的议价能力及其运用这种议价能力的偏好具有重大的战略意义，因为随着行业演变的发生，买方会越来越倾向于利用其议价能力，这对企业来说就是一种潜在的威胁。比如，随着行业日渐成熟，曾经对价格并不敏感的买方也有可能对价格斤斤计较起来，或者部分替代品的出现会给企业产品利润带来更大的压力。

从战略的角度来看，最后一项关键的买方特征是企业服务特定买方群体的成本。如果这些成本较高，那么按照其他标准判定较好的买方会立即丧失其吸引力，即便企业服务这些买方有利可图或者风险较低，仅有的优势也会被高昂的服务成本完全抵消。

判定优秀买方的四大标准的变化方向不同。具有最大增长潜力的买方也有可能是最有能力、最无情的议价者。议价能力不强、价格敏感度较低的买方可能对应的服务成本很高，即使能以高价实现交易，也不会给企业留下多少利润。企业可能服务一些买方最得心应手，但这些买方却不符合其他三项标准。因此，企业要选择最佳目标买方，就需要综合权衡这些因素，使之服务于企业的目标。

按照思想标准评估某个买方是否优秀，需要按照企业面临的实际情况进行结构化分析和竞争对手分析。接下来将讨论其中的一些因素。

买方采购需要和企业的相对实力

要把买方特定的采购需要与企业的相对实力进行匹配，这一点不证自明。匹配这两者，从买方的角度来看，将使企业实现最高限度的产品差异化。此外，相比竞争对手，企业服务这些买方的成本也应该最低。比如，如果企业具备较强的工程和产品开发能力，就能针对强调客户多变需求的买方获得最大的竞争优势。如果企业相比竞争对手，使用的物流系统更高效，那么对于强调成本优势或者要求最先进的物流服务的买方而言，企业的相对竞争优势就会最大化。

要分析特定买方的采购需要，企业需要详细辨认买方采购决策过程中涉及的因素以及在执行采购交易过程中涉及的因素，包括运输、交付和订单处理等。针对所有买方（包括个人买方和群体买方），企业可以按照各类因素对买方的适用性进行排序。可以结合本书第 3 章提出的竞争对手分析来确定企业自身具备的相对能力。

买方的增长潜力

一个行业中买方的增长潜力取决于下列 3 个简单的条件：

- 行业的增长速度；
- 主要细分市场的增长速度；
- 整个行业和关键的细分领域中市场份额的变化。

买方所在行业的增长速度取决于多种因素，包括行业和替代品行业的相对地位、买方群体针对客户的增长潜力等。决定长期行业增长率的因素详见第 8 章的描述。

行业内某些细分领域的增长速度往往很快。因此，买方的增长潜力在某种程度上还取决于其正在服务、有能力服务以及将来可能服务的细分领域。评估特定细分领域的增长潜力与评估行业的增长潜力基本类似，只是细分领域的增长潜力总量不如行业的增长潜力。

买方在某个行业以及细分领域中的市场份额是针对买方增长潜力分析的第三个要素。买方当前的市场份额以及将来可能发生的市场份额增减幅度取决于买方的竞争地位。评估这类状态要求企业开展竞争对手分析，对当前和未来的行业结构进行诊断。具体内容将在本书其他章节展开。

所有这三大要素共同决定了买方的增长潜力。例如，若某个买方在赢得市场份额方面占据优势，无论是在成熟还者衰退的行业内，该买方也有很大的增长空间。

家庭买方的增长潜力取决于下列两个因素：

- 人口统计学特征；
- 购买数量。

第一个因素——人口统计学特征，决定了未来某个特定的消费者细分群体的规模。25 岁以上受过良好教育的消费者群体将会快速增长。所有按照收入水平、教育程度、婚姻状况、年龄等因素划分的群体都可以使用人口统计学的技巧进行分析。

特定的消费者细分群体即将购买的产品或者服务的数量是决定买方增长潜力的另一大因素。购买数量取决于多种要素，包括是否存在替代品、改变基本需要的社会发展趋势等。本书第 8 章将详述工业类商品的需求以及决定消费类产品长期需求的基本要素。

买方的议价能力

决定特定买方或者买方细分群体本身的议价能力的要素与本书第 1 章描述的内容类似。买方的议价能力决定了行业买方群体的整体实力，具体的分析要做一些扩展。在这里我将提出辨认那些本身不太有议价能力的买方的标准，因为这个群体从买方选择的角度来说，都是企业的好买方。

相对于企业出售的总量而言，这类买方采购的数量较少。小批量买方在要求价格让步、承担运费或者其他条件方面没有太大的议价筹码。当企业拥有较高的固定成本时，某个特定买方的采购数量对于决定买方的议价能力就显得非常重要。

一些买方缺乏可靠的替代供应来源。如果某些买方的需要比较特殊，使得很少有替代品能使其满意，那么这类买方的议价能力就有限。比如，买方因为其产品设计的原因需要不同寻常的高精度部件，但业内就很少有供应商能满足其条件。企业独具特色，能供应的产品功能或者服务是买方必需的，这类产品功能或者服务鲜有替代品，买方就会非常满意企业的产品或服务。合格可靠的替代供应来源将受到大量的测试或者试用要求的限制，这类测试的目的是确保企业满足特定规格的要求，这在电信设备行业非常普遍。

一些买方面临着高昂的采购、交易或者谈判成本。若买方在寻找替代的供应商、谈判或者开展普通的交易等方面有困难，其本身的议价能力就会变弱。若寻找新的品牌或者新的供应商的成本很高，买方就会被迫选择当前的供应商。例如，地处偏远地区的买方就在上述各方面有困难。

一些买方不会给企业带来后向一体化的威胁。无法实现后向一体化的买方将丧失与企业议价的重要筹码，诸多买方在这方面的能力差异也很大。比如，在众多的硫黄买方中，只有大型的买方，即化肥制造商或者石油公司具备后向一体化的能力。其他硫黄买方具备的议价能力都很小。决定某个特定的买方后向一体化可行性的因素将在本书第 14 章中详述。

一些买方面临着更换供应商的高昂成本。有些买方因为条件限制，对应的转换成本较高。例如，某些买方可能已经将其产品的规格与特定的供应商关联，或者买方在学习如何使用特定供应商提供设备方面投入了大量的人力、物力和财力。

转换成本的主要起因如下：

- 修正产品来与新的供应商产品匹配的成本；
- 测试或确认新的供应商产品，进而保证其可替代性所付出的成本；
- 为重新培训员工所做出的投资；
- 使用新供应商产品所必需的对新辅助设备的投资，包括工具、测试设备等；
- 建立新的物流安排的成本；
- 终结原有关系所承受的心理成本。

针对不同的买方，上述各项成本高低各不相同。

转换成本也会影响企业，使企业不得不承担更换买方的固定成本，而企业需要承担的转换成本无形中也增加了买方的议价能力。

买方的价格敏感度

个体买方在施加本身具备的议价能力、压低企业提供产品或者服务价格和利润率的倾向方面各不相同。那些对价格不敏感或者愿意出钱购买更优性能产品的买方，就是企业的理想买方。决定个体买方价格敏感度的条件与决定买方群体整体价格敏感度的条件差不多，详见第 1 章，在这里将做一些拓展分析。

对价格不敏感的买方往往可以分为下列几类。

企业供应产品的成本只占买方产品成本或采购预算的一小部分。如果产品本身相对价格较低，降价和议价带来的利益就相对较低。请注意，相对成本是指每个时期购买产品的总成本，而非产品的单位成本。某个产品的单位成本可能很低，但是由于采购量较大，使得采购产品的总成本非常重要。消费者或者采购代理往往会努力采购高成本的产品。对于行业买方而言，这意味着资深的专业采购代理和公司管理人员会去购买高成本的项目，而基层或者一般的采购代理将负责所有的低成本产品。对于消费者买方群体而言，购买低成本的产品，却要付出高昂的购物成本和货比三家的代价，实在不划算。因此，在采购过程中，便捷是一项非常重要的因素，而采购决定未必建立在公正的标准基础上。

产品失败面临的罚金相比其成本而言很高。如果某个产品失败或者没能满足预期的需要，就会导致特定的买方支付高昂的罚金，买方对价格的敏感度也会相对较低。买方更加关注产品的质量，愿意为高品质支付高价格。在电力产品行业领域，买方注重产品的特征和性能已经不是什么新鲜事。企业出售给买方的电力开关应用于生产机械设备，相比出售给使用民用电力开关的买方，前者的价格敏感度更低。一旦电力开关失灵，昂贵的生产设备就会闲置，大量的工人坐等故障被修复，而整条生产线停掉的损失更是不可估量。买方购买产品应用于关联系统，则其停工的成本更高，因为这种产品出现故障就会导致整个系统的瘫痪。

产品或者服务的成效将为买方节约大量成本或者大幅提升买方产品的性能。将上一类的条件颠倒一下，如果购买的产品或者服务使用情况良好，能帮助买方节约时间和金钱或者提升买方生产产品的功能，那么买方对产品的价格就会不敏感。例如，投资银行或者咨询师的服务通过精确的股票定价、对兼并对象的估值以及其他方法帮助企业解决问题，那么买方购买其服务，对价格就相对不敏感。若买方的定价机制异常复杂，或者帮助买方解决问题能有巨大的战略影响，那么买方就会倾向于出高价购买最佳的服务。石油行业的勘测服务就是另一个显著的例子。像施罗姆伯格这样的公司就使用复杂的电子技术来探测石油在岩石中存在的可能性。精确的读数能帮助买方大力节约石油勘探成本，尤其当企业面临着非常困难的处境和昂贵的油井时，受离岸石油勘探或海洋水深的影响，石油勘探公司将愿意出高价购买这种服务。节约买方成本的情况还包括按时交付、停工期间提供快速的产品服务等。有些买方愿意出高价给在这些方面表现突出的企业，原因就在于此。能大幅提升买方业绩的产品包括处方药和电子设备等。

买方针对采购的产品采取了高品质战略。采用高品质战略竞争的买方往往对采购要素的质量非常敏感。如果其认定投入要素提升了产品性能或者投入要素的品牌有较大价值，可以强化其实施的高品质战略，那么这类买方对采购产品或者服务的价格敏感度就会大幅降低。鉴于此，高成本机械设备的生产商往往支付高价购买电动发动机或由知名供应商生产的发电机。

买方追求定制服务或者标新立异的产品。如果买方想要定制产品，那么这种愿望往往说明这些买方愿意出高价，当然情况并不是绝对的。这种情况可以让买方锁定特定供应商或者供应商群体，这类买方愿意向企业支付高价以维护长期的合作关系，甚至认为追求个性品质的产品和格外周到的服务本身就需要更高的回报。伊利诺伊工具公司就实施这种战略。该公司不厌其烦地按照客户的要求致力于紧固件的定制服务。这一政策为该公司带来很高的利润，也提高了客户的忠诚度。

本身就具有较高议价能力的买方可能会要求特定或者定制的服务，却不愿支付额外的价格。服务这类买方让企业陷入最糟糕的境地，因为服务这类买方的成本大大提高，但利润却没有随之上升。

买方本身的赢利能力较强或能成功计入投入要素的成本。赢利能力强的买方往往对价格的敏感度要低于那些边际利润不高的企业，除非采购的产品是一项主要的成本项目。高利润的买方往往属于上述某一种买方，这足以表明买方不计利润的态度。有些买方甚至表现出一定要企业获得足够高的回报才行。虽然有人说买方赢利能力强是因为其议价能力高，但是在实践中，这类买方的重心鲜有放在激进的议价程序上。

买方不太了解产品的特征，因此不会根据精确的规格来采购。如果买方不太了解投入要素成本、需求条件或者替代品牌的评估标准等，其对产品价格的敏感度就要比那些精明的买方更低。如果买方对需求的现状和企业的供应成本都了如指掌，那么它们就会成为不达目的不罢休的议价者。很多商品的大型买方就是这样。外行的买方采购时，往往会受到主观因素的影响，不太了解是否已经全面剥夺了企业供应商品的利润，但是买方不可以盲目到无法判定竞争性产品之间的区别。

实际的采购决策者的动机并不仅仅在于成本。买方对价格的敏感度部分取决于买方组织内实际的采购者或者采购活动的实际决策者的动机，这在各家买方之间差异较大。例如，采购代理经常按照节约的成本论功行赏，这使得他们主要以价格为标准来决定采购，而生产车间经理会将眼光放得更长远，主要从车间的生产效率来考虑采购决策。根据公司的规模和其他多项因素考虑，采购代理、生产车间经理甚至高层管理人员都有可能是实际的采购决策者。在消费类商品领域中，不同的产品将由不同的家庭成员来决定是否购买，不同的客户有不同的采购动机。采购决策者的动机越不局限于压低成本，买方的价格敏感度相对而言就越低。

价格不敏感的促进因素可以共同起作用。比如， 拉特塞特公司是专门生产艺术品和图书高速激光印字传输系统的企业，绝大多数买方是建筑师和职业艺术家。对他们而言，印字的成本比起时间成本，实在是微不足道，而且漂亮的印字能提升他们的作品给人的总体印象。建筑师和艺术家关心的是拥有大型字体库，有大量的字体供他们选取和效果呈现。因此，拉特塞特的买方对价格极不敏感，使得该公司的赢利空间很大。

上述各种因素表明，大型的买方未必就对价格最敏感。例如，建筑设备的大型买方使用设备的频率较高，一般购买多种类型的设备，且更喜欢和某一个供应商打交道。一个供应商提供货源，可以方便买方进行零件更换和通用，还可以从一家服务机构获得全面的服务。买方愿意为质量可靠的一系列设备支付高价，由此确保自己充分利用机器设备，而对应的服务成本也较低。小型承包商则只购买几种建筑设备，使用频率不高。买方对于采购价格更加敏感，因为这类设备是这些买方的重要成本项目。

买方的服务成本

服务不同买方的成本差异较大，其主要原因如下：

- 订单规模。
- 直接销售或者通过分销商销售。
- 要求的交货时间。

- 买方下订单的稳定程度。为了规划和物流安排，订单流的稳定程度非常重要。
- 运输成本。
- 销售成本。
- 定制或者修正产品的需要。

很多买方的服务成本都是隐性的，有些成本非常微妙。通过管理费用的分配，这些成本往往不清不楚。通常情况下，为了确定不同买方的成本，企业必须展开特殊的研究，因为日常运营报告中的数据常常没有明细。

买方选择和战略

上述有关买方差异的 4 个要素表明买方的选择是企业的重要战略变量。并非所有企业都有资格选择自己的买方，也不是所有行业都有在这几个方面差异巨大的多类买方。但通常情况下，企业都有选择买方的余地。

选择买方的最基本战略原则是根据上述 4 个标准，努力把产品卖给最合适的买方。正如上文所述，买方的 4 个评判标准在决定买方吸引力方面常有冲突的地方。增长潜力最大的买方可能本身的议价能力最大，且对价格最敏感。因此，选择最佳买方必须要按照企业相对于竞争对手的实力来平衡 4 个标准的情况。

不同的企业选择买方的地位有所差别。拥有高度产品差异化的企业可能有能力将产品出售给理想的买方，竞争对手绝对不可能接触到这些买方。不同买方本身的议价能力也有很大差异。比如，大型企业或者拥有独特产品的企业相比小型企业，受到买方规模的影响较少。最后，企业在服务特定买方需要的能力上也有很大不同。因此，企业对应的最佳买方往往取决于个体企业在某些方面的竞争地位。

以下是选择买方过程中需要关注的战略影响。

具有低成本竞争优势的企业应该有能力把产品出售给强大的、价格敏感度较高的买方，而且企业发展的状况良好。如果企业是低成本生产者，无论买方的议价能力如何，对价格是否敏感，企业都有能力赢得高于行业平均水平的利润，因为企业以和竞争对手相当的价格水平出售产品，会比对手赢得更高的回报。对于某些企业来说，这里存在一个循环的问题。企业有时候不得不向糟糕的买方供货，因为企业需要累积销售量帮助自己实现成本优势。

不具备成本优势或者差异化优势的企业若想获得高于平均水平的利润，就必须对买方有所取舍。若没有成本优势，企业就必须集中精力争取那些对价格不敏感的客户，否则就不可能赢得高于行业平均水平的回报。这种要求表明这类企业有意放弃销售量，来保持集中战略的实施。没有了成本优势，单纯的销售策略本身就是致命的，因为这种策略使得企业不得不面对条件越来越苛刻的买方。这个原则强调了第 2 章提出的通用战略问题。如果企业无法实现成本领先地位，就必须努力不要将产品出售给议价能力强的企业，从而避免陷入进退两难的局面。

可以通过企业的战略创造好的买方或者提升现有买方的素质。有些增加买方吸引力的素质特征会受到企业的影响。比如，构建转换成本的一大重要战略是，通过开发新型产品设计、推动买方使用企业产品的能力等来说服买方将企业的产品纳入其产品的生产投入要素中。另外，聪明的销售办法会改变采购的决策权，从买方组织内对价格敏感的人员转变到对价格不太敏感的人员手中。可以提升产品或者服务的性能来为特定的买方节约成本，还可以采用多种手段，从企业的角度来提升买方的质量，主要是通过影响上述判断好买方的特征实现。

这种分析表明制定战略的一种方法是创造优秀的买方。显然，从战略的角度来看，创造优秀的买方最好锁定在某个企业内，这比创造对所有竞争企业来说都是优秀的买方更有利。

可以拓展买方选择的基础。创造良好买方的一个方法是拓展买方选择的基础。这种方法非常重要，需要单独讨论。理想状况下，这个基础可以从采购价格转移到买方具备独特能力或者可以创建转换成本的领域。

有两种最基本的方法可以拓展买方选择。第一个是增加企业为买方提供的附加值。具体包含下列各种策略：

- 提供及时响应的客户服务；
- 提供工程帮助；
- 提供信用或者快速交付服务；
- 创造产品的新功能。

道理非常简单，不断增加的附加值会拓展买方选择的基础。它可以使某件普通的产品转变为差异化产品。

拓展买方选择基础的一个独具特色但又有所关联的方法是重新定义买方看待的产品功能的方式，哪怕产品和服务本身是相同的。在这里，买方要明白，产品的成本或者价值不仅是指开始的采购价格，还包括下列附加因素：

- 转手价值；
- 维护成本和产品生命周期中的停工时间；
- 燃料成本；
- 产生收入的能力；
- 安装成本或者附加成本。

如果企业可以说服买方将这些因素纳入实际的总成本或者产品价值中，那么企业就有了展示产品按照这些标准衡量是否具有超凡绩效的机会，进而证明高价是事出有因，而且能表明买方的忠诚度。当然，企业必须能够兑现自己交付最佳产品或者服务的承诺，并且其承诺应该与竞争对手有所区别，不然企业能获得的潜在的高利润率很快就会被对手蚕食。要拓展买方选择的基础，企业必须在现有基础上综合使用有效的营销手段，还要说明开发产品的确凿证据。通用电气在过去几十年时间里在大型涡轮发动机行业就成功实施了这个战略。

必须淘汰高成本的买方。为了提升投资回报率，竞争企业应使用的战略是从客户群体中淘汰高成本的买方。这种策略非常有效，因为企业最常见的趋势是扩大有利可图的客户群，尤其在行业发展的增长期内。淘汰高成本的买方非常有益，因为企业很少研究服务单个买方的成本。但是企业要知道，除了服务成本外，还有很多其他方面的因素可以引导企业寻找理想的买方。高成本买方往往对价格极不敏感，即便已知价格超出服务买方的成本，这类买方对企业价格提升的态度也比较顺从。高成本的买方可能会为企业的增长率做出巨大贡献，这在收获规模经济或者其他必要的战略目标时起核心作用。因此，淘汰高成本买方的决定要求对买方吸引力的四大要素进行研究。

买方质量会随着时间的流逝发生变化。很多决定买方质量的因素会发生变化。随着行业的成熟，买方对很多企业的价格敏感度往往会升高，主要是因为自己的利润受到了影响，且专业素质更强。从战略的角度来看，向素质不高的买方出售产品，很难成为企业战略的基础。相反，趁早意识到某个买方群体将成为理想的销售对象就表明已获悉重大的战略机遇。如果这类买方的转换成本较低，且鲜有其他企业对其感兴趣，那么攻克这些买方就比较容易。一旦入门，转换成本可能会随着战略的执行而提升。

在制定战略举措的时候应该考虑转换成本。考虑到转换成本潜在的重要意义，所有针对转换成本的战略措施都应该考虑进来。比如，转换成本的存在意味着企业升级或者增加已经采购产品的功能比重新用另一个品牌的产品的转换成本更低。这类考虑使企业能从产品更新换代中获得较高的利润率，其前提是更新换代产品的定价相对于竞争对手提供新产品的定价而言比较合理。

采购战略

第 1 章分析了供应商的实力和买方选择原则的反向应用，这将有助于企业制定采购战略。虽然采购战略的制定有多方面程序和组织安排的考虑，完全超出了本书的论述范围，但有些问题仍可以使用行业结构化分析框架来仔细检验。从结构的角度来看，采购战略的关键问题包括以下几点：

- 供应商群体的稳定性和竞争性；
- 垂直一体化的最优化程度；
- 在合格的供应商之间分配采购物资和数量；
- 创造与选定供应商谈判的最大筹码。

第一个问题是供应商群体的稳定性和竞争性。从战略的角度来看，从那些能够在产品和服务方面保持并提升自己竞争地位的供应商那里采购是比较理想的。这个因素确保企业能以比较合理的价格采购合格甚至优质的投入要素，从而保证企业自身的竞争力。同理，选择那些持续满足企业目标的供应商，能使转换供应商的成本降到最低。结构化分析和竞争对手分析都可以用来判定企业的供应商如何满足这些标准。

第二个问题是垂直一体化，将在本书第 14 章阐述，届时将探讨进行垂直一体化决策时所需考虑的战略问题。在这里我权且假设企业已经决定了哪些产品从外部采购，而对于如何采购、创造最佳的结构议价地位这一问题，企业也心里有数。

在多个供应商之间分配采购物资和数量、创建企业的议价能力，是从结构化的角度来看采购战略的第三个和第四个关键问题。在这里我们可以开展结构化分析。在第 1 章中我们分析了决定特定投入要素强大供应商的先决条件：

- 供应商的集中程度；
- 不依赖某个客户完成很大比例的销售量；
- 客户面临着转换成本；
- 独一无二的差异化产品（很少有替代的供应货源）；
- 前向一体化的威胁。

本章开始进行的买方选择分析增加了一些了解供应商相比买方获得更大权利的其他条件：

- 买方不具备后向一体化的可信威胁；
- 买方面临着高昂的信息、购物或者谈判成本的威胁。

采购过程的目标是寻找弥补或者克服强势供应商的起因。在某些情况下，供应商的能力会催生行业的规模经济，远远超出企业的控制范围。在很多情况下，供应商的实力可能会因企业战略的实施而减弱。

分散采购。某种产品的采购可以分散在多家供应商之间，方便企业提升自己的议价地位。若每个个体供应商的交易量够大，就足以让供应商关注这些交易，不愿意失去交易。这样一来就能将采购分散到多家供应商之间，能够帮助企业充分利用结构化的议价能力。但是，从某一家供应商购买所有东西可能会让供应商放弃与企业议价或者构建转换成本的机会。企业可以利用其谈判能力，综合权衡这些问题，这从某种程度上体现了企业的议价能力，也在一定程度上体现了供应商的规模经济。要平衡这些要素，企业应该努力创建供应商对企业的依赖关系，并在不承担过高转换成本风险的基础上最大限度地从数量折扣中获利。

避免转换成本。从结构化的角度来看，优秀的采购战略一定要避免转换成本。本书上文已经说明了转换成本的起因，当然还有其他微妙的原因。避免转换成本意味着杜绝过分依赖某一家公司的工程支持，保证员工对自己忠心耿耿，不会帮着外人打压自己；应避免供应商创建个性化款式或者客户工程应用的情况，除非这样做能为企业带来明显的成本优势，且能超过将来给自己带来的不便和不利。这种政策要求企业有意识地使用替代供应商的产品，拒绝与某个特定的供应商挂钩的附属设备的投资，抵制涉及员工专业培训的供应商产品等。

协助合格替代供应渠道与企业关系的建立。要鼓励合适的替代供应商进入行业，在开发合约或者小量采购合约上有所投入。有些企业已经帮助替代供应商利用新资源或者到海外说服国外企业来开展相关业务。企业还可以帮助新的供应商将成为合格替代供应商的成本最小化。主要的方式包括：企业的采购人员着力寻找新供应商，对新供应商的产品提供测试补贴等。

提升标准化水平。一个行业内所有企业都可以从提升产品或者服务规格的标准化中受益，这些产品或服务应属于企业采购投入要素的行业。这种做法有助于降低采购商的产品差异化程度，并减少出现的转换成本。

构建后向一体化的威胁。无论企业本身是否想要开展后向一体化，若能让人相信企业有能力开展后向一体化，就有助于提升企业对供应商的议价地位。企业可以通过发表声明、透露开展一体化研究并确定一体化可行性的行动消息、为与咨询公司或者工程公司一体化创建应急预案等措施，向供应商表明自己实施后向一体化的可能。

使用锥形一体化。如果采购量允许，企业可以通过锥形一体化来获得与供应商的谈判筹码。在某个采购项目上实现一体化，而绝大多数或者部分原材料从外部供应商处采购，这样也能实现相同的目的。这种方法在第 1 章中有所涉及，本书第 14 章将进一步详细说明。

所有上述方法的目标都是降低整体的采购成本。要明白使用一些方法有可能提升狭义的采购成本。比如，维持替代的供货源或抵制转换成本，可能需要企业支付短期本可以避免的成本。但是，这类开销的最终目的是提升企业针对供应商的议价能力以及对应的长期要素投入成本。

在这里要考虑几个问题。首先，一定要避免过分强调在短期内降低成本，这反而会影响采购战略的实施，因为采购战略的成功实施意义重大，具体见上文描述。其次，采购战略的附加成本必须与其带来削弱供应商议价能力的长期利益进行权衡。最后，由于不同供应商的采购成本不同，除非企业从采购成本较高的供应商处采购能获得长期议价能力的优势，否则一般情况下企业应该从低成本供应商那里进货。

07 行业内的结构化分析

本书第1章介绍的结构化分析是建立在确定五大竞争力的起因和优势基础上的。五大竞争力决定了行业竞争的性质和基本的赢利能力。此前我们分析的重点是整个行业的水平，我们的分析还包括了五大竞争力对制定竞争战略的影响，其中部分影响在上文已经有所涉及。显然，行业的结构化分析不应该只停留在整个行业的水平上，应该继续深入。在很多行业里，各家企业采取的竞争战略各不相同，对应不同的生产线广度和垂直一体化程度，且实现的市场份额水平也不同。某些企业在资本投资回报率方面远远超过了竞争对手。IBM的投资回报率远远高于其他大型计算机制造商。通用汽车公司的业绩一直优于福特汽车、克莱斯勒公司和美国汽车公司。在其他行业内，像金属制罐行业中的皇冠集团和国家罐装公司以及化妆品行业的雅诗兰黛就比大型公司的业绩更加出色。

五大竞争力是我们理解行业内所有企业竞争方式的基础。但是我们必须解释为什么某些企业要比其竞争对手的赢利能力更强，以及它对应的战略姿态。我们必须理解企业在营销、降低成本、管理、组织等方面的能力差异与战略地位、最终业绩表现的关系。

本章将拓展结构化分析的概念来解释企业在某个行业里的业绩差异，同时得出竞争战略选择的分析框架。我们将进一步丰富第 2 章阐述的通用战略的概念。行业内的结构化分析及其在整个行业的应用将是企业制定战略的有效分析工具。

竞争战略的维度

企业在某个行业里竞争的战略差异表现在很多方面。下列战略维度说明了企业在特定的行业里可能采取的战略差异。

- 专业化程度：企业在产品范围、目标客户群体和服务的地域市场方面的专业化程度。
- 品牌识别：企业获得品牌识别的程度，不单是依靠产品价格或者其他要素进行竞争，可以通过广告、销售团队的努力或者其他方式来实现品牌识别。
- 推拉政策：企业实施推拉结合促销的方式；企业直接利用人员推销的手段，把产品推向终端用户，或者间接依靠销售渠道的力量来销售产品。
- 渠道选择：企业可选的销售渠道，包括公司自有的渠道以及专卖店和普通的零售商店渠道。
- 产品质量：企业的质量水平，包括原材料的使用、产品规格、误差允许范围、功能等。
- 技术领先程度：企业寻求技术领先的程度，不依靠追随或者模仿取胜。一定要留意企业可能是技术领先者，但未必会拥有市面上最高质量的产品，企业未必会同时追求高品质和技术领先地位。
- 垂直一体化：增加价值的程度，反映在企业采取的前向一体化或者后向一体化的策略中，包括企业是否拥有自有的分销渠道、专卖店或者自有零售店、集团内部服务网络等。
- 成本地位：企业在制造和分销领域达到的成本领先的程度，主要依靠投资于成本最小化的设施。
- 服务：企业利用生产线提供附属服务的程度，包括工程服务、内部服务网络、信用等。这方面的战略可以作为垂直一体化的一部分进行。为了便于分析，我们将单独讨论。

- 价格策略：企业在市场上的相对价格定位。价格定位往往与其他诸如成本地位、产品质量等要素相关，但是价格本身也是一个单独的战略变量，必须分别对待。
- 杠杆：企业拥有的金融杠杆和经营杠杆。
- 与母公司的关系：按照业务单元与母公司的关系，对业务单元的行为有所要求。企业可以是一个高度多元化集团的一个部门或垂直业务链的一部分，也可以是某个相关领域集群的一部分或外资公司的子公司等。企业与母公司的关系将影响企业管理的目标、持有的资源，甚至决定企业与其他业务单元共享的运营状况或者职能，对应的成本也会受到影响。具体见本书第1章的讨论。
- 与母国政府或者东道国政府的关系：在国际化行业中，企业与母国政府以及东道国政府发展了关系，并受其牵制。母国政府可以为公司提供资源及其他形式的帮助，同时也能监管公司，并影响其目标的实现。东道国政府也起着类似的作用。

所有上述战略维度都针对不同的企业，其细致程度各不相同。在分析过程中，还有可能加入其他维度。重点是这些竞争战略的维度为我们理解企业竞争地位和总体情况提供了标准。

沿着某个维度，战略差异范围依具体行业的不同而不同。例如，在某类商品行业内，如氨肥行业，没有哪一家企业拥有较高的品牌识别度，所有企业的产品质量几乎是一样的。但是企业却在后向一体化程度方面有很大区别，主要体现在它们提供的服务、为经销商实现前向一体化的能力、相对成本地位以及与其母公司的关系的差异上。

各战略维度之间是彼此关联的。相对价格较低的企业（比如半导体行业中的德州仪器公司）一向占有低成本的优势，提供的产品质量不错，但不是最优的。为了实现这样的成本领先地位，企业可能具备较高的垂直一体化程度。某个企业的战略维度会形成内在的体系，这个例子就证明了这一点。一个行业内的企业，通常具备不同的、自成一体的战略维度组合方式。

战略群体

行业内的结构化分析的第一步是按照上述竞争战略的维度对所有重要竞争对手的战略进行定性分析。为此，可以将行业分为不同的战略群体。战略群体是指以战略维度为基础，在行业内将实施相同或者类似战略的企业进行组合。如果所有企业实施的战略本质上一样，那么行业内就只有一个战略群体。另一个极端情况是，每个企业都可以自成一个战略群体。通常情况下，行业内的企业会形成若干个战略群体，群体之间具有本质的战略差异。例如，在主要的家电行业内，一个战略群体（以通用电气为代表）的特征是产品种类齐全、在全国范围内的广告宣传比较密集、实施广泛的一体化、拥有自有销售渠道和服务；另一个战略群体是指专业的生产商，如美泰公司集中生产高质量、高价位的产品，拥有精心设计的销售渠道，主攻高端市场；还有一个战略群体（比如罗伯设计生产集团）为某个私人品牌生产不需要广告宣传的产品。此外，还可以分离出一两个战略群体，在此不再一一赘述。

在定义战略群体的时候，一定要注意战略维度必须包含企业与母公司的关系。比如在氨肥行业里，有些企业是石油公司的分部，有些隶属于化工企业，有些是农业合作机构的代表，还有一些是独立经营的公司。企业与母公司的关系通常会产生其他竞争战略维度的差异。比如，在氮肥行业中，石油公司的所有分部的战略类似，因为企业与母公司的关系在很大程度上决定了企业可以利用的资源、具备的优势以及经营理念。这样的原理同样适用于企业与母国政府和东道国政府的关系及其影响，这个维度也必须在定义战略群体的时候考虑到。

战略群体之间通常在产品或者营销方法上有很大区别，但并非总是如此。有时候，战略群体内部的产品一样，但是企业在生产制造、物流系统和垂直一体化方法上有很大差异，玉米磨制行业、化学品或者糖类制造行业便是如此。否则，战略群体内部的企业即使遵循类似的战略，但因为与母公司或者东道国政府拥有不同的关系，这类差异也会影响企业的目标。战略群体不等于市场细分领域或者细分战略，战略群体定义的基础更广泛，即战略姿态。

战略群体的存在有多方面的原因。比如企业入行时的优势和劣势不同、入行的时间不同以及其他历史事件等。我将在本章下文详细讨论这一点。但是一旦形成了战略群体以后，处在同一个战略群体的企业除了在战略上大体类似外，还有很多相似点。它们往往有类似的市场份额，受到外部事件或者竞争力的影响相近，做出的反应也类似，究其原因是使用的战略相似。我们利用战略群体图示来分析竞争战略时，一定要注意这一点，它非常重要。

行业内的战略群体如图 7–1 所示。由于平面二维的限制，我们使用的坐标轴数量将比较有限，这意味着分析的时候必须使用几个重要的战略维度来构建战略群体图。我们用图示的大小来代表每个战略群体的市场份额，以便下文进行分析。

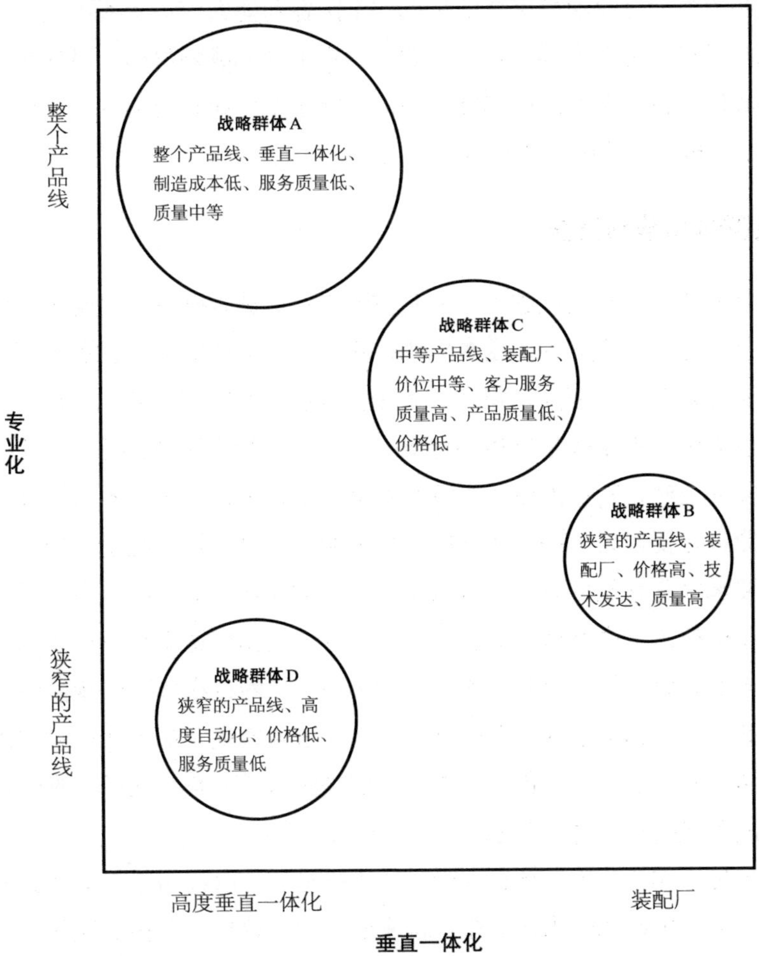

图 7–1　某虚构行业内的战略群体

战略群体是结构化分析的辅助工具。在分析整体行业和每个细分行业的竞争战略之间，战略群体成为一个过渡的分析框架。每个企业都有自己的特点，因此将企业按照战略群体归类，肯定会涉及哪些战略差异最重要的判断。这些判断必须与结构化分析联系起来，若企业之间的战略差异对企业的结构化地位产生重大影响，定义战略群体就变得非常重要。我将在下文再次利用战略群体的图示来展开分析。

行业内只存在一个战略群体，这种情况比较罕见。就这种情况，只要使用第1章提出的结构化分析方法就足够。行业的结构决定了所有企业都会获得相同水平的可观的赢利能力。行业中特定企业长期的实际赢利能力应该有所不同，因为各家企业实施相同战略的能力不同。如果行业内存在不同的战略群体，对应的分析就更复杂。不同战略群体中企业的赢利能力不同，除了企业执行能力的差异外，五大竞争力对不同战略群体的影响也不均等。

战略群体和移动壁垒

进入壁垒是阻止新企业进入行业的重要因素。进入壁垒的主要来源包括规模经济、产品差异化、转换成本、成本优势、获取销售渠道的能力、资本要求和政府政策等。虽然进入壁垒的部分来源可能会保护行业内的所有企业，但是进入壁垒取决于新企业着力融入特定战略群体的愿望。作为全国知名品牌、拥有全线产品、实行垂直一体化的企业，其进入应用领域的难度肯定很大，而名气不大的部分产品装配商进入行业肯定要容易一些。战略的差异表明了产品差异化程度、规模经济实现程度、资本要求以及其他可能引起进入壁垒要素的差异。如果因为生产规模经济的存在而产生了壁垒，这类壁垒在保护大型生产商以及由广泛垂直一体化的企业组成的战略群体方面，就将具有重要的作用。如果在行业内存在分销的规模经济，就有可能会给具有自有销售渠道的企业战略群体构成进入壁垒。如果在行业内由经验形成的成本优势非常重要，就会创造壁垒保护那些资深或者有点儿经验的企业所在的战略群体。进入壁垒的其他要素对应的情况也与此类似。

企业与母公司关系的差异也会影响进入壁垒。与母公司存在垂直关系的企业构成的战略群体，可能要比由独立企业构成的战略群体更有资格优先获取原材料或者雄厚的财力，借此可以打击潜在的新进入者。而与母公司其他业务部门共享销售渠道的公司享有的规模经济优势，其对手无法比拟，进而阻止了新企业的进入。

进入壁垒取决于目标战略群体的观点还有一个非常重要的意义，即进入壁垒不仅能保护同处一个战略群体的企业免受新进入企业的侵害，也能阻碍竞争对手在行业内不同的战略群体之间进行转换。比如，上文提及的产品范围较狭窄的自有品牌电器装配商将很难进入知名品牌、拥有全线产品、全国一体化的企业战略群体。企业实施某一项竞争战略，就会对应特定的规模经济、产品差异化，使企业有特定的转换成本、满足特定的资本要求，进而影响其绝对成本优势以及获取渠道的能力，这些要素无疑提高了其他企业采用这类战略的成本，也许据此创造进入壁垒。企业从变换战略中获得的收益很有可能不足以抵消企业转而使用新战略所需承担的成本。

导致进入壁垒的基本经济要素可以推而广之，将其应用于移动壁垒的分析上，即阻止企业从某种战略地位转变到另一种战略地位上。壁垒的概念可以从广义上理解，因此企业从行业外部进入行业内的某个战略群体内部就成了移动行为的一种。

移动壁垒的存在，说明了行业内的企业比其他企业更赢利的原因。不同的战略群体能创造的移动壁垒水平不同，这使得一些企业长期获得了比对手更多的优势。处在具有较高移动壁垒战略群体的企业比那些身在移动壁垒较低的战略群体的企业赢利能力更强。移动壁垒的存在还表明，尽管所有战略的有效程度不同，企业依然还会使用多种战略来提升自己的竞争地位。有人可能会问为什么成功的战略不容易复制。没有了移动壁垒，企业某项成功的战略很快就会被其他企业模仿，就算这些企业从运营的角度来看执行最佳战略的能力各不相同，各家企业的赢利水平也会很快趋于平衡。没有了阻碍企业移动的壁垒，像霍尼韦尔公司和控制数据公司这样的计算机生产商就会立即采用IBM的实时战略，而前一类的企业成本更低、服务更好，销售网络也更卓越。移动壁垒的存在表明像IBM这样的企业可以享受比竞争对手更好的整体优势，包括规模经济、绝对成本优势等，只有行业出现了结构性变化，竞争对手才有可能攻克企业的整体优势，仅靠较好的执行能力是绝不可能击败具有系列优势的企业的。最后，移动壁垒的存在表明，即使行业内某些战略群体里企业进出的现象频繁，也总有一些战略群体的市场份额依然可以非常稳定。

和进入壁垒一样，移动壁垒也会发生变化。在移动壁垒变化的过程中（比如生产过程中资本更加密集），企业往往会放弃某些战略群体，进入新的战略群体，改变战略群体的模式。移动壁垒也有可能受到企业战略选择的影响。在某个产品未经差异化的行业里，企业能够通过大力投资，提升品牌识别度，努力创造具有更高移动壁垒的新战略群体，普渡公司在生鲜鸡肉领域就是这样做的。企业也可以引进具有更大规模经济的新生产程序，蘑菇农产品行业的卡索库克公司和普瑞纳公司就是代表。为建立移动壁垒所做的投资通常有风险，相当于以短期的赢利能力换取长期的赢利能力。

有些公司克服特定的移动壁垒比其他企业所花费的成本更低，这主要取决于它们当前的战略地位及其技能和资源储备。多元化企业由于共享的运营或者职能活动比较普遍，因此面临的移动壁垒较少。这些因素对企业进入新行业的决策影响将在本书第 16 章中讨论。

绘制了行业的战略群体图示后，行业内结构化分析的第二步是评估保护每个战略群体的移动壁垒的高度和构成。

移动壁垒和战略群体的形成

行业内战略群体的形成和变化有很多原因。首先，企业先天具有的技能或者资源不同，后天的发展轨迹也不同。随着行业的发展，条件比较好的企业在进入具有较高移动壁垒的竞争中遥遥领先于其他企业。其次，企业的目标和对待风险的态度不同。有些企业更愿意为构建移动壁垒进行风险投资。与母公司关系的差异（比如垂直相关、关系不紧密或者独立存在）决定了企业目标的差异，对应的战略也不同。比起国内运营的企业，跨国竞争的企业在其他市场的定位和战略方面也有差异。

行业的历史发展为企业实施战略的差异提供了一种解释。在某些行业里，较早进入的企业往往要比后来者付出的战略成本更高。由规模经济、产品差异化和其他原因导致的移动壁垒也会改变，起因可能是企业的投资或者外因。改变移动壁垒表明较早进入和后来进入的企业采取的战略可能完全不同，而先到者实施的战略后来者可能根本就没有机会接触。诸多投资决策的不可逆性有时候会让较早入行的企业无法采取某些战略，而后来者却因为有了前车之鉴，有条件实现这些战略。

行业的历史变革往往会导致企业选择在不同的时间进入行业，这一点也很关键。比如，后入行的企业可能是那些资本雄厚的企业，有能力观望行业中不确定的因素日趋明朗。而对于缺乏资源的企业来说，就只能在进入资本成本较低的时候抓紧机会进入行业了。

行业结构的变化不仅会推动新的战略群体的形成，也有可能加速战略群体的重组。例如，随着整个行业规模的上升，涉及垂直一体化、自有销售渠道和内部服务网络的战略可能更加适用于那些主动进攻的企业，这就促进了新的战略群体的形成。同理，技术变革或者买方行为的变化会改变行业的边界，使新成立的战略群体充分发挥作用。相反，随着行业的成熟，买方对服务能力的渴望、希望制造商拥有整个产品生产线的愿望减弱，将减少某些战略维度形成的移动壁垒，导致战略群体的数量增多。受这些因素的影响，我们可以明确随着时间的流逝，行业内战略群体的格局以及企业赢利能力的分布也会发生变化。

战略群体和议价能力

不同的战略群体受到不同的移动壁垒的保护，对应各自的供应商或者客户群体，不同战略群体内部的企业具有不同的议价能力。当我们分析企业是否具备应对客户或者供应商的议价能力时（详见第 1 章），显然这与企业具体采取的战略有关。比如，就买方的议价能力来讲，惠普公司身处强调高品质和技术领先地位的电子计算器生产商战略群体，主攻技术型用户。虽然使用这种战略可能会限制惠普公司的潜在市场份额，却保证了买方价格敏感度和议价能力较低。而若身处标准化批量生产的战略群体里，买方无须具有复杂的产品功能，因而买方议价能力就更高。联系本书第 1 章提出的概念，惠普产品的差异化程度要高于大批量生产的竞争对手的产品，其买方更加注重质量，相比买方的整体预算以及所需要的服务，计算器的成本更低。不同战略群体对于供应商的议价能力也不同。与本地单一百货商店相比，西尔斯公司这样的大型超市采购数量更大、产品线更加齐全、网店遍布全国，因此针对供应商，以西尔斯公司为代表的企业就具有更大的议价能力。

战略群体对应的供应商和买方实力各不相同，主要原因有两点。上述的例子也已经做出了说明。不同战略群体的战略使得企业对待普通的供应商或者买方时，显露的弱点不同；不同战略群体的企业采取的措施可能包括与不同供应商或者客户打交道，因而对应的议价能力也很难统一。相对实力取决于行业。在某些行业里，所有战略群体在针对供应商和买方时，基本的竞争地位是一样的。

行业内结构化分析的第三步是评估行业中每个战略群体与其供应商和买方的相对议价能力。

战略群体和替代品的威胁

不同的战略群体面临的替代品的竞争威胁并不相同，主要是因为企业专注于生产线的不同区域，服务不同的客户，质量水平或者技术领先程度各不相同，因而具有不同的成本地位。虽然这些战略群体都处在行业内部，彼此的差异可能使得不同战略群体的企业受制于替代品竞争威胁的程度不同。

例如，小型计算机制造商集中于商业用户，出售机器设备和执行很多功能的软件；而有些企业则主要提供产品给工业用户，用于重复性程序控制操作。两相比较，后者更容易受到小型计算机替代品的威胁。再如，某家矿业公司拥有的矿产资源成本较低，其竞争优势主要是价格，相比具有高成本矿产资源且战略是建立在高水平客户服务基础上的矿业公司，前者受到替代材料的影响肯定要小一些。

因此，行业内结构化分析的第四步是评估每个战略群体针对替代品的相对竞争地位。

战略群体和企业之间的竞争

行业内存在多个战略群体的事实对行业竞争态势、价格竞争、广告、服务和其他变量有重要影响。有些决定竞争力量的结构化因素（详见第 1 章）可能适用于行业中的所有企业，因而为战略群体彼此作用提供了背景。从广义上来说，行业具有多个战略群体，通常表明行业内的所有企业面临的竞争强度不同。

要说明的第一点是多个战略群体的存在往往会影响行业的总体竞争水平。出现多个战略群体往往会加剧企业之间的竞争，因为企业之间的多元化和不对称现象更加明显，具体见第 1 章的描述。企业战略的不同和外部环境的差异表明企业在风险承受程度、发展时间、价格水平、质量水平等方面有不同的偏好。这些差异在企业试图理解竞争对手的意图并对其竞争行动做出回应的过程中，会让情况变得更加扑朔迷离，因此增加了不断爆发企业之间大战的概率。行业内部战略群体的情况越复杂，相比单一或者较少出现竞争的群体的行业，前者的整体竞争强度就越高。近期的研究结果也从多方面证明了这一点。

并非所有的战略差异都会对行业的竞争情况产生相同的影响，竞争过程本身并不是相同的。有些企业面临毁灭性的降价行为以及来自其他战略群体对抗的风险更高。战略群体在争取客户时的态度主要取决于四大因素。

- 战略群体之间的市场依存度，或各战略群体企业的目标客户群的重合程度；
- 不同战略群体实现的产品差异化程度；
- 战略群体的数目及其相对规模；
- 战略群体的战略距离，或者说战略群体的战略分歧程度。

对战略群体之间竞争态势产生最大影响的要素是市场依存度，即不同的战略群体在争取同样的客户群体或者在截然不同的市场细分领域中争取客户群体的坚决程度。若战略群体之间的市场依存度较高，战略差异就会导致最激烈的较量。比如，在化肥行业，所有战略群体的客户（农场主）是一样的。若战略群体的目标客户分属于不同的细分群体，它们的利益关联性或者对彼此的影响就不太大。战略群体企业的客户多元化程度越高，行业内部战略群体之间的对抗就越强（形式不同），仿佛所有战略群体分属于不同的行业一样。

第二项影响战略群体企业之间竞争的关键要素是不同战略群体实现的产品差异化程度。如果不同的战略导致了截然不同的客户品牌偏好，相比于各战略群体中企业提供可以互通的产品的情况，前者涉及的不同战略群体之间的竞争更少。

同等条件下，战略群体数量越多，规模越平均（市场份额相等），战略不对称通常导致的竞争强度就越高。行业存在多个战略群体，表明某个群体的多元化或者较强的赢利能力很有可能会通过降价或者其他战略攻击其他战略群体的竞争地位，从而触发行业竞争大战。相反，若各战略群体的规模不等，某个战略群体占整个行业的比例较低，而另一个战略群体占据的总体市场份额较高，那么这两类战略群体企业所具备的战略差异对它们彼此竞争的方向的影响就较少，因为小型战略群体通过竞争战略来影响大型战略群体的概率比较低。

最后一项因素——战略距离，是指不同的战略群体在关键变量，如品牌识别度、成本地位、技术领先的程度以及包括企业与母公司或者政府之间的关系等外部条件上，都各不相同。在同等条件下，不同战略群体之间的战略距离越远，各家企业开展竞争的强度就越高。实施多种战略方法的企业往往针对如何竞争有不同的看法。要理解竞争对手的行为，避免做出错误的回应或者爆发竞争大战，这类企业很难一步到位。在氨肥行业中，石油公司、化工产品公司、合作性公司和独立性公司都有不同的目的和限制条件。例如，税收利益和不正常的举动已经大大拓展了合作的行为，哪怕行业条件较差也是如此。20 世纪 60 年代石油公司的绝地反击就证明了这一点。

四大因素彼此作用来影响行业内某战略群体内部企业争夺客户的较量。例如，变化不定的环境常与激烈的竞争相关联，其中有几个旗鼓相当的战略群体各自实施不同的战略，为争夺基础客户群展开大战。相反，若情况比较稳定（而且往往更有赢利空间），其中只有几个战略群体，实施的战略大同小异，只在战略的几个维度上有区别，各自争夺不同的客户细分领域，那么整体的赢利情况就会大大改善。

根据上述因素，一个战略群体将会面临着其他战略群体的抵抗。如果彼此的市场份额有此消彼长的关系，那么战略群体就有可能和其他战略群体产生强烈的对抗。战略群体之间竞争的不确定性取决于上述规定的条件。如果某个战略群体和其他战略群体争夺的市场细分领域相同，产品特征质量类似，彼此规模相差不大，却实施完全不同的战略方法将产品推向市场，这就表明它们的战略距离较远。这样一来，这个战略群体就有可能与其他战略群体火并。对这样的战略群体来说，要实现行业情况的稳定，简直难如登天，而与其他战略群体爆发的大战是为了实现真正的竞争结果。然而，如果某个战略群体拥有大量市场份额或专注于其他战略群体没有染指的细分领域，而且实现了产品的高度差异化，那么就有可能从行业战略群体之间的大战中抽身出来。与战略群体之间的竞争绝缘、竞争态势比较稳定的企业可以保持自己的赢利能力，前提是移动壁垒能够保护它们与其他企业不出现战略地位互换的情况。

综上所述，战略群体会影响行业内的竞争状况。图 7–2 的战略群体图示展现了这个过程。图 7–2 与图 7–1 类似，只不过为了衡量各战略群体之间的战略依存度，图 7–2 中的横坐标轴是战略群体的目标客户群体，纵坐标轴是行业的另一项关键战略维度。图中字母代表了不同的战略群体，图示大小与该战略群体企业的总市场份额对应。战略群体的形状代表整体的战略安排，战略群体形状的差异代表了战略距离。按照本书上文介绍的分析方法，显然战略群体 D 比战略群体 A 受到行业竞争状态的影响要小。战略群体 A 与和自己类似的大型战略群体 B 和 C 竞争，它们进攻基础客户细分群体的战略各不相同，这三大战略群体的企业不断交火，而战略群体 D 主攻不同的细分领域，与战略群体 E 和战略群体 F 激烈地争夺相同的细分领域，战略群体E和F的规模更小，实施的战略类似，它们可以视作采用圆形战略的专业制造商。

行业内结构化分析的第五步是评估不同战略群体之间的市场依存度以及会受制于其他战略群体发起进攻的程度。

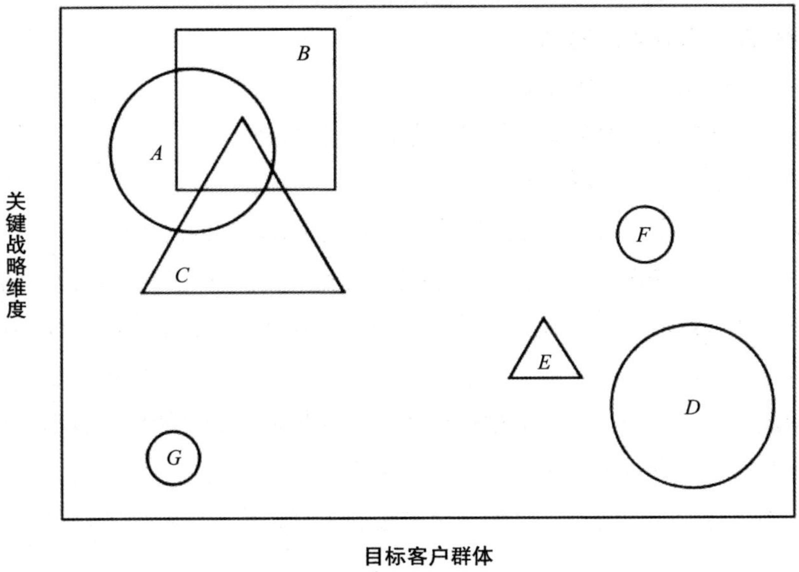

图 7–2　战略群体图示和团体之间的对抗

战略群体和企业的赢利性

我们已经知道不同的战略群体在应对行业内每一种竞争力的时候，所处的环境并不相同。我们现在能够回答此前提出的问题了：哪些因素决定了个体企业在行业内的市场地位和赢利能力？这些因素和企业的战略选择之间存在着怎样的关系？

按照本书之前提出的概念，可以确认决定企业赢利能力的要素如下所示。

行业的共同特征

1. 决定五大竞争力合力遍布整个行业的特征，对所有的企业都有影响。这些特征包括行业需求增长速度、产品差异化的总体潜力、供应商行业的结构、技术实力等，这些特征确定了行业内所有企业竞争的背景。

战略群体的特征

2. 保护企业所在战略群体的移动壁垒的高度。

3. 企业所在战略群体针对客户和供应商的议价能力。

4. 企业所在战略群体受制于替代品威胁的程度。

5. 企业所在战略群体和其他战略群体的竞争情况。

企业在战略群体内部的地位

6. 企业在战略群体内的竞争程度。

7. 企业相比所在战略群体内部其他企业的规模如何？

8. 进入企业所在战略群体的成本。

9. 从运营的角度来看，企业执行或者实施选择战略的能力如何？

有关市场结构遍布整个行业的特征提升或者降低了一个行业内所有企业的赢利能力，但并非行业内的所有战略都具有相同的赢利潜力。保护战略群体的移动壁垒越高，战略群体面对供应商和客户的议价能力就越强，该战略群体受制于替代品的程度就越低，该战略群体与其他战略群体发起殊死搏斗的可能性就越小，群体内部所有企业的平均利润水平就越高。因此，决定企业是否成功的第二大关键要素是战略群体在整个行业中的地位。有关这个要素的解释，我们在前面几章已经详细描述过了。

决定企业竞争地位的第三类因素目前一直没有讨论，即企业在战略群体内部的地位。决定企业在战略群体内部地位的因素有很多。首先，战略群体的内部竞争程度非常重要，因为战略群体内部的企业彼此竞争会减少各自的利润。如果战略群体内部的企业数量很多，这种情况就更容易发生。

其次，从结构化分析的角度来看，所有实施相同战略的企业未必在战略群体内部有着相同的地位。具体来讲，企业的结构地位可能会受到战略群体内部企业的相对规模的影响。如果战略群体内部企业的规模经济较大，在战略群体企业保持自己的市场份额的前提下，成本依然下降，那么拥有市场份额相对较少的群体内部企业的赢利水平就比较低。例如，虽然福特汽车和通用汽车都遵循类似的战略，可以被划分为同一个战略群体，但通用汽车的规模有助于让企业赢得该战略本身的规模经济效益，而这一点福特汽车根本做不到，比如研发投资和模型变换成本等。像福特汽车这样的公司已经克服了与规模相关的移动壁垒，进入了战略群体，但是与战略群体内部其他大型企业相比，其依然面临着成本劣势。

企业在战略群体内部的地位取决于进入该群体的成本。企业进入战略群体时拥有的技能和资源会给自己带来相对优势或者劣势。有些进入群体的技能或者资源靠企业在其他行业或者曾在同一行业内其他战略群体取得成功得来的。例如，美国强鹿可以以低于绝大多数企业所需支付成本的情况下进入建造设备行业中几乎所有的战略群体，因为它在农业设备领域具有傲视群雄的竞争地位。而宝洁的查敏纸业进入全美知名品牌手纸群体对应的成本很低，因为该品牌成功整合了查敏过去的技术成就和保洁公司的分销优势。

进入某个战略群体的成本会受到企业进入群体时机的影响。在某些行业中，最先进入战略群体的企业建立自己的竞争地位，需要付出的成本要低于后来者，因为后来者要建立同样响亮的品牌需要支付更高的成本；由于先到企业抢占了一些销售渠道，后来者寻找好的销售渠道要承担更高的费用。当然，先进入者也有可能要比后进入者承担更高的成本，因为后进入者可以购买最新的设备，使用最先进的技术，这就能减少一些成本。进入时机的差异可能会反映在企业累积经验和成本差异上。因此，进入时机的差异可能导致同一战略群体的不同企业拥有不同的可持续性赢利水平。

分析企业在战略群体内部地位的最后一个要素是企业的执行能力。并非所有实施相同战略的企业（它们分属于同一个战略群体）都具有相同的赢利能力，哪怕上文描述的其他条件都是相同的。有些企业在组织和管理运营方面能力更强，能用相同的预算为企业创造有创意的广告主题，用同样的研发开销实现技术飞跃等。这类技能未必就是由移动壁垒或者上文描述的其他要素创造的结构优势，但这些优势却是相对稳定的。拥有超凡执行能力的企业比同一战略群体的其他企业赢利能力更高。

这一系列要素共同决定了单个企业的赢利能力及其未来的市场份额。企业处在条件有利的行业内部发展态势良好的战略群体中，且在这个群体里占有优势地位。新进入企业无法降低行业的吸引力，因为存在着进入壁垒，而战略群体的吸引力是靠移动壁垒来保持的。企业在某个战略群体中的竞争地位取决于其历史、技能和拥有的资源。

这种分析表明，对企业而言有多种不同的赢利战略。成功的战略可以建立在很多移动壁垒或者应对竞争力的方法上。第 2 章描述的三大通用战略说明了战略方法的广义区别，三大通用战略还有很多变化的形式。近来，人们一直强调成本地位是决定战略地位的唯一决定因素。虽然成本是建立壁垒的一种方法，但值得我们注意的是，还有很多其他要素可以产生壁垒。

考虑到决定企业赢利水平的各种要素能互相作用，企业的赢利潜力深受市场独立、具有很高移动壁垒的战略群体内部企业竞争结果的影响。如果战略群体内部的竞争不太激烈，具有较高移动壁垒的战略群体要比移动壁垒低的战略群体的赢利水平高。然而，如果因为某些原因，战略群体内部的竞争非常激烈，企业的价格和赢利水平就此降低，那么这种激烈的竞争也会降低与之相互依存且移动壁垒较低的战略群体内部企业的赢利水平。如果较低的价格水平（或者由于广告和其他形式的非价格竞争方式导致的高成本）通过市场依存的形式溢出，而移动壁垒较低的战略群体必须对此做出回应，那么这类群体内部企业的赢利水平就会受到打压。在选择进入哪个战略群体的时候，必须要评估这方面的风险。

软饮料业的例子就很好地说明了这一点。如果可口可乐和百事可乐陷入价格战或广告战，两家的利润都会削减，但它们的损失和那些最终要大受影响的本地品牌比起来算不了什么。与这些企业竞争的都是同样的客户群体。可口可乐、百事可乐和其他主要品牌的竞争受到了大量移动壁垒的保护，它们的竞争降低了区域或者本地品牌的利润水平。而区域或者本地品牌受到的影响如此大，是因为不仅利润水平降低了，连相对份额也在下降。

大企业是否比小企业赢利水平更高？

对于战略的讨论，有人近来提出了拥有最大市场份额的企业赢利水平更高这个观点。上文分析表明，该观点是否正确要依据具体的情况而定。如果行业内的大型企业相比小型企业，所在的战略群体具有更高的移动壁垒，应对客户和供应商有更优越的地位，且能比小型企业更好地置身于其他战略群体的竞争之外，那么大型企业的赢利水平肯定比小型企业的赢利水平更高。在诸如酿酒业和化妆品行业以及电视机行业中，企业生产、分销和服务全线产品具备相当的规模经济，且在全国广告中也享有一定的规模经济，那么大型企业就会比小型企业赢利能力更高。从另一方面来讲，如果企业在生产、分销或者其他职能领域的规模经济不大，相比大型企业，实施专业化战略的企业就有能力达到更高水平的产品差异化或更高超的技术发展水平，在对应的产品领域能提供更卓越的服务。在这些行业里，小型企业比生产范围覆盖更广泛的大型企业赢利水平更高，女装和地毯行业的情况就是如此。

有时候人们会说，如果占有市场份额不大的企业赢利水平竟然超过了占据大份额的企业，那么行业定义的方式肯定不对。笃信市场份额具有决定性作用的人认为我们应该给市场份额进行狭隘的定义，从而使小型企业在专业化细分领域所占的份额超过大型企业在该细分领域中的份额。如果我们使用狭隘的市场定义，也应该将全线企业赢利最高的市场领域进行狭隘定义。在这种情况下，我们会发现大型企业未必在每个细分领域都具有最高的市场份额，却又能享受总体规模的优势。将专业化、小份额企业的赢利水平高归结为市场定义专业化，就引出了一个我们试图回答的问题：在哪些行业情景中，我们应该选择专业化战略（即选择某一种战略），让企业免于受到全线产品企业的规模经济或者产品差异化优势的负面影响？在哪些情况下，行业的总份额无关紧要？这些问题的答案会依据不同的行业而不同，主要取决于移动壁垒的安排以及其他本书已经提到的结构特征和企业独有的特征。

实际经验表明，大市场份额和小市场份额赢利水平之间的关系取决于具体的行业。表 7–1 比较了占有行业销售额 30% 的大型企业回报率与身为行业追随者的中型企业回报率。在这轮比较中，我们排除了资产数额小于 50 万美元的小企业。虽然样本中有些行业定义很广，但有一点发现值得我们注意：在 38 个行业里，有 15 个行业中的追随者比领导者的赢利水平更高。在这 15 个行业里，追随者的投资回报率比较高，表现出了行业规模经济不高或者规模不经济，以及市场细分程度较高的特征。前者包括服装、鞋业、陶器、肉类产品和地毯行业，后者包括光学、医疗和眼科产品、烈酒、期刊、地毯、玩具和运动产品行业。而领导者回报率比追随者回报率较高的行业通常是指那些广告投入高或研究开发和生产具有规模经济特征的行业。前者的例子有肥皂、香水、软饮料、谷物加工行业，即谷类产品和小型农具行业，后者的例子包括收音机和电视机、药品、照相设备等。这种结果在我们的意料之中。

表 7–1　行业领导者和行业追随者的相对赢利能力 *

追随者的回报率远远高于领导者的回报率（超过至少 4 个百分点）	追随者的回报率高于领导者的回报率（超过 0.5~4 个百分点）	领导者的回报率比追随者的回报率高出 2.5~4 个百分点	领导者的回报率远远高于追随者的回报率（超过至少 4 个百分点）
肉类产品 烈酒 期刊 地毯 皮制品 光学、医学和眼科产品	糖 烟草（雪茄除外） 针织品 女装 男装 鞋 陶器及相关产品 电子照明产品 玩具和运动产品	奶制品 谷物加工产品 啤酒 药品 珠宝	葡萄酒 软饮料 肥皂 香水、化妆品和卫浴用品 油漆 餐具、道具和五金用具 家电 广播和电视 成像设备和材料

资料来源：Porter，“The Structure Within Industries and Companies' Performance”.

*这里分析了 1963~1965 年 38 个消费类产品行业全面样本中的 26 个行业。在 12 个没有列出的行业里，行业领导者的平均回报率一般大于或者等于行业追随者的平均回报率。

战略群体和成本地位

有关制定战略，还有另外一种比较常见的观点，即成本地位是制定竞争战略的唯一可持续性要素。按照这种说法，成本最低的企业总是有条件随心所欲地进入其他战略领域，如基于差异化、技术或者服务等因素建立的战略群体。

这种观点有着很强的误导性，它甚至忽略了低成本优势很难保持这一点。本书第 2 章明确表明在绝大多数行业中，存在很多种创造移动壁垒的方式，也就是说，建立稳固的结构地位有很多方法。不同的战略往往涉及不同甚至互相矛盾的职能政策。试图实现某项战略最大成效的企业很少能达到其他战略群体企业奉行的战略目标。在某个战略群体内部，低成本优势可能很重要，但是低成本优势并非是唯一或者重要的竞争方法。实现总成本领先需要在其他战略领域做出牺牲，比如差异化、技术或者服务，而这些要素是其他战略群体形成的基础。

按照低成本以外的要素形成的战略群体必须要不断发现自己与总成本战略群体的成本差异。如果成本差异过大，客户就有可能转向总成本战略群体企业，虽然这有可能意味着牺牲质量、服务、技术先进性等。从这个层面上来看，战略群体之间的比较，相对成本地位是一项关键的战略变量。

战略群体对制定战略的影响

制定在某个行业内的竞争战略可以视为一个针对在哪个战略群体竞争的决策过程。这种选择需要企业选择一个战略群体，能最大限度地提升自己的赢利能力，同时使进入该群体的成本最低。当然，也有可能要求企业创建全新的战略群体。行业内的结构化分析指出了决定企业成功做好战略定位的因素。

在本书前言中我指出，制定战略常见的指南是将企业的优势和劣势，尤其是其独特的能力与环境中存在的机遇和风险关联起来。行业内的结构化分析的原则使我们更清楚地明确企业的优势、劣势、独特的能力、行业机遇和风险等。企业的优势和劣势具体如下：

优势	劣势
• 构建保护战略群体移动壁垒的因素； • 强化战略群体内部企业应对买方和供应商的议价能力的因素； • 使企业所在的战略群体免于和其他战略群体竞争的因素； • 相对于其他战略群体拥有的规模较大； • 使得企业进入某战略群体比进入其他战略群体成本更低的要素； • 相比竞争对手战略执行能力更强； • 企业克服移动壁垒、进入更理想的战略群体拥有的资源或者技能。	• 降低战略群体移动壁垒的因素； • 弱化战略群体内部企业应对买方和供应商的议价能力的因素； • 使企业所在的战略群体和其他战略群体竞争的因素； • 相对于其他战略群拥有的规模较小； • 使得企业进入某战略群体比进入其他战略群体成本更高的要素； • 相比竞争对手战略执行能力更弱； • 企业克服移动壁垒、进入更理想的战略群体缺乏的资源或者技能。

假如进入企业所在的战略群体的关键移动壁垒建立在广泛的生产线、专有技术或因经验而获得的绝对成本优势上，这些移动壁垒的来源就决定了企业的关键实力。如果企业所在行业中最理想的战略群体有移动壁垒的保护，这类移动壁垒是通过专有分销渠道和服务组织而获得的规模经济建立起来的，而企业缺乏这样的分销渠道或服务组织，这就成了其致命的劣势。结构化分析给了我们系统确定企业相对竞争对手关键优势和劣势的框架。这些优势和劣势不会一成不变，而是随着行业的发展和战略群体地位的变化而变化，企业自身的创新或为了改变自身的结构地位而开展的投资也会影响其优势和劣势。

有两种分析企业优势和劣势的基本框架：结构类和执行类。结构类优势和劣势取决于行业结构的基本特征，如移动壁垒、相对议价能力的决定因素等。这些因素比较稳定，也比较难克服。执行类优势和劣势以企业执行战略的能力为基础，取决于企业人员和管理能力。这类因素更加微妙，难以捉摸，但也有例外的情况。不管属于何种情况，一定要在战略分析中分辨这两类因素。

可以使用这些概念明确企业在行业内面临的战略机遇。机遇可以分为下列各类：

- 创建某个新的战略群体；
- 转变到定位更有利、更理想的战略群体；
- 加强企业当前所在战略群体在行业中的结构地位或者企业在该战略群体中的地位；
- 转变到新的战略群体，加强该战略群体的结构地位。

上述各类机遇中，回报最高的应该就是创建新的战略群体。技术变化或者行业结构变革往往会给全新的战略群体创造新的机会。就算没有这样的刺激因素，高瞻远瞩的企业也能够辨认竞争对手未曾发现的战略地位更加理想的新战略群体。比如，20 世纪 50 年代美国汽车公司发现了小型汽车的独特定位，在很长一段时间里克服了自身相对于美国三大汽车制造商巨头的劣势。天美时创造了价格低廉、质量可靠、利用新生产工艺的钟表的新概念，推出了全新的分销渠道和营销方法。近来，恒适使用雷格斯连裤袜战略在针织行业开拓了全新的战略群体。虽然有远见的企业实在不多，但结构化分析的确能帮助企业直接厘清思路，转向那些能带来最高回报的变化领域。

第二类战略机遇是企业可以选择进入行业中战略定位更有优势的战略群体。

第三类战略机遇是指企业开展投资或者做出调整，进而提升它当前所在战略群体在行业中的地位或者企业在该战略群体中的地位。比如，提升移动壁垒、提升相对于替代品的地位、加强企业的营销能力等。企业还可以开展投资或者做出调整，从而创建更理想的新战略群体。

最后一类战略机遇是进入其他战略群体并提升其对应的移动壁垒或者提升这类战略群体在行业中的地位。行业的结构演变能为企业创造丰富的机会来推动变革，并提升企业在战略群体中的地位。

可以使用同类概念来分析企业面临的风险：

- 其他企业进入企业所在战略群体的风险；
- 减少企业所在战略群体具备的移动壁垒、降低企业应对客户或者供应商的议价能力、恶化企业相对于替代品的地位或者使企业面临更残酷竞争的多种因素；
- 为提升移动壁垒、巩固企业竞争地位所做投资伴随的风险；
- 企业努力克服移动壁垒，进入更有利的战略群体或者创建新的战略群体时所面临的风险。

前两个风险可以视为对企业当前的竞争地位造成了威胁，这可以成为企业无所作为的风险。后两个风险是企业利用机遇面临的风险。

企业的战略选择，即选择进入哪个战略群体去竞争，是一个将所有相关因素关联起来开展分析的过程。很多重要的战略突破都源于变化的结构。结构化分析表明了企业当前的战略群体以及行业结构如何转变为企业在市场中的业绩表现。如果行业结构保持不变，克服移动壁垒、进入被其他企业所占领的另一个战略群体的成本可能会抵消企业从中获得的好处。但是，如果企业能找到一个全新的战略地位，其在结构上对企业的发展有利，或者企业能够在行业变革降低企业转变成本的时候改变自身的竞争地位，那么就能大力提升企业的绩效和表现。在这里确定的分析框架应该能让人明白在战略重新定位的过程中，企业需要什么以及如何实现。

第2章介绍的三大通用战略表明了获得成功的战略定位所采用的三大类方法。鉴于本书当前的分析背景，企业可以选择进入多个战略群体实现自己的成功，具体取决于特定行业的经济性。本章还为三大通用战略的分析增加了许多全新的内容。显然，按照本章介绍的内容，三大通用战略建立的基础是以多种方式创建移动壁垒，获得应对买方、供应商和替代品比较有利的地位以及让企业远离行业内各大战略群体内部企业之间的殊死较量。我们针对结构化分析所做的拓展，可以加深我们对通用战略概念的理解，使我们从运营的角度更清楚地审视企业实施的战略。

使用战略群体图示作为分析工具

现在我们将讨论如何将战略群体图示作为分析工具的问题。战略群体图示是使用图形来表示行业内竞争态势、分析行业变化或者行业趋势如何影响战略群体布局的工具。这是行业战略空间的布局，而不是价格或者销售量的体现。

在绘制战略群体图示时，要使用若干项战略变量作为图示的坐标轴。在此期间，数量原则非常有用。首先，使用最佳的战略变量作为坐标轴，应该能够决定行业内的关键移动壁垒。例如，在软饮料行业里，关键壁垒是品牌识别度和分销渠道，可以成为战略群体图示有效的坐标轴。其次，在绘制战略群体图示的过程中，一定要选择异向变动的战略变量作为坐标轴。例如，如果所有具备高度产品差异化的企业都有较广泛的生产线，那么这两个战略变量都不能作为战略群体图示的坐标轴。相反应该选择那些能反映行业内部战略组合多样性的战略变量作为图示的坐标轴。再次，战略群体图示的坐标轴不一定是连续变量或者单一变量。例如，链锯行业中的目标渠道是服务型经销商、大型批发商或者自有品牌销售商。有些企业集中于其中之一，而有些企业试图大小通吃。服务型经销商在要求的战略方面与自有品牌销售商有很大区别，而大型批发商则介于两者之间。在行业内开展战略群体图示的时候，可以按照图 7–3 的形式显示，这样最有启发意义。企业所处的位置反映了它们的渠道组合。行业战略群体图示的最后一条原则是使用不同的战略维度组合绘制多个图示，帮助企业了解关键的竞争问题。图示是一种帮助分析竞争关系的工具，因此没有哪一种约定俗成的最佳的图示方式。

构建了行业内的战略群体图示后，下列分析步骤就变得非常明朗。

确定移动壁垒。可以确定保护每个战略群体免受其他战略群体发起进攻的移动壁垒。例如，图 7–3 保护高品质和专注于经销商战略群体的关键壁垒是技术、品牌形象和成熟的服务型经销商网络。保护自有品牌销售商的关键壁垒是规模经济、经验以及与自有品牌客户建立的合作关系。这样的分析在预测不同战略群体面临的威胁以及所有企业可能发生的战略地位变化方面非常有效。

分辨边缘群体。本章上文描述的结构化分析可以用于分辨那些处于边缘或者弱势地位的战略群体。这些战略群体内部的企业可能会退出或者努力转移到其他战略群体。

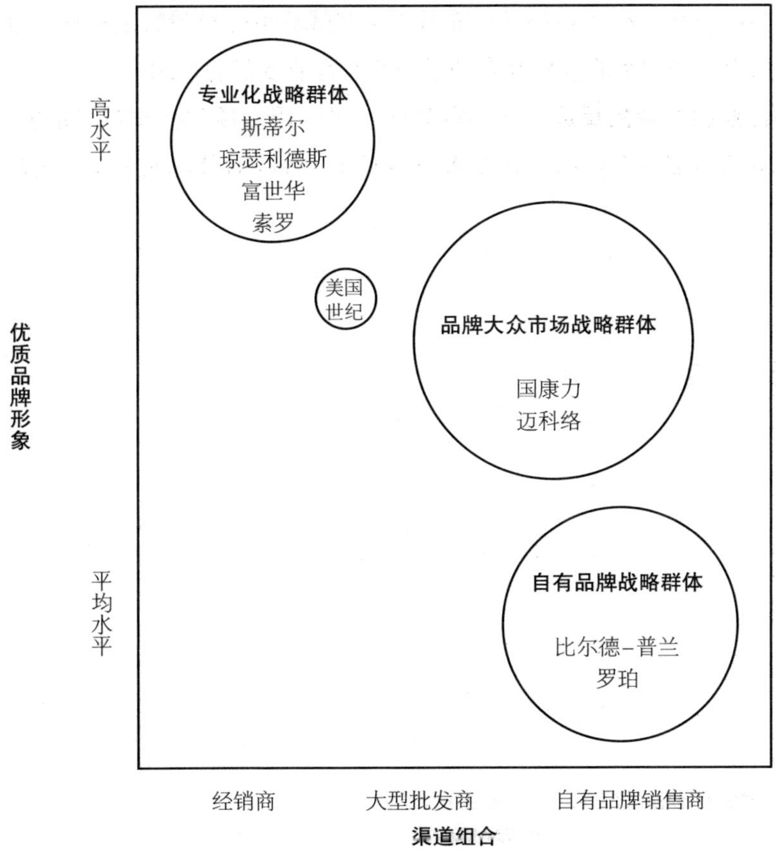

图 7–3　美国链锯行业的战略群体

绘制战略行动的方向。战略群体图示的一项非常重要的用途是从行业的角度来绘制企业战略行动的方向。要完成这项任务，我们只需用箭头标记每个战略群体在整个战略空间中的走向或者每个企业在战略群体内部的走向即可。若对所有的战略团体都做出战略动向图示，就可以揭示出企业的战略走向不太一致的情况，这可以稳定企业整体的竞争态势，尤其当各家企业服务的市场细分领域彼此分离的程度日渐提升时更是如此。这样的分析还可能表明，若各家企业的战略地位有交汇之势，那么行业将开始动荡不安。

分析趋势。要仔细思考每一种行业趋势对战略群体图示的影响。行业趋势是否会让某些企业关门大吉？某个战略群体的企业将如何转型？行业趋势是否提升了某些战略群体的壁垒？行业趋势是否降低了某些战略群体沿着特定战略维度区分彼此的能力？所有这些因素的分析都有助于企业对行业变革的预测。

预测行业和企业的反应。战略群体图示可以用于预测行业对特定事件的反应。某个战略群体内部的企业由于其战略的相似性，往往对外部的干扰或者趋势的反应趋向一致。

08 行业变革

结构化分析为我们理解行业内对制定竞争战略至关重要的竞争力量提供了框架。显然，行业结构的变化往往让一切焕然一新。比如美国的酿酒业，随着进入壁垒升高和行业集中度加强的幅度大大增加，替代品的威胁让很多酒精制造商退出市场。

行业变革对战略制定过程有重大意义。行业变革会提升或者降低行业投资机遇最基本的吸引力。行业变革要求企业做出相应的战略调整。理解行业变革的过程，并预测变革的到来，这一点非常重要，因为如果所有企业都知道需要发生变化，那么做出对应的战略调整往往成本很高，而率先选择最佳战略去应对变化的企业往往受益最多。例如，“二战”后农业设备行业中，结构变化提升了专业经销商网络的作用，从企业获得支持，尤其是信贷支持的专业经销商网络就格外重要。最先意识到这种变化的企业就有机会优先选择需要的经销商。

本章为企业预测行业变革进程、理解行业变革对制定竞争战略的重大影响提供了分析工具。本章一开始描述了行业变革分析涉及的最基本概念。之后阐述了推动行业发生根本变革的驱动力。最后介绍了行业变革的过程中一些重要的经济关系及其战略影响力。

行业变革的基本概念

分析行业变革的起点是第 1 章介绍的结构化分析框架。假如行业变化可能对决定五大竞争力的因素有影响，那么这类变化就具有重要的战略意义，而其他行业变化对企业的影响则停留在策略层面。分析行业变革最简单的方法是提出下列问题：行业中是否发生了有可能影响结构要素的变化？例如，是否有行业趋势表明了移动壁垒的上升或者下降？买方或者供应商的实力是增加了还是减弱了？如果我们能以系统全面的方式提出有关每一种竞争力及其背后的经济决定因素的话，就能得出与行业变革有关的背景及战略问题。

虽然一开始分析时，我们是针对某个具体行业，但这却完全不够，因为企业当前发生了什么变化未必非常明朗，对于未来将发生什么，我们更难以预测。企业预测行业变革的能力非常重要。鉴于此，企业最好具备一些有助于预测行业变化模式的分析技巧。

产品生命周期理论

预测行业变革可能发生路径始于众人熟知的产品生命周期理论。该理论的前提是行业经历了多个发展阶段，即新生、增长、成熟和衰退，具体见图 8–1。这些阶段是按照行业销售额增长的拐点来区分界定的。行业增长遵循S形曲线，因为这是由创新和新产品推广的周期特征决定的。新生阶段曲线近似水平，反映了克服买方习惯和刺激客户试用新产品的难度。一旦产品证明了自己的功能后，很多买方会进入市场。最终产品实现了对潜在买方的渗透，使得快速的增长戛然而止，产品曲线趋于平坦，表明了相关买方群体的基本增长速度。最后，增长速度放缓直到彻底停止增长，此时新的替代品出现。

当行业经历自身的生命周期时，竞争的性质会发生变化。我在表 8–1 总结了行业在整个生命周期中的变化及其对企业采取的竞争战略的影响。

产品生命周期理论引起了人们的争议，有些批评很有道理。

1. 各个阶段的期限依据不同行业有所差别，人们无法确定某个行业每个生命周期阶段对应的时间是多长。

2. 行业增长不一定要经历S形曲线。有时候，一些行业会直接跳过成熟阶段，从增长期直接到衰退期。有时候，行业在经历了一段时间的衰退后，会重新反弹进入增长期，比如摩托车业、自行车业以及近期的无线电广播业就出现了这样的情景。有些行业的新生阶段比较短暂。

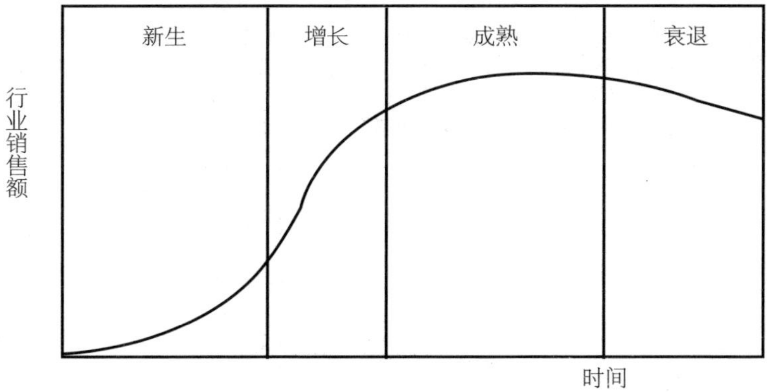

图 8–1　生命周期发展阶段

表 8–1　产品生命周期理论对战略、竞争和绩效的预测

	新生	增长	成熟	衰退
买方和买方行为	高收入采购商 买方惯性 必须说服买方来试用产品	扩大买方群体 客户将接受质量不均等的情况	大众市场 饱和 重复购买 在多个品牌之间进行选择	客户是老练的产品买方
产品和产品变化	质量不好 产品设计和开发关键 很多不同的产品变量，没有标准 频繁的设计变化 基本的产品设计	产品拥有技术或者性能差异化 复杂产品的关键可靠性 竞争产品提升 优秀的品质	优秀的品质 产品差异化较弱 标准化 产品变化较慢，每年只有小幅改变 以旧换新变得非常重要	很少有产品差异化 质量水平不一

（续表）

	新生	增长	成熟	衰退
营销	广告费/销售额比例很高 撇脂定价策略 营销成本很高	广告费用很高，但相比新生阶段，占销售额的比例在下降 绝大多数是心理促销 广告和分销是非技术产品销售的关键	市场细分 拓展生命周期的努力 拓宽产品线 服务和交易更加普遍 包装更重要 广告竞争 广告费/销售额比例下降	广告费/销售额比例以及其他营销费用下降
生产和分销	产能过剩 生产周期较短 生产成本较高 销售渠道专业化	产能不足 转向批量生产 竞争分销渠道 大规模渠道	有些产能过剩 最优产能 生产过程日益稳定 降低了劳动技能 更长的生产周期，技术比较稳定 分销渠道减少层次，提升利润率 生产线较广，较高的物理分销成本 大规模渠道	严重产能过剩 大规模生产 特殊渠道
研发	改变生产技术			
外贸	一些出口	重要的出口 很少进口	出口下降 大量进口	没有出口 大量进口
总体战略	提升市场份额的最佳阶段 研发、工程是关键功能	改变价格或者质量形象很实际 营销是关键功能	增加市场份额的时机不对 对于低成本公司来说尤其是这样 拥有竞争成本成为关键 不是改变价格或者质量形象的最好时机 营销有效性成为关键	成本控制关键
竞争	若干家公司	进入 很多竞争企业 兼并频繁，很多企业被淘汰	价格竞争 淘汰出局 自有品牌上升	退出 竞争者较少
风险	高风险	风险可以承受，增长速度会抵消风险	周期因素出现	

（续表）

	新生	增长	成熟	衰退
边际利润和利润	高价位和高边际利润 低利润 对个别卖家的价格弹性不像在成熟阶段那样明显	高利润 最高利润 较高价格 比新生阶段价格较低 抵制不景气 较高的市盈率 良好的兼并氛围	价格降低 利润更低 边际利润更低 经销商边际利润更低 市场份额和价格结构更加稳定 收购氛围较差，很难出售企业 价格最低、边际利润最低	价格低、边际利润低 价格下降 在衰退的最后阶段，价格可能上升

3. 公司可以通过产品创新和重新定位来影响增长曲线，以多种形式进行拓展。如果企业认定产品的生命周期不可改变，这个预言就有可能不幸成真。

4. 与产品的生命周期的每个阶段关联的竞争性质依行业不同而有所不同。例如，有些行业一开始集中程度很高，并一直保持了这种程度。而其他行业，比如银行自动柜员机这样的行业，一开始集中程度很高，之后就会慢慢分散。还有的行业一开始非常分散，之后却变得集中，呈现集团化（如汽车行业）。有的则一直保持着分散的状态（电子部件分销）。这种多样的模式同样适用于广告、研发费用、价格竞争程度以及其他领域。模式差异较大，产品生命周期所谓的战略意义就不免有很多站不住脚的地方。

用产品生命周期理论来预测行业变革遇到的问题相当于把行业变革归结为一成不变的模式。除了行业增长率以外，几乎或者根本没有合适的理由来阐明为什么竞争与每个生命周期阶段密切相关。由于实际的行业变革有很多种实现路径，生命周期模式并不一定符合实际的情形，哪怕生命周期是最常见的行业周期模式。我们无法通过这个理论来判断它在哪些行业什么时间成立，以及在哪些情况下不成立。

预测变革的框架

相比努力解释行业变革发生的过程，不如透过行业变革进程观察其背后的驱动力。与所有形式的变革一样，行业变革之所以发生是因为驱动发生的要素为变化创造了激励机制或者压力，这些力量可以称为变革进程。

每个行业一开始都具有自己的初始结构，包含了在行业刚刚形成时特定的进入壁垒、买方实力和供应商实力等。这个初始结构往往与日后随着行业发展所设定的行业安排大相径庭。初始的结构源于行业多项基本经济和经济特征的组合，它受制于较小行业规模的最初限制，受到最早进入行业的技能和资源等因素的影响。例如，即使是在汽车业这样通常具有规模经济优势的行业来说，由于早年制造的汽车数量有限，汽车业刚起步时也是劳动密集型、手工作坊式运营的。

推动行业前进的变革进程是其潜在的结构，随着行业的发展，人们很难了解未来的行业结构究竟是什么。考虑到行业的基础技术水平、产品特征和当前及未来买方的情况，行业结构的发展和变化会集中在某个范围内，主要取决于研发的方向和成功程度以及营销方面的创新等。

一定要注意，在诸多行业变革过程中，行业内已经存在和新入行企业的投资决策非常重要。为了应对行业变革进程的压力或激励机制，企业要有所投资，利用新的营销方法、制造设备等带来的新机遇，这将改变进入壁垒，改变企业对供应商和买方的相对实力等。各家企业在行业内的运气、技能、资源和导向可以改变行业变革的轨迹。虽然行业结构存在不断变化的可能，但由于没有哪一家企业找到可行的新营销方式，所以行业不会那么快就改变；也由于没有企业具有构建完全一体化设施的财力，或愿意不惜成本，所以规模经济就很难实现。由于创新的存在、技术发展以及行业内部现有的或者考虑进入行业的潜在企业都对行业变革有着重要的意义，所以很难精确预告行业变革。但是，行业也有可能以多种方式在多方面以不同的速度完成变革，主要取决于运气。

变革进程

虽然初始的结构、结构潜力和特定企业的投资决策因具体的行业情况而异，但我们仍可以概括最重要的行业变革进程。在每个行业都可以以一两种形式展现一些可以预测的、相辅相成的动态过程。这些行业变革进程的动力、速度和方向因具体的行业而有所区别：

- 增长率的长期变化；
- 买方细分群体的变化；

- 买方的学习过程；
- 降低不确定性；
- 专有知识的传播；
- 经验的积累；
- 规模扩张或收缩；
- 投入要素和货币成本的变化；
- 产品创新；
- 营销创新；
- 工艺创新；
- 关联行业的结构变化；
- 政府政策变化；
- 进入和退出。

下文将详细描述每个变革进程，主要关注其决定因素、各变革进程之间的关系及其对战略问题的影响。

增长率的长期变化

也许导致结构变化最普遍的力量是行业增长率的长期变化。增长率是决定行业内部竞争程度的关键变量，它规定了保持市场份额的企业的扩展节奏，影响了行业的供需平衡，诱使新进入者进入行业。

有五大重要外因导致了行业增长率的长期变化。

人口统计学特征

在消费品领域中，人口统计学特征的变化是针对某个产品的买方群体规模的关键要素，因此也就决定着需求的增长速度。某个产品潜在的客户群体可以遍及所有家庭，但这些买方通常都具有特定的年龄、收入水平、受教育程度或者地理位置的特征。随着总人口的增长，人群年龄、收入水平以及其他人口统计学特征会发生相应的改变，这些因素都直接反映在需求的改变当中。这种情况最生动的例子是美国人口出生率减少对婴儿用品行业的负面影响，市场对婴儿用品的需求大大减少，而针对 25~35 岁消费群体的产品却受益于“二战”后婴儿潮的出现而激增。人口统计学特征给唱片行业和糖果业带来了潜在的问题，因为这两个行业的主要消费者群体都是 20 岁以下的人员，而当前这个年龄群体正在缩水。

人口统计学特征对行业的影响在一定程度上是因为收入弹性的存在。收入弹性是指买方对产品的需求受到收入水平增加的影响。对某些产品来说（貂皮高尔夫球杆套），需求与买方收入水平的增加呈现不成比例的关系。而对其他产品而言，需求上升的水平低于收入上涨的水平；有时候收入水平上升了，需求反而会下降。从战略的角度来确定行业的产品到底属于哪一类非常重要，因为随着企业所在母国和潜在的国际市场中消费群体收入的变化，一定要提前预期行业的长期增长率。有时候通过产品创新，行业可以改变收入弹性的规模，这样一来，收入弹性的影响就不足以用来预测行业增长率的长期变化。

对于工业用品来说，人口统计学特征的变化对需求的影响是建立在客户所对应的行业的生命周期基础上的。人口统计学特征影响着消费者对终端产品的需求，这进一步会影响供应这些终端产品生产要素的行业发展状况。

企业可以通过产品创新、采用新营销方法、提供额外的服务等措施扩大产品的买方群体，进而应对不利的人口统计学特征变化。这些方法也会通过提升规模经济影响行业结构，使得行业应对的买方群体差异变大，议价能力也有很大不同。

需求的趋势

对某个行业产品的需求受到人们生活方式、品位、观念和买方群体社会条件的影响。随着时间的流逝，任何社会都要经历这些变化。例如，在 20 世纪 60 年代末 70 年代初，美国刮起了一阵回归自然的复古风，人们的休闲时间增加，追求穿着打扮的随意以及时尚复古，这些趋势使背包、蓝色牛仔装和其他产品大卖。近期教育界发起了务实的行动，为标准化的阅读和书写测试创造了新需求，这些都是社会需求影响行业需要的例子。此外，诸如犯罪率提升、女性角色的变化以及人们对健康问题的日益关注也提升了市场对某些产品的需求（自行车、日托），同时降低了对其他产品的需求。

需求趋势不仅直接影响着市场对消费品的需求，而且通过关联行业影响着工业品的需求。需求趋势也影响特定细分领域的需求以及整个行业的需求，社会环境的变化也会创造新需求。比如，在过去几十年时间里，财产盗窃案件不断增多，人们对于安保、锁具、保险箱以及报警系统的需求也随之增加。随着人们对偷盗造成损失的预期的上升，保护财产方面的开支逐渐增加。

最后，政府管制的变化会增加或者降低对某些产品的需求。例如，如果赌博很快或者已经通过立法成为合法行业，那么弹子机和老虎机的需求就会明显上升。

替代品相对地位的变化

对产品的需求受到了广义的替代品的成本和质量的影响。如果替代品的相对成本下降，或者替代品满足买方需要的能力提升，行业增长率就会受到负面影响，反之亦然。例如，由于收音机和电视机的入侵，现场交响音乐会及其他表演团体的需求大幅缩水。假如电视广告费用攀升，且黄金时段广告时间合愈加稀缺，那么市场对平面杂志的广告空间的需求就会大幅上涨。巧克力糖和软饮料等产品相对于替代品的价格急剧上升，也会大力降低市场对这类产品的需求。

在预测行业增长率的长期变化时，企业必须明确所有能够实现产品功能、满足对应需求的替代品。技术发展和其他趋势的变化会影响这些替代品的价格，因此针对每一种替代品要开展逐项分析。同时，技术发展和社会趋势的变化也会影响产品本身的价格。通过权衡，可以帮助企业预测未来行业的增长率，确定哪些替代品赢得了市场份额及其主要方式，由此为企业下一步的战略决策提供线索。

拓展客户群体

行业的快速增长绝大多数归功于新客户群体的拓展，即新客户群体的销售业绩突出，而非与老客户实现惯常交易。一般来说，在整个行业生命周期中，必须要实现完全的客户拓展。届时，重置需求将决定行业的增长率。增加新客户、重新定义行业的生命周期，这有可能拓展客户基础，或者刺激快速重置的发生。所有行业的快速增长都有停止的时候。

一旦实现了客户群体的全面拓展，行业中的企业出售产品的主要对象就是老客户。出售给新客户和老客户，两者之间有重要的差别，但都能对行业结构产生重大的影响。在应对老客户时，实现行业增长的关键是刺激重置产品的需要或者提升人均消费量。由于重置需要受制于买方眼里对产品是否过时的认识，包括产品外形、技术或者设计等方面是否符合时代要求等，所以实现客户群体拓展之后保持增长的战略就主要取决于影响这些变化的因素。例如，对衣服的重置需要来源于年度甚至季节的变化。通用汽车公司超越福特汽车公司的故事就证明了这一点：在市场对最简单的汽车（黑色小汽车）的需求饱和后，车型款式的变化会大力刺激行业对汽车产品的需求。

客户群体的渗透或者拓展往往意味着行业需求将趋于平衡。对于耐用品来说，实现客户拓展将导致行业需求的骤降。在重要的潜在客户购买了产品之后，产品的耐用性表明了很少有客户能在未来几年时间里购买重置产品。如果行业渗透发生得非常迅速，这种情况就会导致在之后的若干年时间里，行业需求保持低迷的状态。例如，雪地车销售额增长快速，该品牌经历了快速的客户群体拓展时期，结果其年销售量从1970~1971年的425 000辆的峰值下降到1976~1977年125 000~200 000辆的规模。休闲汽车的情况也好不了多少，虽然没有经历跳水。客户群体拓展前后的增长率关系取决于实现客户拓展的时间以及平均的重置周期，这些数字都可以通过计算获得。

耐用消费品行业销售量的下降意味着行业本身的制造和分销能力超过了需求。结果经常会发生利润率下降的情况，有些生产商甚至会退出市场。对耐用消费品的需求还有一个特征是客户群体拓展滋生的需求会掩盖商业周期的影响，虽然每一种商品都对商业周期非常敏感。对于即将实现客户群体饱和的行业，一旦实现完全拓展，就会跌到谷底，产能过剩的问题也会雪上加霜。

产品变化

五大竞争力影响着行业增长，这种观点本身有一个前提，即行业提供的产品不会发生变化。行业内的产品创新却能保证服务新市场的需求，提升产品行业相对于替代品行业的相对地位，减少或者排除对稀缺或者高成本互补产品的依赖。因此，产品创新可以提升行业五大外部竞争力的情况，进而加快行业的增长速度。产品创新在刺激摩托车、自行车和链锯行业的快速增长方面起了重要作用。

买方细分群体的变化

第二大重要的行业变革进程是指行业服务的买方细分群体的变化。例如，早期电子计算器的主要购买者是科学家和工程师，后来学生和商户才成为计算器的客户。轻型飞机一开始出售给军方，而后才扩展到私人或者商业用户。与这种情况有关的是在创造不同产品的时候（利用广泛的定义）以及利用新营销方法的时候，会有新的客户细分群体加入。还有一种可能是特定的买方群体根本不存在。

新的买方群体对行业变革起着重要的作用，服务这些新买方的标准（排除服务过时买方的标准）对行业结构有着最根本的影响。例如，虽然早期行业产品的买方可能不要求赊账或者现场服务，但后来的买方就会。如果提供赊账和内部服务会创造潜在的规模经济、提升资本需求，那么这也会大大提升进入壁垒。

20 世纪 70 年代，光电字符阅读机的变化就是个例子。识别设备行业及其领导者已经生产了大量的光学扫描机用于支票、信用卡和邮件服务。每一种机器都是由客户定制的，具有特殊的工程功能，在加工车间制造。近来，新开发的小型光笔广泛应用于零售终端。除了打开大量的潜在市场外，还实现了大批量的标准制造，很多个体买方也大量购买。这一发展改变了规模经济、资本要求、营销方法和行业结构等。

行业变革的分析应该包括确定潜在的新客户群体及对应的特征。

买方的学习过程

通过重复购买，买方积累了有关产品、用途及竞争品牌的知识。随着买方对产品的了解的深入和成熟，产品逐渐变成批量生产，而买方采购时的信息也更加丰富。因此，随着时间的流逝，行业里自然有迫使企业实现产品差异化的趋势。买方学习产品的知识能够提升买方针对质量保护、服务和产品性能特征等方面的要求。

可以举喷雾包装行业的例子来说明。喷雾包装首先在 20 世纪 50 年代的消费类产品上使用。这种包装成了很多产品营销的重点，是很多营销公司的重要成本项目。喷雾包装行业发展初期，消费品经销商不太了解如何设计喷雾的应用规格、如何封装喷雾剂容器以及使用喷雾产品的最佳办法。喷雾剂封装承包行业应运而生，承担了装配和封装喷雾包装的重任，这个行业还在帮助消费类产品营销公司开发新的喷雾应用、解决生产问题等方面发挥着重要作用。随着时间的流逝，消费类产品营销公司学习了大量有关喷雾剂的知识，开展自我开发应用和营销项目，在某些情况下，有些公司甚至实现了初步的后向一体化。喷雾剂封装承包商发现很难对自己的服务进行差异化，而这些公司也逐渐成了商业喷雾剂容器的供应商。结果，封装承包商的利润率大大下滑，很多企业最后只能退出市场。

对于不同的产品，买方学习的进度往往不同，这取决于采购本身的重要性以及买方本身的技术水准。聪明或者求知欲强的买方往往能学得更快，针对重要的产品，买方自然要更卖力地学习。

产品本身或者产品销售方式、用途的变化往往会弱化买方购买经验的重要性，比如产品添加了新的功能或者添加物（六氯苯）、式样的变化和新的广告招数等。这类发展使得买方积累的很多有关产品的知识失效，因而提升了持续进行产品差异化的可能。还可以通过拓展客户群体，吸引缺乏经验的新客户，但是采购过程本身的特点决定了买方的学习过程异常缓慢。

降低不确定性

还有一种影响行业结构的学习类型是降低不确定性。在绝大多数新行业的发展初期，人们对市场的潜在规模、最优的产品配置、潜在买方的性质以及产品推广途径、能否克服技术困难等问题仍不太确定。这种未知的情况往往导致企业要进行大量的尝试，使用不同的战略来探知未来可能的发展态势。快速的行业增长让各个企业有比较宽松的发展环境，因而不管企业采用什么战略试验，都有一定的存在空间。

随着时间的流逝，这些未知的因素会逐渐消除。市场会逐渐验证技术能否行得通，辨认出买方，并从行业的增长信号中判断出潜在规模。企业若想逐渐剔除这些不确定因素，就应竞相采取成功的战略，并摒弃收效甚微的战略决策。

要降低不确定性还可以吸收新型的企业进入行业。风险降低可能会吸引大型的知名企业进入，比起那些初生牛犊不怕虎的新型企业，这类已颇有成就的企业入行风险更小。显然，行业的潜力很大，且技术障碍也能克服，大型企业觉得值得一搏，奋力进入。休闲汽车、电子游戏、太阳能以及很多其他行业发生的情况就属于此例。当然，外部事件也会造成行业的不确定性，但像买方的学习情况等因素产生的作用一样，降低不确定性的过程会自然而然排除企业很多现存的疑虑。

从战略的角度来看，降低不确定性和模仿战略表明企业本身不能依靠不确定因素来保护自己免受竞争对手的攻击或者抵制新入行的企业。按照移动壁垒的高低，模仿成功的战略有可能变得非常容易，也有可能难上加难。为了保护企业的竞争地位，必须要在战略上做好准备，捍卫自己的地位不受模仿者或者新手的侵占；若企业发现早期针对某些战略的假设或者前提是错误的，就应尽快做出一些调整。

专有知识的传播

由特定的公司（供应商或者其他方）开发的产品和技术工艺往往专业程度不高。随着技术的日渐成熟，有关技术的知识将不断传播。专有知识的扩散有很多种途径。首先，企业可以从目测竞争对手的专有产品或者其他渠道获悉有关竞争对手的规模、地点、组织和运营的其他特征，以实现专有知识的扩散。供应商、分销商和客户都是这类信息的渠道，各方都希望为了达到自己的目的促成这些信息的传播（比如创造另外一个强大的供应商）。其次，专有信息的扩散还可以通过外部供应商创造的资本商品得到体现。除非行业内的企业已经制造了自己的资本产品或者自行保护它们给予供应商的信息，否则技术就只能被对手购得。再次，人事流动可能会增加获悉专有知识的人员数量，为其他企业获悉专有知识创造渠道。离职技术人员会建立溢出企业这样的例子比比皆是，有些企业专门雇用从对手公司离职的人员。最后，能从咨询公司、供应商、客户、大学工程类学院等渠道获得消息的技术人员肯定在增加。

因此，在缺乏专利保护的情况下，专有知识的竞争优势很容易受到侵害，虽然很多企业很难接受这一点。任何建立在专有知识或者专业技术上的移动壁垒都会随着时间的流逝逐渐减弱，如果企业缺乏合格、专业化的人员，也会造成同样的后果。这些变化使得很多新的竞争企业无法如期发展，也让很多供应商或者客户无法完成行业的垂直一体化。

回到刚才有关喷雾包装的例子。随着时间的流逝，喷雾包装技术越来越为人们所熟悉。由于在喷雾包装行业中通过生产数量实现高效的规模经济的幅度较小，很多大型消费类产品营销公司能自行实现专有的喷雾包装作业。由于技术知识和专业人员日渐普遍，这类公司实现了喷雾剂封装的垂直一体化，或者说具备了实现垂直一体化的能力，对专业的喷雾剂封装承包商构成了威胁。这种发展使得喷雾剂封装承包商只能满足行业井喷时期的需求，且处于极其不利的议价地位。很多喷雾剂封装承包商开始投资发展封装技术，并开发新的喷雾应用来保持自身的技术优势。这种战略结果证明非常困难，而喷雾剂封装承包商的竞争地位也下降了不少。

专有技术的扩散取决于特定行业的特征。技术本身越复杂，技术人员的专业素质要求越高，需要的关键研发人员数量越高，研究职能带来的规模经济就越高，因此专有知识的扩散速度就比较慢。如果竞争对手面对着较高的资本要求和研发行动的规模经济，那么专业知识造成的移动壁垒就比较稳固。

阻止专有知识扩散的一种重要力量是专利保护，这可以从法律层面上制止扩散。然而，专利保护未必能完全保护知识不予扩散，因为类似的发明可以绕过专利保护的门槛。还有一种阻止技术传播的力量是通过长期的研发努力不断创造新的专有技术，新技术会给公司提供额外的专业知识优势。然而，如果知识扩散的周期较短，且买方对新兴企业的忠诚度不太高，那么持续的创新就未必值得。

专有技术形成的移动壁垒呈现出多种形式，见图 8–2。两个行业研究的规模经济一开始比较低，因为新产品开发的原始技术突破可能是由一小撮研究人员组成的团队完成的。这种情况比较普遍，曾在小型计算机、半导体等行业发生。专有技术在这类行业里创造了适中的初始壁垒，但是很快就会随着技术的扩散受到侵蚀。在其中一个行业里，复杂技术导致研究职能的规模的经济上升。在另一个行业里，持续的技术创新机会很少，因此企业也不需要大规模的深入研究。在第一个行业里，专有技术产生的移动壁垒再次升高，超过了最初的水平。随后企业深入创新的需求减弱，在技术扩散后这个移动壁垒最终消失。在另一个行业里，由专有技术产生的移动壁垒迅速跌至较低水平。可以说，一个行业可能处于利润较高的成熟阶段，而另一个行业要依靠移动壁垒的其他来源来保护利润免受竞争对手的侵袭。在喷雾包装的例子中，技术的性质决定了不可能出现移动壁垒二次上升的情况。

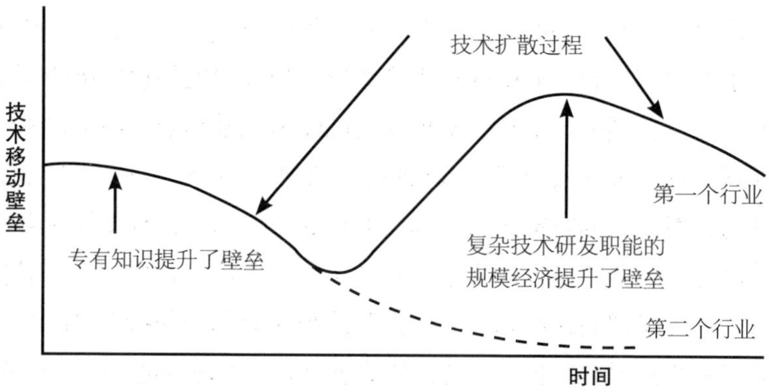

图 8–2　技术壁垒模式和行业变革

从战略的角度来考虑，有关知识的扩散表明为了保持竞争地位，现有的专有知识和专业人士必须受到保护，在实践中这点很难做到；必须要实现技术发展，从而保持领先地位；必须在其他领域提升自己的战略地位。企业当前的技术扩散主要受制于技术壁垒，那么打算保护自己的战略地位免受技术扩散的影响，对企业就有格外重要的意义。

经验的积累

在某些行业里，随着企业在生产、分销和营销方面经验的积累，单位成本也逐渐下降。这些行业的特征在第 1 章中进行了总结。行业竞争中学习曲线的重要意义取决于拥有更多经验的企业是否能比对手获得更多重要和持续的领先优势。领先者地位之所以难以攻克，是因为落后的企业没能模仿领先者的方法、购买领先者已经率先使用的更高效的新生产设备等，无法赶超领先者。如果落后企业可以实现飞跃式发展，领先者可能会因为承担过高的研发、试验和引进新方法、新生产设备等方面的费用而处于劣势地位。行业内专有知识逐渐扩散的趋势从某种程度上是逆着学习曲线的方向进行的。

当企业可以保持经验专有时，经验就能成为推动行业变革的潜在力量。如果企业没能以最快的速度赢得经验，就必须从战略上做好准备，做到快速模仿或者在成本以外的领域里实现战略优势。后面这个行动要求企业采用差异化或集中战略。

规模扩张或收缩

成长中的行业是指其总规模在增长的行业。这种增长通常伴随着行业内领导企业绝对规模的增长，市场规模不断增长的企业，其规模增长的速度更快。行业和企业规模不断增长对行业结构有多方面的影响。首先，行业和企业规模的增长从各个方面拓宽了战略选择的空间，有利于行业规模经济的增长，提升了资本要求。例如，行业和企业规模的增长可能使大型企业使用资本替代劳动力，采用能产生大型规模经济的生产方法，确立专有的分销渠道或者服务机构，在全国开展全面广告策略。规模的增长还让很多行业外的企业凭借第一次应对这种变化的竞争优势而进入行业。

规模增长对行业结构影响的方式，可以用 20 世纪 60 年代和 70 年代初轻型飞机行业的发展来解释。在这个行业里，规模增长使得行业领导企业赛斯纳将其生产过程从加工车间转到了准批量生产车间。这种变化使赛斯纳赢得了成本优势，因为它能在竞争对手尚未实现批量生产的时候收获规模经济的效益。如果赛斯纳的两大竞争对手也能实现规模经济，并开展资本密集型的批量生产，那么新企业要进入该行业的进入壁垒就会大大升高。

行业增长带来的结构化影响还体现在垂直一体化的战略更加可行上，而垂直一体化的程度的加深往往会提升壁垒。行业规模的增加还意味着行业供应商的销量巨大，行业的客户群体采购量很多。个体供应商、买方销售量或者采购量的增幅会诱使它们开展前向或后向一体化。无论一体化是否发生，供应商或者买方的议价能力都会上升。

行业规模增加还有可能吸引新进入者，这有可能让现有的领导企业头疼，尤其是新进入者是颇有建树的大型企业时更是如此。虽然很多大型企业从行业诞生一开始就凭自己的技能和从已有业务中获得的资源进入行业，但它们却只在达到了一定的绝对市场份额后才会进入行业，这是为了抵偿进入成本，同时也是希望能借此大力提升总销售额。比如，在休闲汽车行业，一开始进入行业的企业是白手起家的小企业以及实施多元化经营的小型拖车制造商，后者的生产过程与休闲汽车的制造过程类似。随着行业规模的增大，大型农业设备和汽车公司开始进入。这些公司凭借已有的运营资本有充分的条件在休闲汽车行业竞争，不过它们却把早进入行业的机会让给了小型企业，让它们有机可乘，扩大市场份额，最终向业内外人士证明，等到行业发展到相当成熟的阶段，这些大型企业才进入。

投入要素和货币成本的变化

每个行业都使用一系列的投入要素来进行生产、分销和营销。这些投入要素成本或者质量的变化会影响整个行业结构。受到变化影响的投入要素可以按照下列标准进行分类：

- 工资水平（包含劳动力总成本）；
- 物质成本；
- 资本成本；

- 沟通成本（包括媒体）；
- 交通成本。

增加或者降低产品成本和价格可谓是最明显、最直接的行为，因此会影响需求。例如，制作电影的成本近年来上升非常快。这种成本的上升将很多独立电影制片厂挤出市场，尤其是美国国会通过立法——1976 年税收改革法案，缩小了电影减免税的范围。该项举措使独立制作人的融资渠道进一步缩减。

工资水平或者资本成本的变化会改变行业成本曲线的形状，改变经济规模或者提升资本对劳动力的替代。提升服务呼叫和产品交付的劳动成本在很多行业是具有根本影响力的战略。沟通或者运输成本的变化能推动生产的重组，这将影响进入壁垒。沟通成本的变化可能导致企业使用性价比较高的不同销售媒介，进而改变产品差异化的成本以及分销安排等。此外，交通成本的变化可能改变地域市场的边界，进而增加或者减少行业内竞争企业的数量。

汇率的波动也能对行业竞争产生深远的影响。自 1971 年以来，美元兑日元和许多欧洲国家货币汇率的贬值就曾触发很多行业战略地位的变化。

产品创新

行业结构变化的主要来源是各种类型的技术创新及其背后的起因。产品创新是一种重要类型。产品创新能够拓宽市场，进而促进行业的增长，并且提升产品差异化的程度。产品创新还能产生一些间接的结果。快速推出新产品这个过程伴随着高昂的营销成本，这本身就能创造移动壁垒。创新可能要求使用有可能改变规模经济或者其他移动壁垒的营销、分销或者生产方法。产品的大幅度改变可能使买方积累的经验失效，进而影响其采购行为。

产品创新可以从行业的外部开始，也可以由行业的内部进行。彩电由美国无线电公司率先开发，美国无线电公司是黑白电视机的行业领导者。然而，电子计算器是由电子公司而非机械计算器或者计算尺生产商推出的。因此，预测产品创新涉及分析可能存在的行业外部的创新来源。很多创新呈现垂直方向，由行业的客户和供应商启动，而行业产品却是这类投入要素的重要客户或者供应来源。

产品创新对行业结构变化的影响可以通过电子表的诞生来说明。生产电子表的规模经济大于生产绝大多数传统表类产品。在电子表行业竞争要求投入大量的资本，具备与在传统手表业竞争完全不同的技术实力和基础，因此移动壁垒和手表业的其他结构要素也就发生了巨大的变化。

营销创新

与产品创新一样，营销创新能通过增加需求直接影响行业结构。在广告媒体应用方面的创新、新型的营销主题或者渠道等都会为企业拓展客户群、降低产品或者服务的价格敏感度（提升产品差异化）创造条件。比如，电影公司通过在电视上播映广告刺激需求。同理，发现新的分销渠道能够拓宽需求或者提升产品的差异化，提升效率的营销创新能降低产品的成本。

营销和分销的创新还能影响行业结构的其他要素。新型的营销方式可能会受到规模经济增大或者减少的影响，因为这样会提高或者降低移动壁垒。比如，从低调的平面杂志广告转向网络电视进行葡萄酒的宣传，就增大了葡萄酒业的移动壁垒。营销创新还能改变企业应对买方的实力，影响固定成本和可变成本之间的平衡，进而使得竞争态势更加多变。

工艺创新

最后一类可能改变行业结构的创新是生产过程或者工艺创新。创新可以改变生产过程的资本密集度，增加或减少规模经济，改变固定成本的比例，加强或者减弱垂直一体化的程度，影响经验的积累过程等。所有这些因素的变动都有可能改变行业结构。增加规模经济或者拓展经验曲线超越国内市场边界的创新能导致行业的全球化（见第 13 章）。

互动性行业变革进程可能会触发生产制造过程的变化，1977 年计算机服务机构业务的变化就说明了这一点。计算机服务机构可以使用户获得计算机功能服务和一系列程序，包括商界、教育界和金融机构的用户。传统意义的服务机构往往是本地或区域性组织，主要利用小型会计或工资结算软件服务小型企业。而今，小型计算机这种替代品的出现使得小型机构也能轻而易举地提供计算机的功能服务。结果，行业内出现了遍布大型区域和全国范围的服务机构。首先，计算机服务机构开发了更加复杂的计算机程序来实现服务的差异化，区分自己提供的服务与小型计算机服务的区别，这要求企业进行大量的投资。这类投资在很多用户中分散开来，提升了行业的密集度。其次，迫于低成本的压力，向企业提供计算机功能的服务使得企业必须高效利用各种设施。这种发展趋势使得公司趋于在全国范围内发展，以便充分利用时区的不同来利用闲置的生产力。最后，计算机技术不断趋于复杂化，提升了短期内创建计算机服务机构的技术壁垒。在行业变革进程中聚集起来的这些力量导致了顶级服务机构生产过程的变化。

改变行业结构生产过程的创新可能源于行业外部，也可能源于行业内部。设备供应商提供的计算机控制机床和其他制造设备可能会导致行业内规模经济的上升。20 世纪 50 年代在玻璃纤维生产商中发生的创新导致了船舶上玻璃纤维材料的应用，这大大降低了设计和建造游船的成本。进入壁垒的下降使得很多新公司进入该行业，最后导致行业利润大幅度缩水，当行业于 1960 年和 1962 年实施清算洗牌的时候，很多企业纷纷倒闭。在金属制罐行业，钢材供应商花费了大量的资源来捍卫钢罐市场免受铝罐的侵袭，它们大幅降低了钢材的规格，使用新的技术来降低生产成本。所有这些例子都表明企业必须要不断超越行业的边界，拓展自身技术变化的视野。

关联行业的结构变化

由于供应商和客户所在行业的结构会影响其议价能力，因此关联行业的结构变化对行业创新具有重要的影响。比如，在 20 世纪 60 年代和 70 年代，衣服零售业和硬件行业就出现大量连锁经营的趋势。零售业的结构趋于集中，零售业对待自身供应商的议价能力也在提升。服装制造商受到零售商的排挤，后者订购要求的交付期越来越短，还要求在其他很多方面做出让步。生产商的营销和促销战略不得不进行调整，服装生产的集中度也有望增加。零售业发生大批量销售的革命，这对其他行业也产生了类似的影响，包括钟表、小家电和化妆品等行业。

关联行业集中程度或垂直一体化程度的改变引起了人们的重视，这些行业的竞争方式的微妙变化也是影响行业变革的重要力量。例如，在 20 世纪 50 年代和 60 年代初期，唱片零售商废止了允许客户在店内播放唱片的制度。在唱片关联行业发生这种变化的影响后来证明非常深远。由于客户不能再在商店内播放样本唱片，无线电台播放的唱片就对唱片的销量至关重要。然而，由于广告费与收听率直接挂钩，电台播放模式转为排行榜前 40 位模式，即只播放最受欢迎的歌曲或者唱片。这样一来，新人出道，其唱片很难获得在电台播出的机会。零售业的变化为唱片行业注入了新的影响因素——电台，这进而改变了唱片企业成功的战略要求。此外，这种变化还要求唱片企业在电台订购广告时段，从而播放其新专辑，这也是新唱片播放的唯一模式，此举大大提高了唱片行业的进入壁垒。

关联行业的结构变化的重要性要求企业仔细分析这些变化，并为自己所在行业以及供应商和采购商所在行业的结构变革做好准备。

政府政策变化

政府对行业的结构变化会产生重大的实质影响，通过对某些关键战略要素实施全面管制，包括进入壁垒、竞争行为或者利润率，政府政策能对行业施加直接的影响。例如，悬而未决的健康保险法案、成本和成本赔偿方案会从根本上影响私人医院和临床实验行业的潜在利润水平。营业执照要求是一种直接的政府管制方式，往往会限制进入的发生，并树立进入壁垒，保护行业内现有企业。政府定价管制的变化也会对行业结构产生最基本的影响。近来，证券交易从对法定固定佣金制转变为协商佣金制，这种转变产生的重要影响就是一个例子。固定佣金制为证券公司创造了价格保护伞，因而竞争从价格转向服务和研究。固定佣金制的终结，使竞争转到价格领域，很多证券公司被踢出局，要不即刻清盘，就会被其他公司收购。新环境的移动壁垒大大增加。政府行为有可能大力提升或者降低国际竞争的激烈程度（见第 13 章）。

政府对行业结构实施的间接影响主要是通过监管产品质量和安全、环境质量以及国外投资的关税等手段实现的。很多新产品质量和环境法规的出台使得资本要求获得提升，同时随着研究和测试要求的提升获得了规模经济，虽然这些法规的出台带有一些理想的社会目标。这样一来，行业内的小企业竞争地位变得更加不利，也为行业外新企业的进入创造了进入壁垒。

政府实施产品质量管制的影响，可以用安保行业的情况来说明。保安公司由于缺乏对保安人员进行武器使用、逮捕技巧等方面的训练，惹来了很多非议。对保安进行法定的岗前培训也进入立法的议程。虽然大型公司很容易达到这一点要求，但是很多小型公司可能会因为管理费用的升高和大量招募具有高技能的员工而遭到重创。

进入和退出

进入对行业结构显然有明显的影响，尤其是大型知名企业从其他行业进入更是如此。企业之所以进入行业，因为它们看到了进入行业后增长的空间以及超过进入成本（或者克服移动壁垒成本）的利润。根据多个行业案例分析的结果，行业增长是外来企业认定进入行业有重大利润空间的最重要的信号，虽然这种看法有可能有误。进入还伴随着昭示未来增长率的诸多可见迹象，比如法规变化、产品创新等。能源危机和有关联邦补贴的立法已经触发了进入光伏太阳能行业的行动，虽然市场对太阳能的需求不算很大。

通过收购或者内部发展，某个发展基础良好的公司进入了行业，这往往是行业结构变化的重要推动力。来自其他市场的企业往往具备改变新行业竞争方式的技能或者资源。事实上，这恰恰是很多企业选择进入行业的最大动力。这类技能和资源与行业内已经存在的技能和资源不同，其具体的应用方式改变了行业结构。此外，其他市场的企业也有能力比行业原有的企业更好地辨别改变行业结构的机会，因为它们在这个行业里没有实施过战略，所以有能力更好地意识到可能应用于行业内竞争的行业外技术变革。

我们可以举个例子。1960 年，美国葡萄酒市场主要由小型的家庭作坊来生产优质葡萄酒，并在区域市场内出售。当时业内很少有为葡萄酒做广告或者促销的先例，也很少有企业具有全国性的分销网络。行业内绝大多数企业竞争的主要方式是生产最优质的葡萄酒，行业利润处于中等水平。20 世纪 60 年代初期，很多大型消费品营销公司（如赫布莲和美国商标公司）相继通过内部发展或者收购现有的葡萄酒生产商进入行业。它们开始在消费者广告和促销低价、优质品牌方面大量投入。其中有几家公司因为一直生产其他酒饮料，所以通过全国的酒类商店拥有自己的分销渠道，它们很快就为自己的品牌实现了全国范围的推广。不断推出新品牌成了行业的新规则。另外，它们还推出了很多物美价廉的新品。在新进入者着力开发全国知名品牌时，传统企业通常对这类产品不屑一顾。该行业领导企业的利润水平相当不俗。这样一来，与众不同的企业进入美国葡萄酒行业，引起或者至少加速了行业的重大结构变化，而早期在这个行业白手起家的家庭作坊不可能有这样的技能、资源或者动机来完成行业的结构性变化。

企业的退出减少了行业竞争者的数量，可能因此增加了某些领导企业的主导力量，进而改变行业结构。企业认定未来投资的回报不可能超过资本成本，认定该行业的赢利空间很小，因此退出市场。但是企业的退出受到了退出壁垒的限制（详见第 1 章），这将恶化企业整体的竞争地位。发展态势良好的企业彼此之间可能会开始恶性价格战，甚至爆发其他类型的竞争。行业结构的变化引发行业集中度的增加和行业赢利能力的攀升，这种趋势也会因为退出壁垒的存在而受阻。

行业变革进程是预测行业变化的重要工具。每个行业变革进程都是回答各项关键战略问题的基础。例如，政府政策的变化对行业结构潜在的影响表明，企业必须自问："政府是否有可能采取某种措施来影响我所在行业的某种要素？如果情况的确如此，这种行业结构的变化是否会影响我的竞争地位？我如何做好准备从容应对？"针对上文提出的每一项行业变革进程，我们都可以提出一系列问题。我们要定期排查这些问题的答案，而且建议各企业把它们纳入正式的战略规划过程中去。

此外，每个变革进程都会帮助企业辨认一些关键的战略信号或者了解一些战略信息，因此企业必须不断探知环境的变化。某个知名大型企业从行业外进入，这肯定会影响替代品，应该引起负责整个企业战略规划安全的管理者的注意。如果出现警告信号，管理者应该开展一系列分析来预测行业变化的重要意义以及相应的反应。

最后要注意的是，如果没有明显的事件向我们发出信号，那么学习、经验、市场规模的不断增大以及上述多项行业变革就必然会发生。因此，管理人员需要定期关注可能起源于隐性的行业变革进程的结构变化。

行业变革的关键关联

在这种分析背景下，行业变化是如何发生的？行业变化不会间隔发生，因为行业是一个整合系统。行业结构中某一个因素的变化会触发其他领域的变化。比如，营销的创新会拓展新的买方细分领域，但是服务这个新的细分领域可能触发生产过程的变化，进而提升规模经济。率先获得这些经济效益的企业将有能力实现后向整合，这种现象会进一步影响企业应对供应商的议价能力。某一项行业变化会触发导致许多其他变化的连锁反应。

本章的讨论应该让人明白行业变革几乎在所有的业务领域都会发生，企业需要做出战略回应，而行业变革没有约定俗成的方式。任何一项有关行业变革的模式，如产品生命周期理论，都应该摒弃。在行业变革进程中还有一些重要的关联，我将在下文中提出并分析。

行业会出现企业集中的倾向吗？

人们似乎认定行业的发展往往会推动企业的集中。从一般意义上来讲，这句话没有通用的意义。在 1963~1972 年，我们针对 151 个四位编码的美国制造业进行抽样调查，69 个行业中位居前 4 位的企业集中程度增长 2%；有 52 个行业排名前 4 位企业的同期集中程度降低 2%。行业是否出现集中，可能解释行业结构中最重要的关联，即行业竞争、移动壁垒和退出壁垒之间的关系。

行业集中和移动壁垒同时变化。如果移动壁垒很高，而且还在上升，那么行业集中度也会上升。比如，在美国葡萄酒行业，集中程度大大提升。市场内标准质量的领域往往销售额最多，本章开篇描述的战略变化将会大大提升移动壁垒的高度（如高昂的广告费、全国分销网络、快速的品牌创新等）。结果，大型企业把小型企业远远甩在了后面，很少有新进入的企业会对这些行业内现有企业发起攻击。

如果移动壁垒较低或者在下降，那么行业就不会出现集中的现象。当移动壁垒较低，很多经营不善的企业会逐渐退出行业，被新入行的企业所代替。如果因为经济滑坡或者整体年景不好，行业发生了企业退出的浪潮，行业集中度就会呈现短暂的上升。但外部企业一旦看到了行业利润和销售量上升的情况，它们就会竞相进入。当行业发展成熟的时候，发生整体洗牌，未必就表明行业集中度得到提高。

退出壁垒妨碍了集中的发生。退出壁垒留住了正在运营的公司，哪怕它们的投资回报情况不好。在移动壁垒相对较高的行业里，如果移动壁垒阻碍了业绩较差的企业退出市场，领导企业便不能指望收获集中的利益。

长期的利润空间取决于未来的行业结构。在行业发展早期阶段，尤其是推出的产品最终被市场接受后，假如行业出现较快的发展，利润率就很高。例如，20 世纪 60 年代末期滑雪设备销售额的年增幅超过了 20%，该行业内几乎所有企业都享有丰厚的财务回报。当行业增幅放缓，行业就会经历一段动荡的时期，在这个时期较弱的企业会因不堪激烈的竞争而退出市场。所有企业都有可能在调整阶段遭受一定的经济损失。剩余的企业是否享有高于平均水平的赢利能力，主要取决于移动壁垒的水平以及行业的其他结构特征。如果移动壁垒较高，且随着行业成熟度的不断提升，行业内留下来的企业就会有比较丰厚的回报，哪怕整个行业处于较慢的增长期。如果移动壁垒较低，行业增长速度很慢，行业高于平均水平利润率的情况就会终结。因此就算这类行业比较成熟，企业也不可能达到与发展期相同的利润水平。

行业边界的变化

一个行业发生结构性变化，往往伴随着行业边界的变化。本书第 1 章已经阐述了这个问题，图 8–3 中针对虚线位置的判断就是行业边界。

行业变革的趋势是改变行业边界。行业创新或者涉及替代品变化的创新有可能通过让更多的企业纳入竞争范围，而扩大行业范围。减少木材的相对运输成本导致了木材可以在全球范围内供应，而不再局限于某个大洲之内。创新提升了电子监控设备的可靠性，降低了成本，引发了这类设备与安保服务之间的激烈竞争。行业的结构变化使供应商实现垂直一体化，这意味着供应商也有可能是企业的竞争对手。采购自有品牌产品的买方大量买入，并决定产品设计的标准，这类买方有可能成为企业在制造业的竞争对手（西尔斯）。行业变革的战略影响分析从某种程度上来说是分析行业边界受到影响的过程。

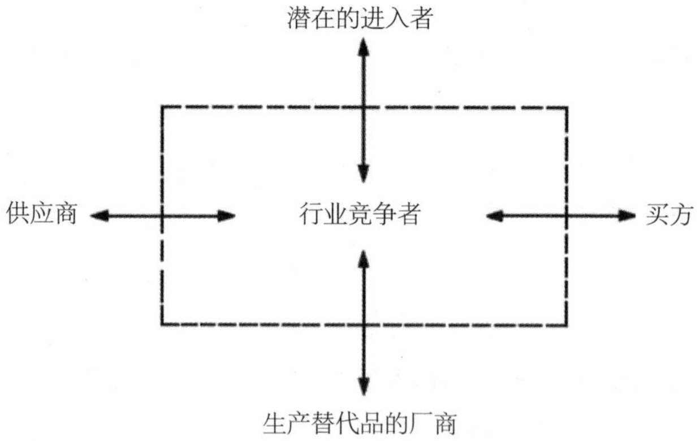

图 8–3　行业边界

企业能影响行业结构

本书第 1 章已经说过，我在这里再次强调企业的战略性为何会影响行业的结构变化。如果企业理解了行业结构变化对自己竞争地位的影响，企业就会试图从多方面按照有利于自己的方式影响行业的变化。无论是通过正确应对竞争对手的战略变化，还是通过主动进行战略变化，都能做到这一点。

企业影响行业结构变化的另一种方法是保持对可能导致行业变革的外部力量的敏感度。企业应该率先引导这些力量按照有利于企业竞争地位的方式发展。例如，可以引导特定形式的监管变化，也有可能通过与开创性企业签订技术许可或其他协议改变创新扩散的途径，因为扩散的途径不一定要从行业外部开始。可以主动出击，提升互补产品的成本或者供应，比如直接提供帮助，来促成行业协会的形成，或者将自己的情况告知给政府。依照这种思路，可以积极利用其他可能引起行业结构变化的重要力量。企业不能把行业变革当成既成事实，也不能无条件接受，而是应该发掘其中的机遇，积极应对。

COMPETITIVE STRATEGY

第二部分 基本的行业环境

本书第一部分介绍了制定竞争战略的技巧；在此基础上，第二部分考虑了在多种重要的行业环境中要进行的具体战略分析。行业环境对企业的战略有着根本性的影响，下面是分析这类影响的几个关键维度：

- 行业集中程度；
- 行业成熟度；
- 面临国际竞争的强度。

在第二部分中，我选择了几个常见的行业环境，按照上述维度进行了深入的分析。在每一种行业环境中，我们都总结出决定行业结构的关键层面、主要问题、典型的战略选择以及可能陷入的战略险境。

第二部分选定了五大常见的行业环境来讨论。第9章描述了分散型行业的竞争战略，在这种行业环境中行业集中度较低。第10章、第11章和第12章讨论了对应行业不同成熟度的战略制定过程：第10章分析了新兴行业的情况，第11章涉及行业从快速增长期过渡到成熟期的情况，第12章描述了行业衰退期独有的问题。第13章描述了全球化行业竞争中的战略制定问题。自20世纪80年代以来，国际化行业竞争环境日益普遍。

第二部分分析的行业环境主要建立在行业的某个关键结构维度基础上，这部分的每一章都分析了按照这个战略维度建立的行业环境对竞争战略的影响。虽然有些章节分析的不同行业环境本身并不相关（行业有可能在新兴期或者衰退期，但不可能同时处于两个时期），但是某些行业环境之间却有着紧密的关联。例如，国际化行业可能呈现分散的特征，或者正在经历从分散到成熟的转型。

读者可以从第二部分的框架分析中特定的行业环境特征出发，理解不同行业环境之间的关系。在具有多个行业环境特征的行业里，制定竞争战略的问题在于整体分析行业结构各个要素的战略影响。

09 分散型行业的竞争战略

分散型行业是很多企业竞争的重要结构性环境，其中没有企业占有重要的市场份额，也没有企业具有影响行业结构的举足轻重的力量。通常情况下，分散型行业内有大量中小型企业，很多都是民营企业。分散型行业没有精确的定量定义。在这个重要的行业环境中，讨论战略问题也没有必要使用定量定义。该行业环境与众不同的地方在于缺乏行业领导者，所有企业都不具备影响行业事件的能力。

分散型行业存在于诸多经济领域中。在美国等一些国家里，下列领域里到处存在着分散型行业的影子：

- 服务业；
- 零售业；
- 分销领域；
- 木材和金属制造业；

- 农产品行业；
- 创意行业。

在有些分散型行业里，比如计算机软件和电视节目授权播放行业，其产品和服务差异化水平较高；而有些分散型行业的产品差异化程度不高，如油轮运输、电子产品分销和铝制品行业等。分散型行业在技术发展程度方面差异较大，覆盖了像光伏太阳能这样的高新技术行业以及技术含量较低的垃圾回收和酒零售行业。表 9–1 显示了部分美国制造业的情况，一些行业排名前 4 位的企业在 1972 年占行业份额的 40% 左右。但这张清单没有涉及分销、服务、非制造业以及尚未成型的行业。表 9–1 表明分散型行业的跨度非常广泛。

本章分析了在分散型行业中制定竞争战略的具体问题，分散型行业是一种重要的行业环境。与本书第二部分其他章节一样，本章并没有针对某个特定的分散型行业的竞争进行指导说明。这里提出的观点应该和本书其他部分提出的分析方法和概念综合使用，从而确定在分散型行业中制定竞争战略的观点。

本章包含多节内容。首先，我将考虑行业呈现分散特征的原因，这一点是理解分散型行业战略制定的基础。其次，我将讨论推动克服行业分散状况的结构性变化的方法。再次，在克服分散特征未果的情况下，我将分析在分散型行业竞争的方法。在讨论这些问题的基础上，我将介绍企业在分散型行业中竞争时经常要陷入的困境。最后，我将利用本书上文提出的观点，为读者呈现在分散型行业中制定竞争战略的基本分析框架。

表 9–1　1972 年美国制造业分散型行业示例

行业（四位编码分类）	前 4 位企业所占的总份额（%）	前 8 位企业所占的总份额（%）
肉类包装	22	37
香肠及其他加工肉类	19	26
禽肉调料	17	26
禽肉和蛋类加工	23	36
炼乳和奶粉	39	58
冰激凌和冷冻甜点	29	40
液体奶	18	26

（续表）

行业（四位编码分类）	前 4 位企业所占的总份额（%）	前 8 位企业所占的总份额（%）
罐装果蔬	20	31
脱水果蔬、汤类	33	51
冷冻果蔬	29	43
面粉及其他谷类产品	33	53
面包、蛋类及其他相关产品	29	39
糖果产品	32	42
动物和海产品油脂	28	37
鲜鱼和冷冻包装鱼	20	32
窄幅针织厂	20	31
外衣针织厂	16	26
精纺厂、棉花	27	41
簇绒地毯和小地摊	20	33
纱厂（羊毛除外）	21	31
绒线厂	35	51
蕾丝类产品	34	51
室内装潢和填塞品	28	40
绳索、线类	36	56
男士西服和外套	19	31
男士衬衫和睡衣	22	31
男士围巾和领带	26	36
男裤	29	41
女士衬衫和衬衣	18	26
女士礼服	9	13
女士西服和外套	13	18
女童内衣	15	23
儿童外衣和短上衣	17	26
儿童西装和外套	18	31
皮货	7	12

（续表）

行业（四位编码分类）	前 4 位企业所占的总份额（%）	前 8 位企业所占的总份额（%）
长袍和大衣	24	39
防水夹克	31	40
皮衣	19	32
装饰腰带	21	32
窗帘和布幔	35	43
帆布和相关产品	23	29
锯木厂	18	23
木制橱柜	12	19
移动住房	26	37
预制组装式木屋	33	40
家装家具	14	23
金属家具	13	24
床垫和床	24	31
木制办公家具	25	38
折叠式纸箱	23	35
瓦楞纸和硬纸箱	18	32
期刊	26	38
书籍出版	19	31
书籍印刷	24	36
商业印刷凸版	14	19
商业印刷平版	4	8
活字排版	5	8
照相制版	13	19
油漆和相关产品	22	34
混合式肥料	24	38
黏合剂和密封剂	19	31
铺路材料	15	23
润滑油和油脂	31	44

（续表）

行业（四位编码分类）	前 4 位企业所占的总份额（%）	前 8 位企业所占的总份额（%）
制革	17	28
皮手套和拳击手套	35	50
女用手提袋、钱包	14	23
水泥	26	46
建筑用砖瓦	17	26
混凝土砖石	5	8
预制混凝土	6	10
钢丝和相关产品	18	30
钢管	23	40
铝制品	23	30
红铜、青铜、黄铜制品	20	28
铅管建材和青铜制品	26	42
暖气设备（电力除外）	22	31
合成建筑用金属	10	14
金属门、窗框和饰边	12	19
合成金属板（锅炉厂）	29	35
薄金属板	9	15
输送带和输送设备	22	32
金属机器工具	18	33
特殊模具、工具、夹具和卡具	7	10
建筑用金属	14	21
螺丝机器产品	6	9
螺栓、螺帽、铆钉、垫圈	16	25
钢铁锻造	29	40
镀金磨光	5	8
金属涂镀及相关服务	15	23
阀门和管件	11	21
弹簧	26	38

（续表）

行业（四位编码分类）	前 4 位企业所占的总份额（%）	前 8 位企业所占的总份额（%）
管道组装及配件	21	32
机械工具及配件	19	30
食品生产机械	18	27
纺织机械	31	46
纸业机械	32	46
管道和抽水设备	17	27
鼓风机和风扇	26	37
工业用炉及烤炉	30	43
广播和电视通信设备	19	33
卡车和公交汽车车体	26	34
造船和修船	14	23
工程和科学仪器	22	33
珠宝和贵金属	21	26
洋娃娃	22	34
游戏、玩具、儿童车	35	49
体育用品	28	37
人造珠宝	17	27
人造花	33	44
纽扣	31	47
广告招牌和展览	6	10
棺材	25	34

资料来源：U.S. Bureau of the Census, *1972 Census of Manufactures*, "Concentration Ratios in Manufacturing," Table 5.

行业分散的原因

行业分散有很多原因，这些原因会对企业在分散型行业的竞争产生不同的影响。有些行业分散是由于历史原因，因为各家企业的历史资源或者实力使然，这种分散没有根本的经济学原因。然而，在很多因为经济原因而呈现分散特征的行业里，需注意下列各项基本原则。

总体进入壁垒不高。几乎所有的分散型行业都有较低的进入壁垒，否则这些行业里也不会聚齐如此众多的小企业。总体进入壁垒不高虽然是分散型行业的必要条件，但却不是其充分条件。分散型行业总伴随着其他原因，详见下文描述。

缺乏规模经济或者经验曲线。绝大多数分散型行业都没有较大的规模经济，或者在业务的任何重要层面都不存在学习曲线，包括生产、营销、分销和研发等领域。很多分散型行业的制造过程的典型特征是：由于其生产过程是简单的制造或者安装流程的综合，所以规模经济很小（或者几乎没有），或经验成本下降。如玻璃纤维和聚氨酯成型就属于初级仓储作业（电子部件分销），本身劳动密集度较高（安保人员），人工服务比例较高，很难实现自动化机械操作或者规范化操作。在龙虾捕捞行业里，船只是作业单位。企业即便拥有很多船只，也不能降低捕捞成本，因为所有船只几乎都在相同的水域作业，捕捞成功的概率也相同。所以，行业内有很多小型运营商，成本大体相当。很长时间以来，蘑菇种植业一直无法通过规模或者学习来实现成本节约。蘑菇生长的条件比较苛刻，只能长在洞里，对种植人员的专业素质要求高。近来，这种情况发生了变化，下文中将有详述。

运输成本很高。虽然具有规模经济，但高昂的运输成本限制了高效的车间或者生产地点的规模。运输成本和规模经济此消彼长，限制了车间低成本地提供服务的空间。运输成本在水泥、液态奶和强腐蚀性化学品行业中存在。许多服务行业是在客户的场地提供服务，或者客户必须来到提供服务的场所接受服务，那么这类行业的运输成本也比较高。

存货成本很高，销售波动很大。虽然生产过程本身具有规模经济，但如果存货成本过高，销售不稳定，就很难获得规模经济带来的效益。在这种情况下，生产规模必然随之起伏，这与构建大规模、资本密集型的设施并实现连续作业是有出入的。同理，如果销售动荡不稳，比起小规模、灵活性高的企业，大规模的企业未必就有优势。不过，大规模企业在满负荷条件下的效率更高。小规模、专业化程度不高的设施或者分销系统在应对外部变故的时候比大型专业生产商更加灵活，虽然在某种稳定的运营状态下，小规模的运营成本更高。

在应对买方或者供应商时，企业毫无规模优势。买方群体和供应商行业的结构使大型企业无法在应对关联行业的时候获得较强的议价能力。比如买方规模很大，相比而言，即使是行业内的大企业与之议价，其议价能力也只比小企业高一点儿而已。有时候，买方或者供应商非常强大，就能通过全球扩散业务或者鼓励进入的方式将企业的规模保持在较低的水平。

在某些重要的方面存在规模不经济的情况。规模不经济有多种起因。产品的快速变化或者样式变化要求企业对之做出快速的回应，各职能部门之间需要紧密协调。在不断推出新产品、改变产品样式是竞争关键的领域里，交货期较短是一个条件，在这样的条件下，大型企业比小型企业效率更低，这在女装领域以及其他样式在竞争中发挥重要作用的领域普遍存在。

假如保持较低的管理费用对企业的成功至关重要，这个要素就会对小型企业更有利。这是因为相比大型企业，小型企业往往在某个老板兼经理的人员管束之下，不会受到养老金或公司计划的牵制，且受到政府严格审查的情况也不多。

按照个体用户需求进行定制的高度多元化生产线要求具有大量的用户——生产商界面，但产品销售量规模却不大，这样的情况就有利于小型企业。商业表格用纸行业非常分散，就是因为产品多元化。两大北美商业表格用纸生产商共占整个市场份额的 35%。

如果某个行业要求的创新程度较高，大公司就很难保证创意人员的生产效率，但也有例外的情况。在广告和室内设计行业内，很少看到能傲视群雄的巨头企业。

如果严格的本地控制和运营监管是企业成功的关键，那么小型企业就具有优势。在某些行业里，尤其是夜店和餐馆这样的服务行业，一定要注重经营流程的监管和人员的管理。缺位经理人的管理效率很低。通常情况下，往往是那些私营老板兼经理控制规模不大的生产或者服务管理。

在个人服务成为业务关键的行业里，小型公司也有其优势。一旦企业的规模达到临界状态，个人服务的质量和客户对个性化的响应服务的看法往往会随着公司规模的上升而下降。这个因素往往导致行业的分散度很高，比如美容和咨询行业。

在本地形象和本地人脉关系是企业成功关键的行业里，大型公司往往处于弱势地位。在某些行业里，比如炼铝业、建筑承包行业和很多分销行业，在本地市场占有一席之地非常重要。高密度开发业务、建立人际关系、努力在本地推进销售是竞争的必要条件。在这些行业里，本地或者区域性组织往往会比大型企业的业绩更好，因为后者面临着更大的成本弱势。

市场需求多元化。在很多行业里，买方的品位呈现分散趋势，不同的买方看重产品的不同方面，它们愿意出高价获得某些方面的优质功能或者服务，而不愿意以平价购买标准化的产品或者服务。因此，行业内每一种产品的需求都很小；对于大型企业来说，采购的数量不多，不足以抵消其在生产、分销或者营销战略方面的成本，因而使其处于劣势地位。有时候，买方品位的分散起源于市场需要的地域差异，比如在消防车行业便是如此。每个本地的消防部门都要求拥有特殊的消防车，上面装有昂贵的警铃、汽笛和其他零件。因此，几乎每辆消防车都是独一无二的。消防车的生产主要在加工车间完成，加工方主要提供的是装配服务。在这个行业里，至少有几十家消防车制造商，但是没有哪一家统领市场。

产品差异化程度较高，一般以形象为基础。如果产品差异化程度较高，且建立在形象基础上，这就有可能限制企业的规模，为效率不高的企业的生存提供保护伞。大型企业与独一无二的品牌形象似乎格格不入，与买方想要拥有自有品牌的渴望背道而驰。与其紧密相关的情况是行业的骨干供应商重视产品、服务的排他性以及渠道的特定形象。比如演员更愿意与小型经纪机构或者独特的唱片公司打交道，这样才能传播他们渴望建立的明星形象。

退出壁垒。如果存在退出壁垒，那么边缘型企业会愿意留在行业内，这就阻碍了行业集中的过程。除了经济性退出壁垒外，管理层退出壁垒在分散型行业中也非常普遍。可能有些企业竞争的目的并非是赢利。某些企业的形象可能更前卫浪漫，其宣传的品牌文化让人热血沸腾，它们足以吸引竞争对手进入行业。即便这个行业利润率很低或者完全没有赢利能力，后来者也义无反顾。这个因素在钓鱼业和人才中介行业中非常普遍。

本地监管。本地监管是指强迫企业遵守本地化规定，要求企业屈尊融入当地的政治氛围。就算其他因素并不存在，这也能导致行业分散。本地监管一直被人们认为是促进酒零售业、干洗和配镜行业等个人服务业呈现分散化的主要诱因。

政府禁止行业集中。在某些行业中，会有法律规定限制行业集中，如电力、电视台和电台等行业。《麦克法登法案》对银行跨洲经营做出了规定，因而妨碍了电子基金转移系统的一体化。

新兴行业。若行业很新或者说没有企业具有足够的技能或资源来占据较大的市场份额，尽管不存在任何妨碍行业集中的因素，这种情况本身就足以导致行业分散。1979 年，光伏太阳能行业和光纤行业就是这样。

上述特征只要有一项存在，就能阻碍行业集中。如果在某个分散型行业里，上述所有条件都不复存在，就表明存在重要的战略关联和动态。下文将重点阐述这方面内容。

克服行业分散

克服行业分散其中蕴含着重要的战略机遇。集中分散的行业，回报很高；分散型行业的进入壁垒较低，在行业中竞争的往往是规模较小、势力不强的企业，不会给自己构成太大的威胁。

我在本书上文就强调过，行业必须被视为一个相互关联的系统，这一点也适用于分散型行业。某个行业可能是因为上述某一项原因非常分散，但行业分散的状况可以克服，从而实现集中，这就会触发整个行业结构的变化。

食用牛行业为我们提供了分析分散型行业结构变化的例证。这个行业的历史特点是在众多小型牧场上饲养食用牛，屠宰后，把它们送往不同的肉类加工厂加工。人们长期以来一直认为，饲养食用牛不具有规模经济。如果有，也会因为控制并转移大量牛群的高成本变得不经济。不过受益于技术的发展，养牛场这种方式得以广泛应用，逐渐替代了食用牛的养育过程。在精心控制的条件下，养牛场能以低廉的成本饲养牲口。当然，建造养牛场需要大量的资金投入，经营养牛场时，存在着可观的规模经济。大型养牛场的出现，使得行业集中度增加，如艾奥瓦牛肉公司和蒙佛特集团成为业界新星。这些大型养牛公司开始增大规模，足以实现后向一体化，进行饲料的加工；也可以实现前向一体化，完成肉类加工和分销，从而导致了很多大品牌的崛起。在这个行业里，分散化的基本诱因是饲养牛所使用的生产技术。一旦这种阻碍集中的因素不复存在，就引发一系列结构性变化，这绝不仅仅局限于养牛场本身的变化。

实现行业集中的一般方法

启动变革，消除那些导致行业结构分散的经济因素，这样就能克服行业分散。

常见的一般方法如下。

创造规模经济或者经验曲线。如果技术变革导致了规模经济或者出现了重要的经验曲线，那么就会出现行业集中，在食用牛行业就出现了这样的情况。某项业务中，部分实现规模经济，有时候可以超过另一部分的规模不经济。

在制造业，引发机械化和高资本密集度的创新已经导致了实验医学用动物供应行业以及蘑菇种植业的行业集中（后者在上文已经有所提及）。在实验动物行业中，查尔斯河实验饲养公司率先使用大型、高成本的饲养设备，对卫生条件、动物饲养环境各方面以及饮食实施严格的控制。这样的设施保证了高品质实验动物的饲养，消除了该行业分散的根本原因。在蘑菇种植业，有几家企业已经进入行业，并开创性地运用尖端科技和工艺，利用传送带、气候控制和其他设施来降低劳动成本、提高产量，从而有效地控制蘑菇产量的增长。这些工艺大大提升了规模经济，对资本投入和技术先进程度的要求也提高了，为行业内实现集中创造了条件。

创造营销规模效应的创新也能导致行业集中。例如，网络电视被广泛应用作为营销的主要媒体，随之而来的就是大幅度的行业集中。重型推土机行业出现了一大批全线独家经销商，提供融资和服务，这使得行业集中度大大提升，卡特彼勒履带式牵引机公司就是其中最大的受益者。

规模经济的创造能提升行业集中度，这个观点也适用于其他领域，比如创意分销、服务等领域。

将多元化的市场需求标准化。产品或者营销创新有助于针对当前多元化的市场需求，实现标准化。比如，创造新产品能够统一引导买方的品位。设计的改观可能大大降低标准化产品的成本，使买方看到标准化产品的优点和价值，逐渐疏远昂贵的定制品。产品模块化有助于大批量生产部件，使企业获得规模经济或者经验成本下降的优势，同时保持最终产品的异质性。这类创新的潜力明显受到了行业基本经济特征的限制。在很多行业，限制行业集中的因素是在克服分散型特征方面缺乏创意和创新，从而使企业无法正确应对行业分散。

抵消或者分离产生行业分散的原因。有时候，产生行业分散的原因集中在一两个领域里，比如生产的规模不经济或者买方品位的分散。克服分散的一大战略是从业务中挑出这些可能导致行业分散的原因。有两个例子能说明这一点：野营地和快餐行业。这两个行业都很依赖高度的本地控制和保持良好的服务。这两个业务领域基本上都是由单独的小型营业场所组成，因为野营地和快餐连锁的潜在规模经济往往会被锁定新客户、在各大主干道附近或者旅游度假景点附近位置的需求抵消。野营地和快餐行业历来比较分散，里面包含了数万家小型私营企业。这些行业的营销和采购领域存在巨大的规模经济；如果分销网络渗透全国，可以使用全国的广告媒介，规模经济将更加可观。在这两个行业里，通过许可经营和加盟，可以克服地点分散的情况。在全国性组织创立的品牌下，这些加盟商能获得中心提供的采购或者其他服务，这样就确保了经营的紧密监控、服务质量的保持和规模经济的获取。当野营地行业的巨鳄美国KOA公司和快餐连锁的龙头企业麦当劳和必胜客等品牌取得巨大成功时，人们纷纷实践这种观点。连锁企业克服了行业分散的另一个例子是房产经纪业。21世纪不动产公司通过推动本地企业加盟连锁，使企业可以采用自己的品牌自主经营，前提是利用21世纪这个品牌在全美范围做广告，这既克服了行业分散的情况，也攫取了大量的市场份额。

当行业分散的原因与生产或者服务交付的过程有关时（比如上述情况），克服行业分散就要求将生产过程与业务的其他部分分离开来。如果买方细分领域很多，而极端的产品差异化导致了客户偏好至尊独享，企业就可以通过仔细选择没有关联的品牌名称和包装方式来克服行业对市场份额的限制。还有一个例子，有些艺术家、客户或供应商希望和规模较小、高度人性化，以及拥有特定形象、名声的组织打交道。在唱片行业，企业应对这种情况的办法是使用多个内部品牌，与关联品牌签署协议，要求使用相同的唱片发行、营销、促销和分销机构。每个品牌独立设置，为艺术家打造全面的个性化服务。母公司的总市场份额非常可观，比如哥伦比亚广播公司和华纳兄弟公司，每一家公司的市场份额均在20%左右。

使用这种克服行业分散的最基本方法，人们就能意识到不可能改变分散状态的根本原因。相反，可以使用战略来调节受制于分散特征的业务，从而充分利用在其他方面的市场份额来提升自己的优势。

收购本地企业，达到最基本的市场份额要求。在某些行业里，持有大量的市场份额固然有很多优势，但是却因为行业分散很难积累到市场份额。比如，针对销售业务中本地合约占很大比例的情况，企业在扩展业务时，侵占其他企业的领地就有难度。如果企业能够达到最低的市场份额要求，就可以获得相当大的规模优势。在这类情况下，可以利用收购本地企业来达到最低的市场份额，但前提是收购实现了整合和管理的优化。

尽快意识到行业趋势。有时候随着行业的发展，行业集中水到渠成，尤其是行业分散的主要原因在于其本身作为新兴行业的性质。外部的行业趋势能凭借改变分散的原因来促进行业的集中。例如，计算机服务机构正在面临着小型计算机和微型计算机的激烈竞争。这种新技术的普及表明：哪怕是中小型企业也能拥有自己的计算机。因此，计算机服务机构不得不转向为大型的、跨区域竞争的公司提供服务，以此保持自身的增长；此外，它们还提供复杂的编程软件和其他服务，原先纯粹的计算机日常服务已经不能满足市场需求。这种发展增加了计算机服务机构行业的规模经济，导致了行业集中。

在计算机服务机构这个例子中，替代品的威胁通过改变买方的需要引起行业集中，进而刺激了服务的变化，使企业服务的规模经济效益日趋明显。在其他行业里，买方品位、分销渠道结构变化以及其他数不胜数的行业趋势可能会直接或间接影响导致行业分散的根本原因。政府管制的变化能创造规模经济效益，提升产品或者制造工艺的标准，促进行业的集中，而小型企业却对此无能为力。意识到这类趋势的最终成效，并将企业按照有利于自身的形式定位，就可以成为克服行业分散的重要方式。

进退两难的行业

此前，我们基于行业经济效益导致行业分散的情况，提出了解决这些问题的根本原因，以及克服行业分散的方法。意识到这种战略目的后，有一种现象很关键：很多行业呈现分散特征，但未必是基础的经济原因造成的，而是因为行业身陷分散状态中不可自拔。行业陷入分散状态的原因有很多种。

行业内现有企业缺乏资源或者技能。有时候克服行业分散的步骤看起来很简单，但是行业内现有企业却缺乏做出必要战略投资的资源。比如，生产中可能存在潜在的规模经济，但是企业却缺乏资本、技术来构建大型的生产设施或者对垂直一体化做出正常的投资。企业可能还缺乏相关的资源或者技能来发展专有分销渠道、公司内部服务机构、专业化物流设施或者消费者品牌连锁店，从而提升行业的集中度。

现有企业目光短浅、裹足不前。就算企业拥有提升行业集中度的资源，但是它们却对催生分散的传统行业实践感情更深，甚至根本意识不到改变的机遇。如果企业缺乏资源，就能从一定程度上解释为什么美国葡萄酒行业长期处于分散状态。一直以来生产商专注于酿酒本身，很少投入精力开发全国的分销渠道或者提升消费者的品牌识别度。很多大型消费类商品和酒业公司在20世纪60年代中期进入行业后，扭转了这种趋势。

缺乏外部企业的关注。如果前面两个条件存在，表明行业集中的条件已经成熟，但有些行业依然长期处于分散状态，那么这肯定是因为缺乏外部企业的关注造成的。外部企业没有意识到整合资源的机遇，没能从提升行业集中度的全新角度来对待行业发展。有些行业虽然具备让外来企业进入的条件，但却不太引人注意。有些企业让外人觉得根本没有吸引力或者不适合投资，那么这些行业显然实现集中的可能性就不大。无人问津的行业往往是边缘行业，比如商标制作业和蘑菇种植业，或者是那些看起来让人乏味的行业，比如空气过滤制造业和油脂过滤业。这些行业刚刚出现，规模过小，不值得一提，因而具备克服行业分散资源的大型企业都不愿意进入行业，克服行业分散。

如果企业发现某个行业分散的潜在竞争性质不能得到体现，这就是个千载难逢的战略机遇。企业可以根据行业的初始结构特征，以较低的成本进入该行业。由于不存在驱动行业分散的经济理由，企业也无须承担改变分散行业状况的投资资本或创新风险。

应对行业分散

在很多情况下，行业分散的确起因于基本的行业经济性质，而且这种分散状态无法克服。分散型行业的典型特征是行业内部有大量的竞争企业，而且这些企业在应对供应商和买方的时候议价能力较差，利润率很低的情况难以避免。在这样的行业环境中，战略定位对于企业非常关键。企业虽然获得的市场份额非常一般，但应对的战略挑战是如何通过全力打造最成功的企业来克服行业分散。

由于每个行业都各具特色，所以在分散型行业中根本没有实现有效竞争的通用办法。不过企业在分散型行业中竞争，可以考虑几项可行的战略选择，分析自身的竞争地位，从容应对现状。具体来说是指，在分散型行业的特定环境下实现总成本战略、差异化战略和集中战略，详见第2章。每一种战略都要做到更好地配合企业的战略姿态，综合在行业中起决定作用的五大竞争力的影响。

从严管理的分权。由于在分散型行业中，人们往往需要进行紧密的协作、本地管理的导向、高度个性化的私人服务和紧密的控制，因此一种重要的竞争办法就是从严管理的分权制度。企业不需要提升某个或某些营业场所的销售运营状况，而只需有意地将个别企业的运营保持在小规模水平上，并实现自动化。这种方法的关键是要实现严格的中心控制，对本地经理实施以绩效为导向的报酬制度。比如，加拿大大型铝制品压模公司英达尔使用这种战略获得了巨大成功，美国一系列中小报业过去十几年时间里方兴未艾，食品连锁企业迪伦公司收购了一些小规模的区域食品连锁店，使其保持自主经营，拥有自己的品牌、买方群体等。这种系统通过中心控制和由内而外的强大促销政策做支持，不仅避免了企业内部拥有同质化业务单元可能带来对本地条件不敏感的现象，而且还保持了较低程度的行业联合。

这种战略的核心观点是意识到行业分散的原因，并利用现实条件提升本地经理管理的职业化程度。

标准化设施。还有一项应对行业分散的战略与前一项战略关联，即在多个地方构建高效的低成本设施，将其作为企业的关键战略要素。实施这种战略要求设计标准的设施，可能是厂房或者服务机构，并按照科学构建的原理，将设施运营的成本最小化。企业因此降低了相对投资成本，且拥有比较理想的运营地段。像弗利特伍德公司这种最成功的移动住宅制造商就实施了这种战略。

附加值增加。很多分散型行业生产的产品、提供的服务属于大众商品，很难实现差异化。有些分销企业库存的商品和竞争对手的商品完全一致或者类似。在这类情况下，有效的战略是提升业务的附加值，提供更多的销售服务，参与产品的最终装配（比如按大小切割或者打孔），或者在出售产品给客户之前参与安装的某个环节或者部件的安装等。在基础产品或者服务上无法实现产品差异化，因而也无法实现高利润率的情况下，就可以通过这样的渠道和方式来提升产品差异化的程度。这一理念在很多金属分销行业里已被成功实践。这些分销商将自己定义为“金属服务中心”，完成简单的制造操作，为客户提供大量的建议，而这些服务以往不可能被客户享有。有些电子部件分销商还承担了简单的部件连接或者安装工具箱的工作，战略实施得非常成功。

实现从生产到分销或者零售的前向一体化，有时候可以增加产品附加值。这一步可能削弱买方的议价能力，也可能通过更好地控制销售条件来提升产品的差异化程度。

按照产品类型或者产品细分实现专业化。假如行业分散起因于产品线上存在多样产品，或者行业分散与企业产品多元化的情况并存，实现超过平均利润水平的有效战略就是严格控制产品类别，并实现产品的专业化。这种方法是本书第 2 章描述的集中战略的另一种形式，能使企业在大量开发产品的同时实现应对供应商的议价能力。有了特定产品领域让人艳羡的专家的专业素质和形象，企业就能提升产品的差异化程度。集中战略让企业更好地获悉产品的知识，开展投资让客户了解产品，为客户提供与某个领域相关的服务。专业化战略的成本可能会限制企业在某方面的成长。

伊森艾伦公司提供了产品专业化策略大力提升附加值的一个有趣的例子。伊森艾伦公司是美国家具业的一个非常成功的竞争者。在这个分散型行业里，伊森艾伦一直生产专业的复古美式家具，提供的产品极富个性化，充分满足客户对住宅空间实现专业设计的愿望。

> 我们销售的是客户使用产品时独一无二的体验，而非产品本身。我们向中产阶级提供只有富人才能买得起的东西。

一体化的概念使得伊森艾伦公司产品的售价高出同业产品的 20%，这部分钱用于高频率的电视广告。公司通过独立、独家零售渠道的销售，提高了企业的差异化程度，使企业避免与百货商店或者折扣店进行举步维艰的价格谈判。虽然企业的市场份额只有 3%，但是其赢利能力却高于平均水平。

客户类型的专业化。由于行业分散使得竞争趋于激烈，企业可以从集中于行业特定客户群体实施的专业化中受益。这部分客户群体理应是行业内议价能力最弱的群体，它们的采购数量通常较少，或者本身的绝对规模不大。企业也可以专门服务那些价格敏感度最低的客户或者最需要企业向其提供基础产品或者服务附加值的客户。与产品专业化一样，客户专业化可能会限制企业某方面的增长潜力，但它却能提升企业的赢利水平。

订单类型的专业化。不管企业的客户群体是谁，企业可以在分散企业中实现订单类型的专业化，从而应对竞争压力。有一种方法是企业只处理那些需要即刻交货、价格敏感度最低的客户的小批量订单。或者，企业也可以只负责处理私人定制订单，充分利用客户较低的价格敏感度，构建转换成本来保持利润率。当然，这必然会增加专业化成本，限制企业规模的增长，但这样做却能提高企业的赢利水平。

集中于特定的地域范围。虽然在分散型行业中，企业很难获得大量的市场份额，但企业很少有具备全国规模经济的情况（连全国规模不经济的情况也没有）。通过集中自己的生产设施、营销举措和销售活动，企业是有可能攻克某个特定的地域范围的。这个政策可以充分利用销售力量的效益，提升广告活动的成效，只需建立一个分销中心即可。在多个地方拥有分散的业务，能加剧分散型行业竞争雪上加霜的态势。覆盖某个特定的区域战略在食品销售行业非常有效，尽管这个行业里出现了一些全国性的连锁品牌，但这个行业依然是分散型行业。

经济实惠型。鉴于许多分散型行业所积累的竞争程度和较低的利润率，一个简单有效的战略举措是保持经济实惠型的竞争姿态，即管理费用低、对人员技能要求一般、严格的成本控制以及关注细节。这种政策使企业处于价格竞争的最佳地位，同时能赢得高于平均水平的回报。

后向一体化。虽然行业分散的原因使企业无法获得较高的市场份额，但是有目的性的后向一体化可以降低成本，给那些无法实现一体化的企业带来竞争压力。当然，一体化的决定只能在全面分析后才能做出，这将在本书第 14 章中详述。

潜在的战略陷阱

分散型行业独特的结构环境给企业设下了很多独具特色的战略陷阱。有些常见的战略陷阱可以作为我们分析在所有分散型行业内制定战略行动的红色警戒标志。具体如下。

寻求统领地位。分散型行业的基本结构决定了任何一家企业试图独领风骚都是痴心妄想，除非行业结构发生了彻底改变。企业试图在分散型行业中占据压倒性优势，往往是自取灭亡。分散型行业潜在的经济原因决定了企业将长期受到低效率、成本差异化缺失、供应商和买方为增加份额的意外之举等问题的困扰。在分散型行业中，企业试图全面出击，贪多求大的心态会让其在面对竞争力量时不堪一击。哪怕一个企业在其他行业里具有大批量生产的成本优势以及其他类型的经济，在分散型行业中的情况也将大不相同。

普里克鲁德公司在付出了惨痛的代价后才明白了这个道理。它曾信誓旦旦要成为龙虾捕捞业的教父，该公司建造了一艘豪华高科技龙虾捕捞船，建立了内部的维修设施和码头装备，并通过垂直一体化与卡车运输和餐饮业建立了整套流程。遗憾的是，这个行业的经济规律决定了普里克鲁德公司和其他捕捞船相比，没有明显的优势，但却要比竞争对手承担更高的管理费用和更高昂的固定成本，龙虾捕捞量的不稳定让这个企业陷入困境。小渔民经营的时候，没有什么公司目标回报率的限制，哪怕利润低一点儿，也乐在其中。因此，业内降价潮开始后，普里克鲁德公司就面临着严重的财务危机，最终业务停摆。普里克鲁德公司的战略没有化解行业的分散特征，因此其试图独霸一方的战略不管用。

缺乏战略纪律。在分散型行业中，要实现卓有成效的竞争，必须严格遵守战略纪律。除非行业分散的原因可以避免，否则分散型行业的竞争战略通常要求企业集中精力实现严格的战略理念，这一点我们在上文已经有所描述。实现这类战略要求企业有魄力做到有所为和有所不为，敢于反其道而行之，而不必事事遵从传统做法。投机型的战略实施方式，没有遵守严格的纪律，短期看有可能可行；长期来看，会置企业于分散型行业的激烈交火中。这种惨烈的厮杀状态俨然已成为分散型行业的常态。

过度集中。很多分散型行业竞争的实质是个人服务、本地人脉、严格控制运营过程、对行业波动或者产品样式改变做出积极回应等。集权化的组织结构在绝大多数情况下都效率不高，因为它会降低响应时间，降低本地经营的积极性，甚至会使能够提供个人服务的高技能人才流失。虽然集权控制在管理多元化企业时能够奏效，甚至是必要的，但是集权化的组织结构却对分散型行业中的企业竞争具有重要的意义。

同理，分散型行业的经济结构会让集权化运作的生产或者营销组织失去规模经济的效益，有时候甚至会造成规模不经济。因此，这些领域的集权化往往会削弱企业的竞争力。

误认为所有竞争企业的管理费用和目标都是相同的。分散型行业的特殊性质表明业内有很多小型民营企业。老板兼经理可能会由于经济之外的因素进入行业。在这种情况下，认为所有竞争企业的管理费用和目标都是相同的，绝对是一种误解。这类企业常常是家庭作坊出身，使用家庭劳动力，规避管制成本，也不需要为员工提供福利。就算这些竞争企业效率不高，也不能认为相比处在同一行业的公司，它们的运营成本就更高。同理，这些竞争企业和普通公司相比，对利润水平的要求更低，它们可能对如何保持销售量为员工提供就业机会更感兴趣。相比而言，利润是其次的。因此，这些企业对价格变化以及其他行业事件的反应也会与一般意义的公司有所不同。

对新产品的反应过于激烈。在分散型行业中大量竞争企业的存在，使得买方的议价能力较强，常让企业之间战火不断。真可谓鹬蚌相争，渔人得利。在这种环境中，处于生命周期早期的产品往往被企业当成缓和彼此之间激烈竞争的救星。由于行业需求处于增长期，买方对于新产品还不太熟悉，价格竞争还没到白热化的程度，买方非常渴望能从企业那里得到更多有关产品的信息和周到的服务。在分散型行业中，企业难得有这样短暂的喘息机会，各家企业纷纷投资，整装待发，迎接新一轮的战斗。不过，一旦它们获悉行业即将成熟，分散的行业结构必然会让市场需求变得微不足道，本来以为有利可图的投资活动也会变得不太划算。因此，对于新产品，企业往往有应变过度的风险，在价格战中，高昂的成本、管理费用和投资使企业处于竞争劣势。而在分散型行业中，低成本竞争一直是关键所在。虽然在所有行业中，企业应对新产品的出现都会碰到很棘手的情况，但在分散型行业中，面对新产品更让企业捉襟见肘。

制定战略

总结上文提出的观点，我们可以为在分散型行业中制定竞争战略提出广义的分析框架（见表 9–2）。第一步是开展全面的行业和竞争对手分析，来确定行业竞争力的来源、行业内部的结构以及重要竞争对手的战略地位。以这个分析作为背景，第二步是确定行业分散的起因。要尽可能详尽地列出完整的起因及其与确立行业经济规律的关系。如果行业分散的状态没有明显的经济基础，那么这就是一个足以引起所有人注意的结论和机遇。

第三步是结合第一步提出的行业和竞争对手分析，逐步审视行业分散的起因。分散的起因问题能否通过创新或者战略变革避免？是否有必要进行资源整合或者采用全新的视角来看待整体情况？这些行业分散的原因能否被行业趋势直接或者间接改变？

第四步取决于前一个问题已有肯定的回答。如果可以克服行业分散，企业必须评估未来行业可能出现的结构是否会为企业带来可观的收益。为了回答这个问题，一旦行业出现集中，企业必须预测行业内新的结构平衡，重新进行行业分析。如果趋于集中的行业确实很有可能为企业带来可观的回报，最后一个问题就是企业要采用怎样的最佳防御地位来充分利用行业集中的情况。

表 9–2　在分散型行业中制定竞争战略的步骤

第一步：行业的结构和竞争对手的竞争地位是什么？
第二步：行业分散的起因是什么？
第三步：能否克服行业分散的状态？如何克服？
第四步：克服行业分散能否给企业带来利润？企业的战略定位应该是什么？
第五步：如果行业分散不可避免，企业应对这种情况的最佳策略是什么？

如果在第三步中研究的克服行业分散的情况不利于企业，第五步就应该选择其他最佳战略来应对分散的结构。这个步骤要求企业考虑上述提出的各项战略举措，针对特定的行业以及企业已有的技能和资源，还得考虑其他可能适合的做法。

这些步骤不仅为企业定期展开系列检查和自省提供了分析框架，还会直接影响分析分散型行业和竞争战略所需的关键数据源。明确行业分散的原因以及创新对这些原因的影响，分辨有可能改变行业分散起因的行业趋势将成为企业分析行业环境、开展技术预报的前提。

10 新兴行业的竞争战略

新兴行业是指由技术创新、相对成本关系、新的消费者需求或者其他有可能催生新产品或者服务商机的经济和社会变革推动的新成立或者重生的行业。新兴行业总是应运而生的。20 世纪 70 年代新出现的行业包括光伏太阳能、电子游戏、光纤、文字处理、生物分离媒介、个人电脑和烟雾警报行业等。从战略的角度来看，若旧行业由于上述环境发生了变化，订单量的翻倍刺激了规模增长，竞争规则也发生了根本的变化，就会出现新兴行业的问题。例如，瓶装水业已经出现了很多年，但是巴黎水（Perrier）的声名鹊起伴随着行业的快速增长，瓶装水行业被重新定义，因为行业发生了根本性的改变。当行业发生增长，重新定义行业势在必行，行业必须应对新的战略问题，这些战略问题与新兴行业面临的问题并没有太大的区别。

从制定战略的角度来看，新兴行业的本质特征则是没有既定的游戏规则。在应对新兴行业中的竞争问题时必须确立竞争规则，以便企业有章可循、从容应对、逐渐繁荣。缺乏规则不仅带来了风险，也带来了机遇。不管属于什么情况，必须要妥善管理这样的情况。

在本书第一部分开展的分析基础上，本章将在新兴行业这个重要的结构环境中分析竞争战略的问题。首先，我将勾勒新兴行业的结构和竞争特征，确定在这样的行业内竞争的环境。其次，我将分辨在新兴行业的发展过程中，企业面临的典型问题。这些问题限制了行业的增长速度，也是企业拼命竞争夺取优势地位的核心。还要确认哪些群体会成为买方或者买方细分群体，即早期的（产品或服务的）使用者。确定买方非常关键，不仅对战略制定有直接影响，还有助于预测行业发展，因为早期的使用者对行业设计、生产、交付货物和服务以及营销方式都有重要的影响。

明确了新兴行业环境的关键因素以后，本章将介绍企业在新兴行业内必须面对的一些重要的战略选择，明确使用哪些战略举措能在行业竞争中取得成功。最后，本章提出了预测新兴行业未来的分析工具，介绍了企业应当选择哪些新兴行业进入，才能有比较理想的竞争环境和回报。

结构化环境

虽然新兴行业在结构方面有很多差异，但是有些共同的结构要素可以说明行业在这个发展阶段的典型特征。绝大多数特征与是否存在竞争基础或者竞争规则有关，也有可能与行业一开始较小的规模或者新异程度相关。

一般的结构性特征

技术不确定。针对新兴行业的技术，人们往往有很多疑虑。哪种产品结构或者配置是最佳的？哪种生产技术经过事实证明是最有效的？例如，在烟雾警报行业，对于光电探测器和电离子探测器究竟哪一种更好，人们一直不能确定。这两种产品，业内均有不同的厂家生产。飞利浦和美国无线电公司就采用何种视频光碟技术方法作为行业标准一直争论不休。两家公司早在20世纪40年代就在电视机的技术方案上相持不下。多种生产技术并存，没有一种技术方案曾经过大规模生产的验证。在光纤生产领域，至少有5种不同的生产工艺被不同的企业使用。

战略不确定性。战略不确定性与技术不确定性相关，但是它的起因更加广泛。

行业内部的企业采用的战略各式各样，没有规定哪种战略才是“正确”的。所有企业都在投石问路，按照不同的产品结构和配置或者生产技术，在产品和市场定位、营销、服务等方面采用不同的方法。例如，光伏太阳能行业在供应部件和系统集成、市场细分和分销渠道方面采取的立场截然不同。与这个问题紧密关联的是，企业通常对行业新兴阶段竞争对手、客户的特征、行业条件等知之甚少。没有人了解竞争对手是谁，也没有现成的可靠的行业销售和市场份额数据可供参考。

初始成本很高，之后迅速下降。产量小、产品新，在新兴行业里往往伴随着较高的初始成本。因此相比行业发展成熟时的产品成本，初始成本很高比较常见。就算是遇到技术的学习曲线迅速趋于水平的情况，企业在运营方面的学习曲线肯定也很陡峭。针对生产流程、生产车间布局等方面的改良，新的观点会不断出现。员工对工作日渐熟悉，也会大大提升生产效率。销售额的增加大大提升了规模和企业的累计总产量。如果在行业新兴阶段使用的技术应用比日后行业成形时呈现的劳动密集型特征更突出，上述因素就会得到强化。

学习曲线比较陡峭的一个直接后果就是初始的高成本很快就会下降。随着行业的增长，如果企业获得学习收益，且实现规模经济的概率升高，那么成本下降的速度将更快。

萌芽公司和自立门户的公司。行业在兴起阶段通常会出现很多新企业，行业内现有企业也会成立新的业务单元。个人计算机和光伏太阳能等新兴行业就出现了很多新企业。无独有偶，在汽车发展的初期阶段，就出现了帕卡德、哈德森、纳什公司，还有其他几十个汽车生产商；而在小型计算机行业，也有数字设备公司（也称为迪吉多）、通用数据公司和计算机自动化公司等新生代公司。新兴行业中没有确定的竞争规则，也没有规模经济来阻止企业进入，新企业很容易进入行业，而它们能否在新兴行业中占据一席之地，将在下文讨论。

在新兴行业里，与新成立行业的存在相关的现象是诞生了很多自立门户的公司，即由行业现有企业离职人员创办的新公司。数字设备公司在小型计算机行业中就派生了很多这类公司，如通用数据公司；瓦里安联合公司还派生了通用自动化公司；霍尼韦尔公司也是如此。其他行业中派生的独立公司的实例不胜枚举。派生公司这种现象与很多因素有关。首先，在快速增长、充满机遇的行业里，员工认为拿大企业的固定薪水不如自立门户、拿股权回报划算。其次，鉴于新兴行业技术和战略的游移不定，行业内现有企业的员工往往有能力更好地看清形势，利用近水楼台先得月的优势来厘清行业发展的思路。有时候，他们离开当前的公司，是为了更好地利用自己的优势。这些人羽翼丰满，成立公司就很正常，主要是因为他们不想继续在向老上司提出新观点的时候碰壁，因为新的变革很有可能会危及企业之前所做的投资。行业评论家说，当埃德松 · 德卡斯特罗和其他众多数字设备公司的员工无法说服该公司接受新产品观点、拥有潜在的高收益时，通用数据公司就诞生了。假如行业结构无法创造较高的进入壁垒来阻止新进入的企业，那么派生公司在新兴行业中就很普遍。

首次购买者。新兴行业的产品或者服务的买方本质上是首次购买者。营销的首要任务是促使替代的发生，或者说让买方购买新产品或者服务。买方必须获悉新产品或服务的性质和功能，确认产品或者服务能够执行这些功能，且相比使用这些产品或者服务获得的潜在利益，购买的风险更低。比如，当前光伏太阳能公司正在努力说服房产业主或者购房者太阳能热水器可以节约成本，系统本身也非常稳定，且无须等待政府进一步的税收政策出台，就可以使用这种技术。在刺激买方尽快行动购买新产品或者服务方面，我将在下文做进一步的解释。

权宜之计。在很多行业里，企业为满足需求面临着开发客户、生产产品的巨大压力。企业为了解决“瓶颈”问题，尽可能采取权宜之计，而不会着眼于行业未来的环境。同时，行业的很多惯例是无心插柳的结果。比如，某家企业需要设定定价的周期，就必须采用原企业营销经理使用的双层定价制度，而其他行业就有可能因为没有其他办法而直接照搬。不论是什么情况，第 3 章阐述的传统智慧就此形成。

补贴。在很多新兴行业里，尤其是技术发展快速或者着力解决社会问题的行业，早入行的企业可能会获得补贴。补贴可能源于政府、非政府机构或者其他渠道。20 世纪 80 年代初期，光伏太阳能和化石类燃气转化为天然气就是行业发展初期企业获得补贴的典型例子。补贴可以按照津贴的形式直接奖励给企业，也可以通过税收激励、补贴买方等途径给行业发展创造价值。补贴通常会给企业造成一定程度的震荡，补贴的发放可能取决于政府决策，而这种决策很有可能瞬间被扭转或者修改。补贴在某些方面虽然对新兴行业的发展有益，但是这也意味着政府涉足行业，祸福难料。很多企业为了克服在新型行业中创业的困难而寻求补贴。1980 年，水产养殖业为争取补贴而积极展开游说活动。

早期移动壁垒

新兴行业移动壁垒的设置与行业发展的其他阶段的移动壁垒具有不同的特征。常见的早期移动壁垒如下：

- 专有技术；
- 获取分销渠道；
- 花费一定成本获取具有一定质量的原材料和其他投入要素（包括熟练劳动力）；
- 来源于经验的成本优势，因技术和竞争形势的不确定性变得更加重要；
- 提高了资本的有效机会成本以及高效的成本壁垒的风险。

正如本书第 8 章描述的，随着行业的发展，像专有技术、获取分销渠道、学习效果和风险这样的壁垒，其重要性会逐渐下降，甚至消失。虽然也有例外的情况，但早期的移动壁垒通常不是品牌识别（品牌识别刚刚确立）、规模经济（行业规模太小，没有实现规模经济的空间）或者资本（如今大型企业能为低风险投资提供大量的资金）。

早期壁垒的性质是我们观察新兴行业中新企业的关键。典型的早期壁垒来自于对企业在风险承受能力、技术创新能力、做出高瞻远瞩的决策，从而获得投入要素的供应和产品分销渠道等方面的素质，至于企业是否拥有大量的资源就在其次了。这类早期壁垒也帮助我们解释发展态势良好、在市场稳扎稳打的企业未必就是最先进入新行业的企业，这些企业虽然都具有明显的优势，但也是后来才搭上行业发展的快车的。发展成熟的企业在资本上投入了大量的机会成本，在行业发展的初期阶段，这些企业也不太愿意承受必要的技术和产品风险。例如，玩具公司在某些方面拥有优势，比如了解客户群、品牌名称和分销渠道等，但它们进入电子游戏行业却比较晚。在玩具公司看来，电子游戏行业的技术变幻莫测，让人难以招架。同理，传统的真空管制造商进入半导体行业比较晚；在滴式咖啡壶生产行业，电咖啡过滤器生产商被后来入行的企业打得一败涂地。下面我们将描述后进入者的后发优势。

制约行业发展的问题

新兴行业面临着一些不同程度的制约行业发展的因素或者问题。这类制约因素或者问题主要起因于行业新兴的性质、依赖于外部经济的特征和因本身需要吸引买方购买产品而受制于行业的外在因素。具体可以分为下列几类。

无法获得原材料或者生产部件。新兴行业的发展要求找到新的供应商或者扩展现有供应商的产能，甚至需要修正或者改良原材料和部件来满足行业的需要。在行业发展的过程中，原材料和部件的缺乏在新兴行业中非常普遍。比如，20 世纪 60 年代中期，行业严重缺乏彩色晶体管成了影响企业发展的重要战略因素。电子游戏卡，尤其是那些由通用仪器公司率先开发的单芯片游戏机的芯片非常短缺，导致了很多企业在入行后一年时间内根本买不到这样的部件。

原材料价格不断上涨的时期。行业面临着不断攀升的需求和供应不足的情况，关键原材料的价格往往会在新兴行业的早期阶段经历节节攀升的情况。这种情况一部分是因为供求关系的经济规律导致，另一部分是因为供应商意识到了行业内奇货可居的情况。随着供应商的扩展（或者行业内的企业日益通过整合来克服"瓶颈"），原材料的价格会暴跌。不过，如果行业原材料的供应规模不会大幅度上升，这种暴跌短期内也不会发生。比如在矿业中，土地和熟练劳动力的成本就一直居高不下。

缺乏基础设施。新兴行业往往要面临着因缺乏基础设施而导致的原材料供应困难或者问题，包括分销渠道、服务设施、训练有素的机械工程师、互补产品（例如休闲汽车需要适当的露营场地，而煤炭气化技术需要足量的煤炭供应等）。

缺乏产品或者技术标准。无法针对产品或者技术标准达成一致意见激化了原材料或者互补产品供应的问题，这会妨碍行业改善自己的成本地位。由于新兴行业中，产品和技术具有高度的不确定性，进而导致了行业标准的不一致。

人们认定技术可能已经过时的看法。如果买方认定第二代或者第三代技术的出现会大幅度使当前存在的产品过时，新兴行业的发展就会受到阻碍。买方经常采取观望态度，等待技术进步或者成本下降的速度放缓。这种现象在当前很多新兴行业内存在，比如电子手表和电子计算器行业。

客户不清楚具体情况。新兴行业的客户经常有迷惘的时候，主要源于行业存在多种生产方法、技术变化和各家企业所持有的前后矛盾的看法等。所有这些现象都是技术不确定的表现，其根本原因是技术不确定、缺乏标准化，行业中企业无法就一般的技术问题达成一致。在这些问题的困扰下，新买方强化了对采购风险的意识，从而压制了行业销售额的增长。例如，烟雾警报业的光电和电离子警报技术之争，是导致买方推迟购买的原因。1979 年，有篇文章总结了光伏太阳能行业里的类似问题：

> 对行业未来健康发展也很重要的一点是使机器性能与行业期望相符。洛夫在丹佛光伏太阳能会议上说："好大喜功、无知愚昧和自私自利都有可能危及利用这种能源来满足美国的这一伟大事业。"虽然洛夫一直强调政府在税收方面的不作为是行业不景气的主要原因，但他也同样痛斥"某些自诩为行业能源救世主的人的无知言行、在各类建筑物中安装光伏太阳能系统的弊病和某些供应商不负责任的言论等"。

产品质量不稳定。新兴行业中有很多新成立的企业，但由于行业缺乏统一标准，技术不确定，产品的质量很不稳定。产品质量不稳定虽然可能只存在于几家企业里，但也会对整个行业的形象和可信度带来极大的负面影响。电子游戏机出现故障，比如显像管失火，使得电子游戏机行业在发展初期受到重创。由于电子手表质量的不稳定（新成立的授权汽车调整中心也有质量不稳定的现象），所以客户对这个行业的发展情况也很担忧。

在金融界的形象和信誉。由于行业较新，不确定因素较多，客户充满疑虑，产品质量不稳定，新兴行业在金融界的形象和可靠度都很差。这种结构不仅会削弱企业获得低成本融资的能力，还有可能影响买方获得信用的能力。虽然融资困难是新兴行业普遍存在的现象，但有些行业（通常是一些高科技企业或者概念企业）却是例外。在小型计算机和数据传输行业，新成立的公司成为华尔街的新宠，这些企业的资金渠道丰富，成本低廉的资本唾手可得。

监管许可。新兴行业为满足某种需求提供新的方法，且需要得到当局的批准，那么在获得监管机构承认和批准的时候，就面临诸多的繁文缛节。例如，集成住房就因为建筑法规的限制裹足不前；新兴的医药产品在获得认证前，要经历相当长时间的测试阶段。但同时，政府政策却可以让新兴行业一夜之间改头换面，烟雾警报行业就属于这一类。

如果新兴行业处于传统管制的范围之外，突如其来的政府监管有可能会延缓行业的增长过程。例如，在 20 世纪 70 年代矿泉水行业快速增长前，该行业一直没有被纳入政府监管的范围内。后来，随着行业的快速发展和规模化的形成，矿泉水生产商不得不面临排山倒海的商标法规和健康标准的管制。自行车行业和链锯行业的情况也不容乐观。一旦行业发展促进了整体规模的上升，监管者就会发现并介入。

高昂的成本。由于诸多结构条件的限制，新兴行业往往要面临着高昂的成本，这往往要高于企业最初对最终成本的预测。这种情况下，新兴行业往往要求企业低于成本进行定价，否则行业发展就会受阻。这其中的问题会引发成本和销售量的恶性循环。

受到威胁的企业的反应。由于新兴行业的发展，某些企业或者行业主体必然受到威胁，如生产替代品的行业、与老产品相关的工会组织、分销渠道。这些利益主体情愿在稳定的环境中和稳定的组织打交道。例如，很多电气设备商向政府请愿，希望不要发放光伏太阳能补贴，因为它们认定光伏太阳能不可能缓解高峰时段电力容量的问题。建筑行业组织则极力反对住宅的标准化等。

受到威胁的利益主体可能会从多个方面反对新行业的发展。其中一种是通过监管或者政治手段施压，另一种是邀请各方坐下来谈判。如果行业面临着替代威胁，其反应可能是降低价格、收割利润（或者是增加营销成本），也有可能是为了提升

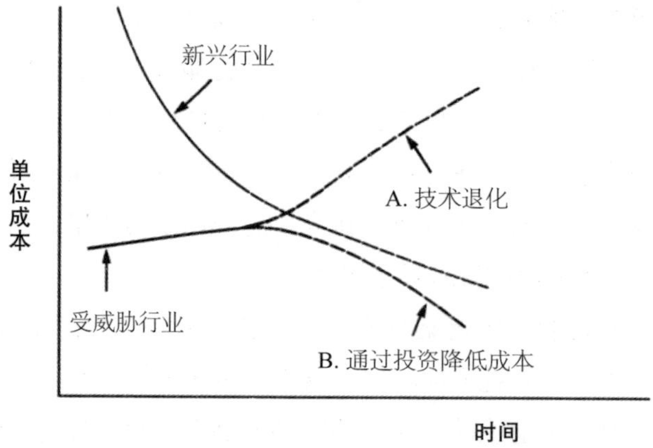

图 10–1　受威胁行业对替代的反应

被威胁产品或服务的竞争力而加大研发投资。图 10–1 反映了后一种情况。如果受到威胁的行业选择提高质量、降低成本，那么新兴行业中的企业必须灵活地降低学习成本，并调整与规模有关的成本目标。

为保持销售量，受到替代威胁的行业不惜牺牲利润、降低定价，或者大力在降低成本方面开展投资，这种倾向与被替代行业的退出壁垒直接关联（见第 1 章和第 2 章）。如果因为专业化要素、人们重视行业的战略意义、感情联系或者其他原因，使得退出壁垒过高，那么新兴行业的成长就有可能面临着受威胁行业孤注一掷的抵制。

行业发展早期和后期的市场

新兴行业中制定战略的最关键问题是评估新兴行业的产品将首先打开哪些地方的市场，哪些地方的市场后来开拓。这个评估不仅能帮助企业专注于产品开发和营销，还对预测行业结构的演变起着关键作用。早期市场的开发对整个行业的发展有着重要的影响。

市场、市场细分领域以及市场细分领域内特定的买方群体对新产品的接纳程度有很大不同。在确定市场对新产品的接受程度时，有很多标准可以参考，有些标准受到新兴行业中企业的影响，或者这些企业也可能达到这些标准。

新产品效益的本质。买方对新产品或服务接受程度的最重要的决定因素是新产品效益的本质。我们可以想象某个效益的区间，其中新产品可以具备单纯的成本优势或者其他产品通过其他渠道不可能实现的性能优势。介于中间的状态是，新产品可以提供一种性能优势，但这种优势可以通过其他渠道模仿，且成本会相对高一些。

最早采购某种新产品的市场在同等条件下，往往是那些具有某项性能优势的市场。因为在实践中，当买方心存疑虑，对新兴行业的稳定性或者新兴行业产品质量的不稳定或者其他下文要讨论的要素不够确定时，就会出现这种情况。当新产品带来的经济效益是成本或者性能，买方对这种新产品的接受程度就取决于新产品提供性能的各个层面。

性能优势：

- 对于特定的买方来说性能优势有多大？买方因为各自所处的环境不同在这一

点上有很大的区别。

- 性能优势有多明显?
- 按照新产品提供的维度，买方提升的需求有多么迫切?
- 产品的性能优势是否提高了买方的竞争优势?
- 迫使进行彻底改革的竞争压力有多大?性能优势的作用有两点：第一，帮助买方抵抗替代行业的威胁；第二，防御作用。相对而言，买方更加倾向于采用具有防御功能的产品，之后才会使用具有进攻功能的提升竞争力的产品。
- 如果增加的性能意味着更高的成本，那么买方的价格或成本的敏感度将会如何?

成本优势:

- 对于特定的买方而言，成本优势有多大?
- 成本优势有多明显?
- 降低成本能否为企业赢得可持续性竞争优势?
- 驱使变革的竞争压力有多大?
- 在买方的企业战略中，成本导向的程度如何?

在某些情况下，买方受制于监管命令（或者其他组织的命令，如为投保而受制于保险公司的命令）来购买具备特定功能的新产品。在这些情况下，买方就能买到满足技术要求的成本最低的产品。

创造巨大经济效益必要的先进技术水准。决定买方是否较早采用新技术的关键因素是买方对产品性能应用的要求。有些买方面对最初版本的新产品，也能获得比较高的经济效益，而有些买方对新产品各方面的要求都较高。例如，由于缺乏可以替代的产品，实验室的科学家对价格较高、速度较慢的小型计算机还算满意，毕竟还可以处理数据问题。相反，会计和控制应用就要求性价比较高的小型计算机，对功能要求也更高。

产品故障的成本。产品故障成本相对较高的买方往往对新产品的使用犹豫不决，这些买方担心的是新产品的风险。使用新产品的目的是将之嵌入某种集成的系统中，这类买方往往要面对比较高的故障成本。同理，如果买方产品因故停止服务，这些买方就面临着高昂的罚金。这两种情况本质上是类似的。故障成本还取决于买方的资源。比如，富裕的个人买入雪地车后，如果发现功能并非卖家声称的那样全面，也不会觉得过于失望。而经济实力一般的买方，购买雪地车就意味着放弃了其他休闲产品，因此若雪地车的功能没有当初宣传的那么多，这些买方就会大失所望。

推出新产品或者转换成本。推出新产品或者用新产品替代原来产品的成本因各个买方而有所不同。这些成本与转换成本类似，详见本书第 1 章和第 6 章的描述，主要包括下列各项：

- 重新培训员工的成本；
- 获得新的附属设备的成本；
- 因技术过时需要冲销未计提技术投资的折旧成本；
- 彻底变革所需要的资本成本；
- 变革所需要的工程或者研发成本；
- 调整关联的生产阶段或者与业务相关的方面所产生的成本。

转型的成本比较微妙。比如，当采用新的煤炭气化技术，不再从某个公共事业公司购买燃气时，这个买方就必须要面对煤气化学属性变化的问题。对于某些买方来说，这影响了下游生产运营过程中燃气的性能，需要对相关的调整做出投资。

转型时期的成本往往受变革节奏的影响，虽然变革的节奏可以由企业酌情决定，但是也受到下列因素的影响：

- 新产品是否实现了新的功能或者代替已有的产品，重置是否涉及重新训练的成本以及未能预料的投资成本等；
- 重新设计周期的长度；在正常的重新设计时间内，相比那种无法提前安排的替代过程，替代新产品变得更加容易。

支持服务。与变革成本紧密联系并影响采用新产品或者服务时机的要素是，买方除了拥有原来的技术能力外，还必须要控制支持服务（例如工程和维修费用）来处理新产品。例如，如果新产品要求熟练的工程人员或者服务技师，往往是那些有资源或者资历的买方最有可能采用合格的人员。

过时的成本。对于特定的买方而言，在新兴行业的技术上更新换代的程度往往会不同，产品过时的程度也各异。有些买方已经从第一代产品中获得了所有期望的效益，而其他企业被迫升级自己的技术水平，保持较高的竞争力。按照对应的变革成本（详见上文讨论），后一类买方提前购买的可能性会有所不同。

非对称政府、监管或者劳动壁垒。不同买方选择的新产品对应的监管壁垒高低不同。食品和药品生产商的制造过程和工艺变化会受到严密的监管程序的监督，而其他行业中的企业则可以自行更改生产过程。这类不对称也适用于由劳工协议造成的僵化问题。

改变的资源。就企业拥有可以用于向新产品转型的资源来说，具体因买方的不同而不同，包括资本、工程技术和研发工作人员等。

对技术变革的认知。针对技术变革，有些买方经验比较丰富，有些则不然。在技术发展程度快速且高端的行业里，推出新产品所带来的威胁要远远低于在稳定的低技术含量的行业里推新所带来的威胁。与这个因素相关，某些行业内发生的技术变革被视为提升企业战略地位的机遇，而在其他企业里却视为威胁。在其他条件相同的前提下，前者更有可能成为早期使用新产品的买方。

决策者需要承担的私人风险。当买方负责决策的人员认定在是否采用新产品方面决策不当需要承担巨大风险时，买方很有可能迟迟不肯采用新技术。决策者个人对风险的态度有很大不同，主要取决于买方的所有权或者权力结构。

战略选择

在新兴行业中制定战略必须要处理这个时期行业发展所带来的不确定要素及其带来的风险问题。从根本上来看，竞争规则尚未确立，行业结构没有明朗，还处在变化当中，而分析竞争对手也有很大的困难。所有这些因素都有另一面，行业处在新兴阶段，并未发展成熟，因此在战略选择上有最大的自由度，优秀的战略决策往往能最大限度提升企业的业绩。

塑造行业结构。新兴行业中最主要的战略问题是企业塑造行业结构的能力。通过其战略选择，企业可以努力在产品政策、营销方法和定价战略方面设定游戏规则。在行业潜在的经济规律和资源的约束下，企业应该寻找能帮助自己确立长期有利竞争地位的方向，在此基础上制定竞争规则。

行业发展的外因。在新兴行业中，关键的战略问题是企业如何平衡行业的发展方向和自己的利益。由于新兴行业中存在有关行业形象、信誉、买方疑虑（在本章已经分析过）等问题，在行业的新兴发展阶段，企业能否成功取决于相互依存度。行业的主要问题是如何诱发替代的发生，吸引初次购买的买方。这个阶段企业若能推动标准化，监督尚未达标或者信誉不好的企业，将为供应商、客户、政府以及金融界提供前后一致的互动平台。行业会议或者协会作为一种有用的工具，可以帮助企业避免对自己不利的竞争战略。例如，酒店管理行业自 20 世纪 70 年代以来，经历了快速的增长，所有的行业竞争者都很依赖行业专业化的形象及其对贷方的信用。这个行业内的企业一向有公开赞扬本行业或者竞争对手的传统做法。

在行业新兴阶段，需要各个企业的配合，这往往给企业带来了一个内在的难题。企业一味追求自己的市场地位，有可能做出损害整个行业发展的事情。由于企业要保持产品的独特性，希望自身的产品能最终成为行业标准，从中受益，企业可能会拒绝产品的标准化。但产品标准化能方便维修服务，提升客户的自信。企业采用的方法长期来看是否是优化选择，需要企业进行正确的判断和分析。烟雾警报行业中的某些企业就推广有可能伤害其他企业的行业标准。同时，买方对于究竟哪一类警报器最好的问题一直没有定论。随着行业的发展，客户的困惑是否已经成了影响行业长期发展的"瓶颈"，企业一定要明确这个问题。

随着行业渗透的加强，行业展望和企业愿景之间的平衡应该遵照企业的发展方向，这种观点比较合理地归纳了行业和企业发展的关系。有时候，一些一直大张旗鼓自称为行业代言人的企业没有意识到，为了自己和行业的利益，必须要改变企业的发展方向。否则，随着行业走向成熟阶段，企业必然会落后。

还有一种可能是，企业一开始实施战略，日后不打算继续奉行，或者只是暂时进入细分市场，但日后打算退出；企业之前采取的策略可能是为了发展行业的权宜之计，但是一旦行业发展了，企业就有更大的空间追求自己的最优竞争地位。例如，康宁公司曾被迫投资连接器、接合技术、光纤应用程序中的光源等领域。不过长期来看，康宁公司似乎更愿意成为光纤和电缆供应商。做其他领域的投资，也是因为现有设备和技术成了光纤行业的发展障碍。为了企业的长远发展，企业不得不做额外的投资，这也是拓荒者必须要承担的代价。

改变供应商和渠道的角色。从战略的角度来看，随着行业规模的增长，行业的价值日趋明显，新兴行业中的企业必须为供应商和分销渠道的导向变化做好应对的准备。供应商对行业针对产品的种类、服务和交付等方面的特殊需求做出反应的意愿或增加或者减少。同理，分销渠道也更加愿意投资，与企业在基础设施或者广告部门确立合作关系。企业尽早利用供应商或者分销渠道角色的变化，就更能占有战略的先机。

移动壁垒的变化。正如上文描述的，在新兴行业中，早期壁垒会迅速消失。随着行业的发展和技术的成熟，它会不断被新的移动壁垒替代，从而产生多方面的影响。最明显的是企业必须做好准备，寻找新的捍卫自我地位的方式，不能仅仅依靠过去奏效的壁垒，如专有技术和独特的产品种类等。应对移动壁垒的变化，需要企业投入大量资金，这要远远超过企业在早期阶段所做的投入。

行业增长和技术成熟还有一个影响，那就是进入行业的企业可能会发展成熟，成为根基稳定的大企业。这些企业倾向于进入规模较大、经事实证明风险不高的行业。这些企业竞争的壁垒完全不同，如规模经济和市场影响力。新兴行业中的企业必须要评估当前和未来的壁垒、行业对不同种类企业的吸引力、企业克服壁垒的能力，从而判断未来可能进入行业的企业的性质。

行业增长和技术成熟的影响还包括客户或者供应商有可能通过一体化融入行业，这在喷雾包装、休闲汽车和电子计算器行业都曾发生过。如果发生了一体化，企业必须做好准备锁定自己的货源和市场，或者通过竞争的方式阻止一体化。

进入时机

在新兴行业内竞争的关键战略选择是选对进入时机。过早进入（或者率先进入）的风险较高，不过面对的进入壁垒较低，能获得长期回报。若企业满足下列常见的条件，一般比较适合进入：

- 企业的形象和声誉对买方很重要，企业可以通过成为先行者提升自己的声誉。
- 早早进入能帮助企业在重要的业务领域里学习；经验很难被模仿，而且不会因为连续的技术更新换代而失效。
- 客户忠诚度较高，因此企业向客户出售产品的时间越早，积累的收益就越多。
- 越早致力于采购原材料、使用分销渠道，就能获得越多的绝对成本优势。

在下列情况下，尽早进入行业需要企业承担较高的风险：

- 行业发展早期的竞争和市场细分的原理与日后行业的发展情况完全不同。因此，企业积累的经验或者技术可能没有用，需要巨大的变革成本。
- 开创新市场的成本很高，包括客户教育、监管批准和技术领先以及开创市场等方面。开创新市场的收益也不可能被企业独自享有。
- 与小型新企业展开的早期竞争成本很高，但这些企业很快就会被后来可怕的竞争对手所取代。
- 技术改变会让企业在行业发展早期所做的投资失效，使后来进入的企业能因为拥有更先进的产品和工艺而获得竞争优势。

战术行动。限制新兴行业发展的问题表明企业采取某些战术行动可以提升自己的战略竞争地位。

- 尽早与原材料供应商达成协议，优先获得原材料，可以使企业在碰到原材料短缺的情况下，获得竞争优势。
- 若华尔街看好某个行业，就可以充分利用融资渠道，哪怕这个企业目前并不需要资金。这能够大大减少企业的资本成本。

应对竞争对手

在新兴行业中应对竞争对手是一大难题，尤其对于那些曾是拓荒者且占有大量市场份额的企业来说更是如此。新成立企业的进入和很多自立门户的企业会激化行业的对抗，鉴于上述的外在因素，为了行业的发展，有时候企业不得不依赖竞争对手。

在新兴行业中普遍存在一个问题，即拓荒者会投入过多资源保护自身较高的市场份额，并对长期以来不太有可能成为市场骨干力量的企业做出反应。这在一定程度上是企业的情绪化反应。虽然在行业新兴阶段，偶尔要求企业对竞争对手做出激烈的反应很有必要，但是企业最好把精力放在提高自身的竞争优势、推动行业的发展进度上。可以通过许可加盟或者其他形式鼓励特定的竞争对手进入市场。鉴于新兴行业的特征，企业往往会从行业其他企业大量销售本行业的产品、推动技术发展等活动中大受裨益。随着行业发展的成熟，与其企业自己占有大量的市场份额，导致一些根基牢固、品质卓越的企业进入市场，倒不如尽早鼓励一些靠量取胜的企业入行，分散竞争压力。至于具体采用什么战略合适，很难一言以蔽之，但是在行业快速发展的阶段，一味地捍卫近乎寡头垄断的市场竞争情况，将非常不合理，也很难让企业有利可图，哪怕企业很早入行，而且一开始就占有大量的市场份额也不行。

预测技巧

新兴行业最突出的特点是不确定性。当然，可以确定的是在新兴行业里，唯一不变的是变化本身。企业在对行业结构的未来动向没有明示或者暗示的预测前，不可能制定战略。可惜的是做出这些预测，所需要的变量数量之多让人望而生畏。因此，能找到一个降低预测过程复杂程度的方法，是所有企业的渴望。

情景分析是预测行业结构发展的一种非常有用的工具。情景是针对未来世界发展情况所进行的一系列预测，这些看法从本质上是一致的，能够解释变化的本质。通过对未来可能发生的一些情况的预测，情景分析法可以对新兴行业的发展做出预测，具体见图 10–2。预测行业情景从估计产品和技术未来的发展，包括成本、产品类别和性能等方面开始。分析师要选择多种内在一致的产品和技术情景来概括可能出现的情景。对于每一种提出的情景，分析师要明确一系列涉及该情景的问题，即

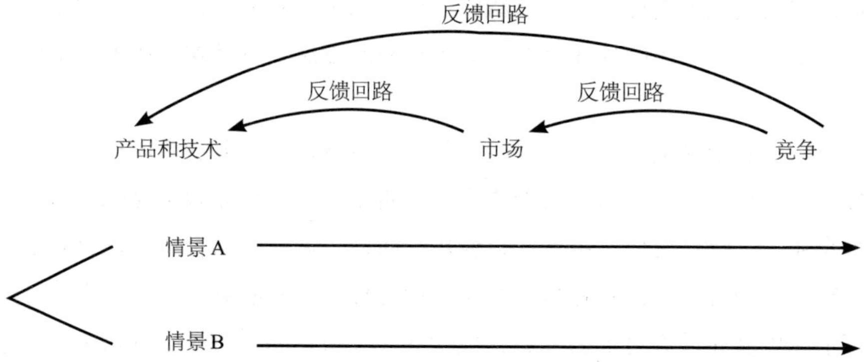

图 10–2　预测新兴行业的发展状况

开发的市场类型、规模和特征等。由于早期放开的市场能够对产品和技术的发展产生影响，形成首个反馈回路，所以必须把这种互相作用的方式融入一个周而复始的情景回路中去。

分析每种产品、技术、市场情景对竞争的影响以及预测不同竞争企业是否成功，这是行业预测的第二步。由于竞争对手的性质和资源会影响行业发展的方向，这一过程本身与预测新企业进入的情况有关，实现这个过程将意味着更深层次反馈回路的形成。

在分析了上述行业情景后，企业就有能力审视自己所处的竞争地位，评估哪个行业情景对自己最有利，如果这些行业情景发生，自己将采用什么战略应对等。如果有充分的资源，企业可能选择努力促使最有利于自己的行业情景发生；如果企业的资源有限，或者行业不确定性很明显，企业就应该尽可能保持自己的灵活多变。无论情况属于哪一种，企业都可以通过明确判定可能导致某项行业情景发生的关键事件，为自己的战略规划和技术监控做出安排，未雨绸缪。

企业选择进入的新兴行业

企业选择进入哪个新兴行业主要取决于对行业情景分析的结果。新兴行业最终的行业结构（而非一开始的行业结构）决定企业是否能带来超过一般水平的回报，以及企业是否能够长期在这样的行业中捍卫竞争地位。如果满足这些条件，新兴行业就对企业具有超凡的吸引力。若企业要捍卫自己的竞争地位，就要伴随行业发展不断变化的移动壁垒，整合资源加以应对。

企业进入新兴行业，往往是因为这个行业发展势头很猛，企业的利润丰厚，最终的行业规模将非常可观。这些原因固然重要，但是进入的决策过程必须以结构化分析为基础。第 16 章将详细探讨进入某个行业的决策过程。

11 行业逐渐成熟的转型期

很多行业从快速增长时期过渡到行业成熟时期，在这个阶段，行业的增长不再如此迅猛，这个转型过渡期成为行业变革进程的一部分。在20世纪70年代中晚期，雪地车、便携式计算器、网球场设施、集成电路等行业就经历了这样的发展阶段。本书第8章讨论了行业成熟为什么不会发生在行业发展过程中某个固定的点上，以及为什么会被创新或者激励行业中企业发展的其他事件延迟。此外，如果行业发展过程中出现了某种战略性突破，处于成熟阶段的行业会重拾快速增长的势头，经历多种转型，进入成熟阶段。了解了这些重要的信息后，我们要考虑一下行业转型发生的情况，保证不会有任何因素会阻碍这类转型的发生。

行业向成熟阶段过渡时，对于这个行业的企业来说，将具有格外重要的意义。在这个阶段，企业的竞争环境发生根本改变，要求企业做出非常困难的战略回应。有时候，企业看不清楚这些环境的变化；就算企业能分辨这些基本变化，要企业做出战略的调整来积极回应，企业也常常犹豫不决。此外，行业向成熟阶段过渡，不仅会产生明显的战略影响，还会对企业的组织结构及其领先地位产生影响。行政管理的影响往往是企业做出必要的战略调整过程中最主要的困难。

本章将按照本书第一部分提出的分析框架，逐步讨论这些问题。我主要集中于辨认行业向成熟阶段过渡产生的战略和行政问题，而不注重分析这个过程本身。行业演变的过程本身如何已经在本书第 8 章中有所描述。

转型期的行业变化

向行业成熟阶段过渡往往意味着行业竞争环境发生多个重要的变化。下面列出了一些可能出现的变化趋势。

1. **行业增长速度放缓表明企业对市场份额的争夺更加激烈**。对于无法保持原有市场份额或历史增长率的企业，竞争关注的问题转向行业内部，即攻击行业内其他企业的市场份额。1978 年，在洗碗机行业里出现了市场饱和的情况，通用电气公司和美泰克公司在高价细分市场上开始猛烈攻击霍巴特公司。针对市场份额日趋激烈的争夺，公司需要重新定位基本战略，对于竞争对手的特征及行为方式做出全新的假设和认定。本书第 3 章和第 4 章描述的竞争对手分析必须要反复进行。从过去的经历了解的竞争对手的特征及其反应，必须要重新评估，甚至全盘舍弃。不仅竞争对手可能变得更有攻击性，企业对周围存在误解或者反应过大的可能性也大大提高。价格战、服务战、促销大战等在行业向成熟阶段过渡的时期屡见不鲜。

2. **行业中的企业买方日渐成熟，回头客增加**。人们不再觉得产品新奇，因为产品已经被消费者认可。随着买方对产品的了解加深，采购经验变得更加丰富，有时候会重复购买。买方的重点从是否购买产品，转变到在不同品牌产品之间选择。

3. **竞争重点通常转向成本和服务**。由于行业增速放缓，买方信息越来越充足，技术水平也更成熟，竞争趋向于成本和服务的竞争。这种发展改变了行业对成功的要求，有可能需要企业重新调整自己的经营方式，从而稳固自己的竞争基础。附加的成本压力可能会增加对资金的需求，从而强迫企业配备现代设施和设备。

4. **在增加行业产能和人员的时候，存在一个突出的问题**。随着行业逐渐习惯了增速放缓的节奏，产能的增速也必须减慢，否则就会出现产能过剩的现象。因此，企业针对增加产能和人员的情况，需要从观念上转变，不能停留在过去头脑发热的状态。企业需要密切关注竞争对手的产能增加情况，并且精确地把握产能增加的时机。以前产能过剩，只要快速减掉多余的产能即可；如今行业增长迅猛，这样的错误不可能随便掩盖。

这些观念上的转变很少发生在成熟的行业里，行业产能超过行业需求的现象非常普遍。产能过剩延续一段时间，就会激化行业内的价格战。行业的效率规模越大，这个问题就越突出。如果扩招的人员都是高技能人才，需要长期的适应时间或者培训，那么这个问题也会被激化。

5. **制造、营销、分销、销售和研究方法都面临变革。**由于行业内市场份额的竞争强度越来越激烈，技术发展日益成熟和买方对产品知识的了解愈加深刻，导致了这些领域内变革的发生。有些改变已经在本书第 8 章中阐述。企业面临着这样一种情况，要么对其职能政策重新定位，要么改变一些战略选择，使企业无须进行重新定位。如果企业必须对职能政策的变化做出反应，则需要投入资本资源和新技术。采用新的制造方法可能会凸显上述产能过剩的问题。

6. **新产品和应用很难获得。**虽然在行业增长阶段，市场发现了大量的新产品和应用，但企业持续开展产品变化的能力受到了很大的限制，行业发展对应的成本或者风险也在加深。这种变化要求其他条件的成熟，包括重新定位的企业针对研究和新产品开发的态度。

7. **国际竞争日趋激烈。**由于技术发展不断成熟，往往伴随着产品标准化，行业竞争日渐集中于成本领域，行业的转型往往伴随着激烈的国际竞争。导致行业国际化的力量将在本书第 13 章中详细阐述，这也是国际竞争的一个关键内容。参与国际竞争的企业往往和国内的企业拥有不同的成本结构和目标，对应的母国市场情形也大不相同。国内企业重要的出口业务和对外投资往往预示着美国大型市场向成熟阶段的过渡。

8. **行业利润往往在转型期降低，这种下降的情况可能只是暂时的，但也有可能是永久的、不可逆的。**随着行业日渐成熟，其发展速度放慢，买方对产品的知识了解更清楚、更加强调市场份额，这就表明和行业渗透成长期间的利润相比，行业的短期利润会下降。有些企业可能受到的影响更深，尤其是市场份额最小的企业。利润下降，现金流就会减少，而企业在这个阶段恰恰是最需要现金流的。对于上市公司而言，利润下降不仅意味着股价下跌，还表明举债融资的难度加大。企业的利润能否反弹，取决于移动壁垒水平和其他行业结构要素。这些要素我们已经在本书第一部分中讨论过。

9. **经销商的利润率下降，但其议价能力却有所提高。**由于行业利润下降，分销商的赢利水平也在下降。很多经销商可能在企业意识到自己的利润水平受到负面影响前就已经被挤出了市场。电视机和休闲汽车行业近来发生的情况就说明了这一点。这种趋势加强了企业争夺经销商的激烈程度，在行业增长阶段，经销商很容易找到，企业与经销商之间的关系也比较容易维护。但是到了行业成熟阶段，情况发生了巨大的改变。因此，经销商的议价能力会大大提高。

转型的战略影响

行业向成熟阶段过渡伴随着的变化，意味着行业的基本结构也发生了变化。重要的行业结构因素可能也在经历变化，如整体移动壁垒、各种壁垒的相对重要性、竞争的激烈程度（通常会不断上升）等。所有结构因素的变化都表明企业必须制定战略应对，因为竞争的基本性质也产生了相应的改变。

在行业转型期，会产生一些典型的战略问题。提出这些战略问题，目的不是归纳总结适用于所有行业发展情况的方法，而是要求企业具体问题具体分析。这和人生一样，每个行业成熟的方式会有所不同。虽然行业成熟已成事实，但是其成熟的方式能为企业理解后来的新进入者如何进入行业提供依据。

行业成熟会激化三大战略的困境（总成本领先战略、差异化战略和集中战略）

行业快速增长往往掩盖了战略的错误，给行业内几乎所有企业提供了生存甚至繁荣的空间。企业实施战略的试验程度很高，有很多战略可以共存。一旦行业成熟，战略的弊端就会暴露无遗。行业成熟会迫使企业首度面对三大通用战略的选择（详见本书第 2 章），这种选择生死攸关。

复杂的成本分析

在行业成熟阶段，企业的成本分析针对合理化设置产品组合和正确定价方面变得更加重要。

合理设置产品组合

虽然产品线广、频繁引进新产品和服务在行业增长阶段非常普遍，且对于行业发展来说也是必要的，但在行业发展日趋成熟的情况下，这种方法未必有效。成本竞争和市场份额的竞争异常惨烈。结果，产品成本核算也更加复杂，更容易将不赢利的产品从产品线中剔除出去，从而集中精力发展那些具有特殊优势（比如技术、成本或者产品形象）或者具有理想买方的产品。多组产品的平均定价法或者为方便成本计算对管理费用的分摊，都不足以评价产品线是否恰当，也无法精确地测算出需要增补哪类产品。合理设置产品组合的需求有时候要求企业安装计算机辅助成本体系，在行业发展的很长时间里，这个项目一直没有被提上日程。例如，美国无线电公司旗下的赫兹公司之所以能声名鹊起，精简产品线的做法就起了关键的作用。

正确的定价

在行业成熟阶段，随着产品组合的合理设置，定价方法也在发生变化。虽然平均定价法、对产品组合进行整体定价而不对单个产品定价，在行业发展阶段已经够用，但行业进入成熟阶段往往要求企业针对单个产品项目进行精确的成本测算和定价，企业这方面的能力需要大大增强。通过平均定价法在整个产品线范围内开展产品间隐含的交叉补贴，那些无法抵偿自己成本的产品就显现不出来，而针对价格敏感度不高的买方，企业也无法知道如何放弃该得的利润。价差补贴还会引发价格的人为虚高，在这种扭曲的价格误导下，竞争对手纷纷降价。竞争对手若缺乏能力对产品进行合理的定价，而没能适当地调整价格，或者不现实地压低产品的价格，就会造成行业发展成熟阶段的一大问题。

有时候定价战略的其他方面也会（而且应该）随着行业的成熟而变化。例如，马克控制公司在非常难做的调节阀行业精减了那些不赢利的产品，重新与买方签订合约，并将通货膨胀自动调整的条款也纳入销售合同中，这些大刀阔斧的举动推动了企业的成功。传统来看，这个行业的合约采用固定价格，通货膨胀条款在行业增长阶段对价格的增加并不重要；没有企业曾经将自动调整条款纳入谈判的范围。然而，马克控制公司的这个举动在行业发展成熟阶段具有格外重要的意义，因为在行业发展成熟阶段，企业一般很难涨价。

对本节提出的问题，我们可以做一下回顾，说明在行业发展成熟阶段要提升企业的财务风险意识，而在行业的增长阶段，新产品和研发工作则应该占据企业工作的核心。提升财务风险意识在行业中是否很难，主要取决于管理层的培训和定位工作。在马克控制公司这个例子中，需要从企业外部引进一个有金融背景的人员在这个家族企业开展财务的创新工作。

工艺创新和制造流程设计

工艺创新的相对重要性会随着行业的成熟而不断增加，设计产品及其交付系统从而降低生产和控制的成本至最低水平，这些措施的回报也会随着行业的成熟而增多。日本企业非常重视这个因素，认定电视机等行业将获得巨大成功，就得益于这种办法。在发展日渐成熟的食品服务业，坎蒂恩公司的竞争地位不断上升，原因就在于其上乘的制造流程设计。坎蒂恩公司发展伊始，由本地厨师参与食品的制作；后来，它在全国范围内提供统一的配方。这种变化提升了食品质量的一致性，方便厨师在各地流转，提升了企业对经营过程的监控成效，不仅节约了成本，还提高了生产效率。

扩大采购范围

当前客户采购数量的增加要比寻找新客户更吸引人。企业要扩大对当前客户群体的销售数量，可以采用供应外围设备和服务、更新产品线、扩大产品范围等途径实现。这样的战略能促使企业涉足相关的行业，比寻找新的客户花费更少。在发展比较成熟的行业里，赢得新客户往往意味着与竞争对手争夺市场份额，其代价往往很高。

很多公司成功地实施过这种战略，包括南方公司（7–11 连锁店）、家庭理财公司和嘉宝公司等。南方公司在店内增加了快餐、自助加油和其他服务，大力吸引客户上门消费，增加客户冲动购买的概率，避免建立新营业场所的成本。同理，家庭理财公司也增加了服务，包括代理报税、增加贷款额度以及银行服务来扩大产品范围，进而夯实自己的客户基础。嘉宝的战略是增加每个婴儿的平均消费量，也属于这种方法的变体。嘉宝公司还增加了婴儿服饰和其他婴儿产品来巩固自己通过婴儿食品建立的龙头地位。

购买廉价的资产

有时候，由于行业转型，有些企业会陷入困境，这样就为其他企业低价收购资产提供了条件。在技术变化不大的情况下，收购不景气的企业或者购买清算资产可以提升企业的边际利润，创造成本优势。这种战略曾为名不见经传的海尔曼公司利用，其成功在酿酒业翻身。虽然在行业顶端的集中度很高，海尔曼公司在1972~1976年的年增长率达到了18%，1976年的年销售额更是上升到3亿美元，其股权回报超过了20%。该企业扩张的主要手段是以超低价收购当地酿酒厂的二手设备。行业领导者因为反垄断法的存在，无法收购其他企业的资产，不得不以现价建立新的厂房设施。而怀特联合集团就可以变相利用这个战略。它专门从事收购濒临破产的企业，如桑德斯特兰德公司的机床业务和西屋公司的家电业务。怀特联合集团用低价收购这些业务，降低了总管理费用。很多公司执行这种战略，提升了持续经营的利润。

买方选择

在成熟行业，随着买方对产品的了解，企业面对的竞争压力与日俱增。买方选择有时候是行业保持持续赢利能力的关键。在过去无法实施自己议价能力的买方或者因为产品可用性的限制而议价能力不高的买方，通常会在行业成熟阶段毫不客气地施展自己较强的议价能力。明确哪些买方诚心，并牢牢锁定这些客源，是第6章的关键内容。

若企业明确将其制造过程的设计目标定位为应变能力强、启动快、小批量生产（通用的计算机辅助设备），将有可能使企业获得比高产量生产商更好的成本优势，因为前者的典型特征是服务定制化、按照小批量订单生产。在这种情况下可行的战略是集中于图11–1中圆圈领域的业务。行业中具有不同的成本曲线差异，这才使得这种建立在小批量、定制化要求，尤其是小批量产品规格基础上的战略切实有效。威克姆 · 斯金纳详细阐述了这样的生产战略应该在他所谓的“集中工厂”中实施。

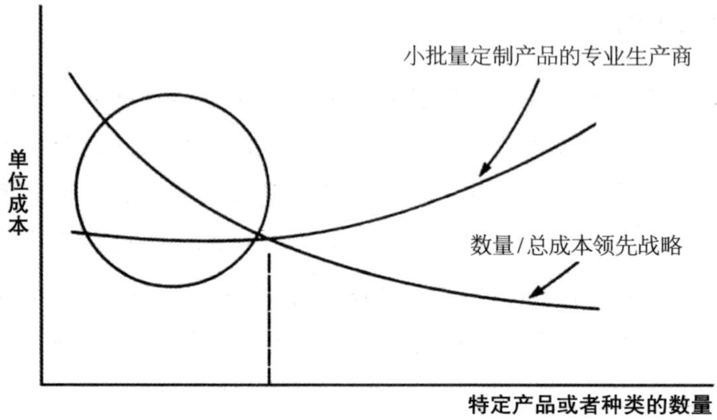

图 11–1　替代成本曲线

国际竞争

企业可以通过国际竞争来克服行业成熟带来的弊端，因为在国际竞争环境下，行业的结构更加合理。皇冠集团在金属制罐和瓶装行业以及玛赛弗格森公司在农具行业均使用过这种直接的方法。有时候在母国市场过时的设备可以在国际市场上灵活使用，从而大大降低了进入成本。跨国竞争市场中有很多因素都很有利，买方对技术的了解水平和议价能力较弱，很少有竞争对手愿意涉足此事。这种战略的缺点是国际竞争所带来的风险，以及虽然它们可以延缓成熟阶段的到来，可惜却无法改变行业发展的必然趋势。

战略转型是否应该发生？

在发展成熟的行业里，不能认定所有企业都应该尝试成功竞争所必需的战略转型。企业要进行战略转型，需要一定的技能和资源。不仅如此，除了必要的资源外，还要看行业内拥有持续竞争能力的企业数量、企业为行业发展成熟做出调整引起的预期行业震荡时间以及企业对未来行业赢利能力的预期等。行业未来的赢利能力将取决于未来的行业结构。

对于某些公司而言，撤销投资的战略要比进一步在一个不确定的领域内投资的战略更有利。迪安食品公司在液态奶领域就采用了撤销投资的办法。迪安食品公司的重点是降低价格，针对节约成本的设备进行精细的投资，而不是一味扩展产能，保持自己的竞争地位。

如果行业领导者过去的战略实施具有较大的惯性，且与行业发展增长阶段的战略要求有紧密的联系，那么行业领导者在转型期进行调整的能力就会各不相同。只要证明进行战略转型所需调整的资源仍在，小企业的灵活应变能力将使其在行业转型期具有优势。小企业也许有能力对市场进行简便的细分。同理，在转型期进入行业的新企业拥有必要的财务资源和其他资源，但和行业过去的发展毫无瓜葛，这就表明它有能力获得比较强势的地位。只要长期的行业结构比较理想，行业转型期引发的行业震荡就为潜在的新进入者进入行业提供了机会。

转型期的战略陷阱

企业除了无法认清行业转型期对企业的战略意义外，还有可能掉进下列几个典型的战略陷阱中。

1. **企业对自己或行业的认知存在偏差。**企业对自身形象和相对能力的看法反映在企业制定战略的基础假设上（见第 3 章），如“我们是质量领导者”，“我们提供卓越的客户服务”。这些自我认知随着行业转型的发生、买方看重事项的调整以及竞争对手对新的行业条件的反应会日渐模糊。同理，企业也会对行业、竞争对手、买方和供应商有一定的看法，但行业转型可能使这些看法失效。有时候，改变企业从过去经验中积累的看法是非常困难的过程。

2. **进退两难。**本书第 2 章描述的进退两难的问题在行业向成熟阶段转型时尤其突出。如果企业表现得比较懒散，在转型期往往会被淘汰出局，因为它们过去实施的战略不再有效。

3. **现金陷阱——在成熟的市场上确立市场份额所需要的投资。**企业的现金投入目的是为了日后获得回报，收回最初的投资。在发展成熟、增速缓慢的行业中，要求投入新资金来占有市场份额往往是逞能的表现。企业在当下投入资金，是希望在未来收回投资，获得回报，希望拿企业的现值来换取将来的回报，但这种情况在行业成熟阶段完全不可能，因此成熟的业务有可能是资金陷阱。如果企业没有坚实的市场地位，却试图在一个成熟的市场中占有大量市场份额，问题就一发不可收拾，因为企业已经完全丧失了赢利的机会。

与此相关的陷阱是过分注重成熟市场的收入，而非赢利能力。这个战略在行业增长阶段比较可行，但是在行业逐渐成熟时，回报率却是递减的。在20世纪60年代，赫兹公司就可能遭遇了这个问题，给美国无线电公司创造了在20世纪70年代中期实现利润反弹的机会。

4. **为了短期的利润轻易放弃市场份额。**在面对行业转型期的利润压力时，一些企业在牺牲市场份额或者放弃营销、研发或者其他必要的投资的基础上，努力保持过去的赢利水平，这进一步影响了企业未来的市场地位。如果规模经济在成熟的行业非常重要，无法接受行业转型期的低利润率，肯定起因于企业的鼠目寸光。随着行业合理化过程的推进，企业必然要经历一段时间的低利润，为了避免过度反应，企业一定要保持清醒的头脑。

5. **憎恨价格战或对价格竞争反应鲁莽（我们绝不开展价格战）。**如果在行业发展的过程中，一直没有必要开展价格战，那么让企业接受突然进行价格战的事实，就往往很难。因此，避免价格竞争似乎成了很多企业竞争的金科玉律。有些管理者甚至认定价格竞争绝非君子所为，有伤风雅。这是企业在行业转型期一个非常危险的反应。当企业愿意进行激烈的价格竞争时，这有可能是获得市场份额、确立自身长期低成本优势的必要之举。

6. **痛恨行业实践的变化或者反应鲁莽（这样的做法毁了这个行业）。**行业做法的变化，如营销技巧、生产方法和分销商合约的实质，往往是行业转型不可避免的行为。它们对于行业的长期潜力非常重要，也有可能抵制行业的发展。机器替代手工作业遭到了抵制，运动产品行业就是这样。此外，很多企业不愿意采用激进的营销方式（在这一行里，营销不起作用，需要进行个人营销等）。有些抵制可能会让企业落伍，无法适应新的竞争环境。

7. **过分强调有创意的新产品，而不是大力销售现有的产品。**虽然在行业发展的早期和成长阶段，企业的成功是建立在研发新产品基础上的，但行业走向成熟就表明很难进一步实现新产品和应用的创新。创新活动的焦点应该适时发生改变，在行业成熟阶段应该把行业的标准化当作发展的重点，而非产品的新奇或者适当的改良。但是对于某些企业来说，这种变化不符合它们的意愿，因此往往受到了强烈的抵制。

8. **恪守高品质作为不回应竞争对手激烈的价格战或营销举措的借口。**高品质可以是企业的核心优势，但是随着行业的成熟，质量差异化可能会弱化（见第 8 章）。就算在行业成熟阶段能够保持质量的差异化，具有丰富产品知识的买方可能愿意以低价接受质量不错的产品，而并不苛求高档品质。但很多企业很难接受自己不再生产最高品质产品的事实，有些企业产品的质量相对于消费者的购买力来说过高了。

9. **产能过剩很快发生**。行业产能超过了行业需求，或者产能增加会引发在成熟行业竞争的企业进行的车间现代化，都会导致一些企业的产能过剩。产能过剩的存在给企业创造了无形的压力，利用企业多余的产能可能会损害企业战略的实施效果。例如，发现企业有可能产能过剩会使企业陷入进退两难的境地（见第 2 章），无法专注于某一项战略的实施。企业的管理层也有可能做出让企业陷入资金陷阱的决策。最理想的状况是企业能够出售或者清除多余产能。显然，企业不可能将自己多余的产能出售给竞争对手，徒给对手增加打击自己的机会。

行业成熟对组织的影响

我们常常认定组织变化的需求源于企业战略的重大变化或者公司规模的变化以及多元化战略的实施等。企业的组织结构要符合企业的战略要求，这一点在行业成熟阶段同样适用。行业向成熟阶段的过渡可以是发展组织结构和系统的重要拐点。尤其在控制和激励系统领域，需要做出微妙的组织结构调整。

从战略的层面来看，我们已经讨论了企业如何调整关键的战略重点来适应行业成熟阶段的各种要求的过程，这要求企业格外关注成本、客户服务和真正的营销手段（而非销售）。要逐渐把注意力从推出新产品或者改良产品的问题上转移开来。应少关注产品的创意，多关注产品的细节和实用性，从而确定在成熟的行业中的市场需求。

竞争焦点的转变显然要求企业组织机构和系统发生变化来支持战略的转移。很有必要构建旨在体现或者控制业务不同领域的系统，还应在发展较为成熟的企业里实施更严格的预算控制和内部监控，以提升绩效激励系统的成效，此时企业管理要比行业发展初期阶段更加正式。财务报表上所列的资产控制项目更加重要，例如存货和应收账款。所有此类变化都将成为行业内企业成功转型的关键。比如私人疗养院和休闲汽车行业都经历了转型。

企业将出现更多的跨职能部门协调活动和跨生产设施协作活动，从而获得更突出的成本竞争优势。比如，行业发展成熟表明独立运营的地区生产车间可能会联合起来，通过更高效的协作来完成生产任务，不仅需要建立新的系统的生产流程，还需要对车间管理者的岗位职责进行重新界定。

有时候，在这些领域也会出现企业抵制的情绪和做法。企业可能一直对自己作为行业开拓者的身份非常骄傲，一向生产高端产品的企业，认定很难进入不入流的价格竞争和激进的营销活动中。这些我们在上文已经有所提及。这些维度的竞争往往受到组织上下的仇视，无论是零售终端还是销售团队，不满情绪显而易见。人们会抵制为了成本牺牲质量的做法，也不满对成本的紧密监控行为。此外，新的责任要求、控制手段、组织关系以及其他变化也会使部分人员的个人权威丧失或者受到威胁。企业必须积极动员激励所有层面的员工，让大家做好准备一同和企业迈入行业的成熟阶段。

总经理这个层面的管理往往会注重组织内部伴随着行业向成熟阶段转型的激励体制的微妙变化。在转型期之前出现的成长期，改进的机会很多，行业的参与者往往会对规模的快速增大和企业发展感到兴奋。这样的成就感往往能弥补一些人员薪水不高、内部机制不健全等缺点，保证他们对公司的忠诚。但是，随着行业的成熟和竞争环境的变化，企业增幅放缓，成功的光环逐渐退却，工作带来的成就感就没有那么明显了，创新精神和个人行为的独特价值在现实面前也变得不堪一击。这种变化为很多总经理提出了严峻的挑战和难题。

1. **降低人们对企业财务表现的预期。**在管理者的心中，一定要不断降低人们对企业增长速度和赢利水平的可接受标准。如果管理者一直抱残守缺，盯着过去的标准不放，他们很有可能采取对企业在成熟的行业长期健康发展不利的行动，当然企业已经占领了非常坚实的市场地位的情况除外。标准下降的过程很难，因为企业一向恪守实现高水准财务结果的传统，过去的成功证明了企业的价值和能力。如今我在此只能说，组织的管理者应该时刻关注环境的变化，时刻改变自己的期望值。

2. **企业的组织纪律更加严明。**成熟行业中所有常见的环境变化都有可能使战略决策松懈的企业退出，并要求企业在执行策略的时候严加防范。这一要求可以扩展到组织的所有层面，按照实在或者隐秘的方式来确保组织纪律。

3. **降低对改进的预期。**在比较成熟的个人行业中，利用个人过去的成长速率来衡量当前的情况几乎不太可能。但是经理们往往按照旧有的进度来界定成功。很多经理在企业经历转型时因为这些原因离职，组织加给总经理的压力可想而知。总经理管理面临着巨大的挑战是寻找新的绩效评估和激励制度。这个领域中转型的压力使得某些企业开展多元化，让企业能够和过去一样为员工提供晋升和成长的机会。出于这个原因开展多元化，有可能犯最重大的决策错误。

4. **以人为本。**在行业成熟阶段，企业为适应新的竞争环境，战略重点发生变化，这表明企业一切要以人为本。需要构建组织机制来增强员工对公司的认同，提升其忠诚度。同时，要建立比行业增长期更有效的激励制度。企业需要用内部的支持和鼓励来替代外部的激励，转换过时的激励制度。与此同时，企业可能要求进行组织氛围的内部调整，也要为此确立保障体系。

5. **赢利的职能部门的再集中。**行业的发展成熟给企业造成了很大的成本控制压力。面对这种情况，企业很有可能不得不改变做法，无论是在工厂层面，还是其他层面，从而确立自主赢利的中心。如果企业建立赢利中心组织是为了加速推出新产品，或者随着行业的发展企业要开拓新市场，这种做法就更加明显。

企业转向职能性组织战略会加强其集权控制力，大幅减少管理费用，提升部门之间开展协作的机会。在行业发展成熟阶段，企业内部的跨部门协调能力比企业家精神更加重要。皇冠集团就使用这种方法，成功实现了转型。泰克斯菲曾一蹶不振，后来用这种策略在纺织行业崛起。汉堡王也用这种策略和麦当劳公司分庭抗礼。

行业转型和总经理

行业向成熟期转型，需要企业做出很多战略调整（详见上文），这就相当于企业要采用全新的生存方式。快速增长和一马当先给企业带来的快感很快消失，取而代之的是控制成本、价格竞争、积极营销等方面带来的紧迫感和压力。公司运营方式的改变对总经理的影响非同小可。

公司氛围的变化可能会让总经理很紧张。此刻的总经理不仅无法给员工带来很多新生的机会，还需推行严谨正式的制度来提高企业上下员工的绩效水平。在这种环境里，过去不拘小节、私交甚厚的同人关系也变得紧张起来。随着组织核心要求的转变，总经理必备的技能也随之改变。更加严格的成本控制、跨部门协调、强势营销等措施所需要的方法和技能与企业在行业成长期使用的都大不相同。这些新技能，有战略层面的，也有管理层面的，因此要求总经理做出调整也更加困难。最终，曾在过去深刻体会到的成就感会逐渐退却，迎面而来的是与日俱增的压力，如何生存成了最大的问题，这时候，总经理往往觉得如坐针毡。

对总经理来说，企业适应行业向成熟阶段的转型，这个过渡期往往是很难熬的，尤其是白手起家的企业家更是深有同感。当然，其他类型的管理者也会有喘不过气来的时候。如果没能很好地应对，就会出现下列各种情况。

- 否认转型。总经理无法意识到可能发生的变化，也不能接受变化，或者缺少必要的技能来认识、接受这种变化。因此，总经理继续恪守企业过去的战略或者组织安排。这种管理不仅会在转型期出现，也是企业面临其他困难时期总经理拒绝对战略困境做出反应的表现。
- 放任自流。总经理对企业新的运营方式并不中意，或者自己的管理技能无法驾驭企业在新环境下的情况，导致放任自流。

行业转型不仅对总经理本人有着重大意义，还对多元化公司整体管理有重大影响。衡量业务单元经理业绩的标准在行业发展成熟时必须有所改变，总经理具备的技能和方向定位也要有变化。因此，当企业的某个业务单元进入成熟阶段时，适时更换管理人员是必要的。在多元化企业中，经常存在这样一种倾向：习惯将同一类标准应用于不同的业务部门，不管各个部门是否存在战略情景的差异；希望擅长某个领域管理的人员也能在其他领域出色地完成工作。留意行业向成熟阶段转型对管理层的影响，是避免这些困难的关键。

12 行业衰退期的竞争战略

为方便战略分析，我们将行业衰退期定义为在某个特定的时间内，某个行业的单位净销售量的下降。因此，行业衰退期不能归结为经济周期或其他短期内的突发情况（如罢工或者原材料短缺），但却表明企业必须要制定好终局博弈战略的真实情况。总有一些行业会经历衰退期。而今，随着世界经济增长速度的放缓，成本通货膨胀导致了产品的替代，电子、计算机和化学工业品等领域持续的技术发展导致了结构型行业情景困难随处可见。虽然行业周期与产品生命周期类似，但是人们对行业衰退期的研究却不多。用产品生命周期来定义企业衰退期的典型特征，可知这个阶段利润大幅度降低、产品线精简、研发投入和广告开支大幅度缩水、竞争企业的数量锐减等。应对行业衰退的广为人知的政策是收割战略，即减少投资，最大限度实现企业的现金流，最终完全撤资。如今在规划阶段常见的产品组合模型也为行业衰退提供了相同的应对建议：不要对增长缓慢甚至出现负增长的行业进行投资，应尽早收网拿钱离场。

然而，经过细致深入的研究发现，行业衰退期竞争的实质和企业在这个阶段可供选择的战略方针都很复杂。在各个行业的衰退期，企业的反应和整个行业的竞争态势大相径庭。有些企业从容不迫，优雅隐退；有些行业硝烟弥漫，各家企业殊死搏斗，拼得你死我活，企业产能过剩普遍，遭受巨大的运营损失。成功的战略之间区别也很大。有些企业在行业衰退时期，大力开展再投资，让企业收获较晚得到的现金收益，成功反击；有些企业在其他企业意识到行业进入衰退期前退出，避免了损失，而竞争对手有可能连收割的机会都没有。

本章将使用本书第一部分讲述的分析工具来分析行业衰退期的竞争环境。这个阶段，行业的情况一般都不在行业内现有企业的控制范围之内。首先，我将描述行业衰退期决定竞争性质的条件以及行业适合于现有企业继续生存的情况。其次，我将详细描述企业的战略选择（终局博弈战略）。最后，本章将介绍在行业衰退期进行战略选择的原则。

行业衰退期竞争的结构化因素

按照本书第1章的分析框架，在行业衰退期，有多项结构因素决定竞争性质。行业销售量大幅度缩水，使得这个阶段的行业情况变得更加扑朔迷离。然而，竞争压力打压赢利能力的程度取决于一些关键要素：一方面影响了产能退出行业的能力；另一方面留守企业苟延残喘，如何挽回销售量下滑，其困难程度也会大受影响。

需求的条件

在行业衰退期，需求下降和市场细分的特征会对行业内企业的竞争性质产生很大影响。

不确定性

竞争对手对行业需求是否会继续下降这个问题的不确定程度，会影响行业衰退期终局博弈的性质。如果企业认为行业需求会反弹或者止跌回稳，就有可能继续坚守阵地，留在行业内。虽然销售量大幅缩水会让竞争大战不可避免，但是这些企业依然会努力保持自己的竞争地位。这种情况在人造纤维行业就曾经发生。很多企业都对这个行业持观望态度，认定在轮胎帘布市场，人造纤维输给了尼龙和钢丝；在纺织市场，人造纤维比不过其他天然纤维。不过人造纤维企业却认定这些趋势都只是暂时的，总有一天人造纤维会重振雄风，收复失地。相反，如果所有企业都坚信行业需求会继续下降，就会推动企业井然有序地退场。比如在乙炔行业，随着天然气成本的节节上涨，许多使用乙炔的化学品制造商都转用乙烯这个成本更低的替代品。而这个行业中，有很多企业因为对行业前景不看好，早早启动了退出战略。

企业对行业未来需求的看法，往往仁者见仁，智者见智。有些企业认定未来行业复兴有望，于是坚守到底。另外，从诸多有关行业衰退的历史数据来看，企业对未来行业发展态势的看法受其行业地位和面临的退出壁垒的影响。企业在行业中的地位越高，面临的退出壁垒越高，它们对行业未来的看法就越乐观。

衰退的速度和模式

行业衰退的速度越慢，企业就越有可能被短期因素所迷惑，导致无法认清自身的行业竞争地位，行业未来衰退的不确定性也就越高。不确定性大大提升了行业衰退期的不稳定。如果需求突然大幅下降，企业就很难说服自己行业未来态势依然乐观。此外，销售量的大幅度下降使得企业很有可能摒弃厂房不用，甚至全面撤资，这就可能进一步加快行业产能的下降。行业衰退曲线是否平滑对未来的不确定性因素也有影响。如果行业的销售额本身就不稳定，如人造纤维和醋酸纤维行业，企业将很难分辨行业衰退期的下降趋势与周期性的波动。

行业衰退的速度部分取决于企业从业务领域抽身出来的模式。在工业企业中，其产品是客户投入要素非常重要的一部分，如果有一两家生产商决定撤资，那么行业需求就会骤降。由于担心关键的投入要素难以为继，企业就会加快使用替代品的过程。因此，很早宣布退出的企业可能会对行业衰退的速度产生重大影响。行业衰退的速度也有可能加速行业需求的减少，因为随着行业销售量的下降，企业成本会上升，产品的价格也会上升。

剩余需求板块的结构

随着需求的下降，需求板块的性质在决定行业衰退期留守企业的赢利能力方面起着重要的作用。按照本书第 1 章中提出的分析框架，行业赢利水平可高可低。比如，在雪茄行业，高价雪茄细分领域就是一个剩余需求板块。这个细分领域被替代的可能性不大，其中的买方对价格的敏感度较低，愿意接受建立在高度产品差异化基础上的产品创新。在这个细分领域保持竞争地位的企业有着得天独厚的条件获得高于平均水平的利润，就算行业衰退了，企业也能捍卫自己的竞争地位免受竞争力量的负面影响。在皮革制造行业，家具皮革这个板块就保持了应有的需求水平，其中技术发展和产品差异化对其影响相同。在乙炔行业，就算在某些市场细分领域里乙炔不会被乙烯替代，其他替代品也会对该行业垂涎欲滴。在一些行业里，乙炔不过是一种商品，受制于行业价格战，因为乙炔的固定制造成本较高。这样看来，乙炔行业中剩余的板块利润率非常低，实在让人失望。

通常情况下，如果剩余的需求板块涉及价格不敏锐的买方，或这些企业因为具有较高的转换成本或其他因素而议价能力太低（见本书第 6 章），终局博弈将有利于行业留守者。通常情况下，重置需求或者制造商对原先设备的需求已经消失，剩余需求对价格的敏感度较高。终局博弈的赢利能力还取决于剩余板块需求相对替代者和有实力的供应商的实力以及移动壁垒的限制，这些都有可能保护服务于剩余细分领域的企业，使这些企业避免在行业衰退期遭到力图弥补销售损失企业发起的进攻。

行业衰退的起因

行业需求下降的原因有很多，对行业衰退期竞争的影响表现在多个方面。

技术替代。行业衰退的一大起因是技术创新创造了替代品（比如电子计算器替代计算尺），还有一种起因是相对成本或者质量的显著变化（人造革对应皮革）。这种因素可能会对行业利润产生威胁，因为替代程度不断上升往往在削减销售量的同时压缩利润。如果行业的某个需求板块对替代品免疫或者具备优越的条件，那么就能缓解替代对利润的负面影响。替代发生有可能伴随着未来行业需求的不确定性，要依具体行业而定。

人口统计学。还有一个导致行业衰退的原因是采购产品客户群体规模的缩小。在工业产品领域，人口统计学因素通过降低下游行业的需求导致行业衰退。人口统计学作为行业衰退的一个起因，往往不会和替代品的压力同时出现。因此，受到人口统计学特征的影响，企业可以依次退出市场，留守企业的利润率与行业衰退前相当。但是，人口统计学特征的变化的不确定因素更大，这有可能引发行业衰退期的竞争态势的不稳定。

需求的变化。由于社会或者其他可能改变买方需求或者品位的因素，行业的总体需求可能下降。比如，雪茄行业的消费能力下降，很大程度上是因为雪茄的社会接受程度大大下跌。与人口统计学的因素一样，需求变化未必会增加留守企业面临的行业替代品压力。然而，需求的变化还有可能受到更多不确定因素的影响，比如雪茄这个行业，很多企业一直认定行业需求会再次反弹。需求变化会对行业衰退期的赢利能力产生重大的威胁。

理解行业衰退的原因，有助于我们了解企业对未来需求的不确定因素，明白企业留守衰退行业服务部分细分领域的赢利能力。

退出壁垒

企业退出衰退行业的方式对这个时期行业竞争的性质有重大影响。企业进入行业要遭遇进入壁垒，当企业对自身的投资不再获得最好的回报时，行业总有一些因素迫使企业留守行业，这就是退出壁垒。退出壁垒越高，让企业留守衰退行业的有利条件就越少。

耐用和专业化资产

如果企业的资产，包括固定资产或运营资产，在业务领域、企业或者使用地点方面呈现高度专业化的特征，企业这类资产的清算价值就会降低，这个行业的退出壁垒也会相应提升。专业化资产只能出售给有意图在同一业务领域使用的人员，购买专业化资产的人很有可能在同一业务领域的同一地点使用；如果无人购买，其价值就大打折扣，而且很有可能被弃用。愿意在同一业务领域使用这些资产的买方数量很少。也因为同样的原因，在行业衰退期，当企业意图出售这类资产时，潜在的买方因行业情况会对其望而却步。例如，乙炔生产商或者人造纤维生产商复杂的专业化设备只能出售给其他具有同样需要的厂家，否则只能报废。此外，乙炔工厂很难拆除，而运输这类设备的成本可能与报废这类设备的成本相等。一旦乙炔或者人造纤维行业开始衰退，几乎没有厂家愿意接受这些生产设备。这些生产设备只好按照很低的折扣价出售给投机商或者近乎绝望的员工群体。行业衰退期的存货价值很低，尤其是在存货周转率很低的情况下。

如果企业资产的清算价值较低，从经济的角度来看，企业最好保留这项业务，哪怕未来该业务领域的预期现金流很低。如果资产比较耐用，其面值可能会大大超过其清算价值。企业有可能遭受价值损失，即现在企业马上撤资可能的收益，但是未来现金流的价值会超过投资资金的机会成本。不管情况如何，只要账面价值超过了清算价值，企业选择停止某项业务，其资产价值会被冲销，那么企业的退出行为就会受到遏制。这一点我们将在下文讨论退出时再做详细说明。

在评估特定的行业因资产专业化导致的退出壁垒时，人们时刻关注的问题是接纳这类资产的市场是否存在。有时候资产在国内市场上一文不值，但可以出售到国外市场，这些国外市场所处的发展阶段与国内发展阶段不同。这一举动会提升资产的清算价值，降低退出壁垒。不管是否存在接受这类资产的海外市场，专业化资产的价值都会逐渐下降，因为人们日益清醒地认识到行业衰退不可避免。例如，雷神公司在 20 世纪 60 年代早期彩电晶体管的需求很旺时，将其生产真空管的资产出售，获得了较高的清算价值。到了 20 世纪 70 年代，等行业内所有企业发现真空管也日暮西山时，出售资产的情况就不容乐观了。很少有美国的生产商在这个时候对这类资产有兴趣，不发达国家提供真空管的国外企业可能已经购买了真空管制造设备，也可能具有很强势的议价地位。美国这个行业的衰退已经既成事实，尽人皆知。

退出的固定成本

在通常情况下，企业存在退出的固定成本，这个成本降低了业务的清算价值，由此提升了行业的退出壁垒。企业必须要面对相当高的劳动安置成本。实际上，在某些国家，如意大利，裁人需要获得政府的审批，因而退出的固定成本很高。大批量高素质的管理者、律师和会计，需要社会很长时间的全力消化，因此当企业撤资时，必须花时间安置这些人员。在退出后，企业还必须遵守规定，提供备件给老客户。这些要求都涉及很高的成本，通过折现，纳入退出的固定成本中的一部分。管理者或者员工需要安置或者再次培训。中长期的生产要素采购合约或者销售合约可能要支付高额的违约金，有些合约则根本不可能停止。这类问题，外加下文要讨论的收割战略的问题，都会产生高昂的退出固定成本。

另外，退出可以使企业避免必须要做的固定投资。比如，可以避免遵守环境法规不得不开展的投资，还有其他留守行业中的企业所必须遵守的强制性再投资等。这类投资的要求会推动企业退出行业。这些规定提升了企业在行业内的投资，却没有提升相应的利润率。除非这些规定能让企业获益，否则这部分收益将使得企业的清算价值保持不变或者提高。

战略退出壁垒

就算多元化的企业从经济的角度看不会面临与特定业务相关的退出壁垒，但它仍会面临从整个战略层面上看比较重要的战略壁垒。

关联壁垒。某项业务可能是开展多种业务的企业整体战略的一部分，放弃这种业务可能会减弱整体战略的成效。这项业务可能是公司的身份或者形象的核心。退出该业务可能会损害企业与关键营销渠道的合作关系，也有可能降低企业在采购过程中的总体影响力。退出可能意味着某些共享设施或其他资产的闲置。是否出现这种闲置，主要取决于共享设施或者资产能否用作其他用途或者能否在公开市场上出租。企业停止和某个客户的独家供应关系不仅掐断了向这家企业供应其他产品的供应链，也损害了依赖于这类关键原材料或者部件供应的企业业务。企业将资源从衰退行业转移到新市场的能力决定了关联壁垒的高度。

进入金融市场。退出可能会降低金融市场对企业的信心，或者弱化企业吸引潜在收购者或者买方的吸引力。如果被放弃的业务占总业务的比重较大，就可能会大大降低企业的金融信誉。虽然从业务本身来看，冲销账目并无经济层面的影响，但是它会对企业的赢利能力增长产生负面影响，也有可能提高资本成本。与其遭受一次性重大损失，企业更愿意接受多次的小额损失。显然，资产注销的规模取决于业务资产折旧相对于清算价值的比例，还取决于企业采用逐渐剥离或者一次性撤销业务的能力。

垂直一体化。如果某项业务与企业存在一体化关系，这种关系对退出壁垒的影响取决于导致行业衰退的各种因素影响整个垂直链还是只影响部分环节。在乙炔制造行业中，乙炔被逐渐淘汰，使得很多使用乙炔的下游化学合成企业受损。如果企业不仅经营乙炔，还涉及下游行业的一些环节，关闭乙炔制造厂可能会导致下游生产设施的停用，也有可能强迫企业寻找外部的供应商。虽然企业有可能因为行业对乙炔需求的下降和外部供应商达成更优惠的交易价格，但最终企业还得从乙炔的下游行业中退出。这样一来，退出战略波及整个垂直链。

相反，假如上游业务单元出售给下游业务单元的某项生产要素遭遇替代而过时，下游单元可以寻找外部的供应商来获得这个要素，这样就避免了对企业整体竞争地位的影响。因此企业如果面临着前向一体化，业务的战略价值的减少就会加速退出的决定，因为各项业务对于企业的整体成功都负有一定的责任。

信息壁垒

企业某个业务与其他业务的关系越紧密，比如存在共享资产或者买卖关系，企业精准判断该行业的真正绩效就越困难。业务表现不理想可能会被相关业务的成功所掩盖，而企业可能最终没法找到退出决定的经济学根据。

管理者或者情感壁垒

上述退出壁垒都是建立在理性的经济测算基础上的，如果缺乏相应的信息，就不能判断出上述壁垒。不过企业从某个业务领域退出，不仅受制于这类经济壁垒，还受制于情感壁垒。经过案例研究发现，管理者对某种业务的情感投入以及对自己能力和成就的自尊和恐惧会影响他们对未来的判断。

在单业务企业中，退出行业意味着管理者失业。因此，从个人的角度来看，退出并不是一件让人高兴的事请。退出会造成以下几种后果：

- 打击管理者的自尊，他们会被贴上半途而废的标签；
- 割断了与某项长期业务的关联；
- 给管理者的履历上加上了不光彩的一页，对其未来求职有影响。

企业的历史和传统越悠久，高层管理人员转移到其他公司或者行业的概率就越低，这些因素对退出的阻挠作用就越明显。

有充分的证据表明个人和情感壁垒会蔓延到多元化公司的高层管理人员身上。问题业务单元的经理与单业务企业管理者所处的情况一样。他们很难提出舍弃业务的方案；这样一来，是否放弃某业务的决定就由高层管理人员来做。公司高层对特定业务的认同感依然很强，尤其当这些业务开展时间很长，或者这些业务是企业初创以来就涉足的领域时。还有一种情况是这些业务是企业历史发展的核心，由当职的管理者一手创办或者获得。通用磨坊公司放弃其原始的业务（商用面粉）绝对是个艰难的决定，这个业务从创立到发展经历了很多年。

对业务的认同感会蔓延到多元化企业的高层管理人员身上，有关外部形象的自尊和关注也一样，当多元化企业的高层管理人员在可能被舍弃的业务发展过程中起了一定作用时更是如此。此外，多元化企业和单业务企业相比，有资格或者能力用其他业务的利润来弥补这个表现欠佳的业务，有时候甚至能掩盖问题业务单元的真正表现。具有讽刺意义的是，虽然多元化的初衷是只对投资进行更加客观、更为理性的评估，但碰到这种情况时，企业高层管理人员经常让感情因素占了上风。

针对多项业务舍弃的案例表明，很多时候管理层情绪壁垒之高，使得诸多该取消的业务在显示了弊端后多年，依然在企业中存在，后来因为管理层的人事更迭，才改变了这种情况。虽然这种情况比较极端，但是几乎所有人都认定舍弃业务是经理们最难做的一种决定。

企业经常退出行业，可以大大降低管理壁垒。例如，在跨度较广的化工领域，技术失败和产品替代非常普遍，这个领域的企业的产品生命周期较短；高科技企业有更强的推陈出新的责任感和实践能力。

政府和社会壁垒

在某些情况下，尤其在海外市场，如果政府特别关注就业和业务成效对当地经济的影响，那么舍弃某项业务则几乎不太可能。舍弃业务可能意味着两方面的代价：一方面是企业在其他业务或者其他方面所做的让步，另一方面是企业的部分条件有可能被政府禁止。哪怕政府没有直接参与业务运作，当地经济压力和隐形的政府压力构成的退出壁垒也可能很高，主要取决于企业所处的行业环境。

与此类似的是管理人员和企业员工对当地社区的责任，这未必可以直接用金钱衡量，但确实存在。业务舍弃通常意味着员工失业，这有可能损害整个地区的经济。这类关注可以与退出的经济壁垒联合起作用。在魁北克地区，纸浆行业非常低迷。然而，关闭纸浆厂的决策承受着无形的社会压力，这种压力让决策者透不过气来。因为很多纸浆厂实际是一个小城镇。对当地影响的顾虑让纸浆厂的经理很为难，而公开的、隐形的政府管制也让他们觉得仰人鼻息，抱负不得伸展。

由于众多壁垒的存在，使得企业在财务表现不佳的情况下依然苦守着某个行业。企业产能逐渐下降，企业却不能退出行业；企业为求生存，彼此展开无情的攻击。在具有较高退出壁垒的衰退行业中，哪怕是最健康、最强大的企业，也很难保证在其中毫发无损。

资产处理机制

企业资产的处理方式影响着衰退行业潜在的赢利能力。在加拿大纸浆行业濒临破产的时候，主要的车间不是废弃不用，而是贱价出售给一些企业家。新企业的投资门槛较低，其定价和其他方面的战略决策会有所调整，但留守行业的企业却受到了重创。低价将资产出售给员工也具有同样的效果。因此，在衰退行业中，如果企业的资产在行业内处理，而非报废，后续的竞争态势只会更加恶劣，倒不如就由一开始拥有这些资产的企业留存。

政府提供补贴，帮助一些无法生存的企业苟延残喘，这种情况也好不到哪里去。一方面，产能无法撤出市场；另一方面，当企业接受补贴时，潜在的利润水平可能进一步恶化，因为企业做出决策的经济基础不一。

企业竞争状态的波动

行业衰退期的销售量锐减，企业之间争夺份额的价格战也更加激烈。因此，本书第 1 章描述的决定行业衰退期企业竞争不稳定的条件在影响行业赢利方面更加突出。下列情况下，企业之间的战争更加激烈：

- 产品被视为差异性不大的商品；
- 固定成本很高；
- 很多企业受到行业退出壁垒的制约；
- 很多企业认定保持行业中的竞争地位具有重要的战略意义；
- 留守行业的企业的相对优势比较平均，以至于单个或者几个企业不能轻易打赢竞争之战；
- 企业不太确定彼此的相对竞争力，很多企业不顾后果，只想着改变自己的竞争地位。

供应商和分销渠道的因素会激化行业衰退期企业竞争的不稳定性。随着行业的衰退，客户对其供应商的作用减弱，这有可能会影响价格和服务。同理，同时服务多家企业、控制货架空间和定位的分销渠道的力量会随着行业的衰退而加强，甚至有可能影响客户的最终采购决定。在雪茄行业中，货架位置对其成功销售非常重要，因为雪茄是一种冲动型消费品。虽然这个行业衰退，但分销渠道针对采购雪茄的议价能力提升，卖方的利润率大大下降。

也许从行业较量的角度来看，在衰退期发生的最糟糕的情况是一两家战略地位较低的企业掌握着绝大多数重要公司的资源，而且打定主意留在行业里。它们的劣势让其孤注一掷地提升在行业中的地位，包括采用有可能威胁整个行业的降价措施。它们留守行业的能力逼迫其他行业对之做出反应。

行业衰退期的可选战略

讨论行业衰退期的战略，往往涉及撤资或者收割战略的选择。不过除此之外，有很多战略可供企业选择，虽然这些战略并不都适用于特定行业。战略的范围可以简单地归纳为四大类（见表 12–1），说明企业在衰退行业的竞争方式。企业可以单独采用这些战略，也可以依序实施。在实践中，这些战略很少有非此即彼的特征，但是可以将它们的目标和影响分开阐述。行业衰退期可选战略的目标和对投资的影响也大不相同。在收割战略和舍弃战略中，业务开展的方向是撤资，这也是衰退期战略的原始目标。在领先战略或者小众市场战略中，企业可能为提升自己在衰退行业中的地位而加大投资力度。

如何将战略与特定的行业或者企业匹配，我们将在下文揭晓。现在我们谈一谈每一种战略实施的原因以及执行这些战略的具体战术步骤。

表 12–1　可选战略

领先战略	小众市场战略	收割战略	舍弃战略
寻求市场份额的领先地位	在某个特定的细分市场创建或者防御自身的优势地位	利用优势地位，尽可能在可控的范围内撤回资金	衰退期一开始，尽早将投资变现清算

领先战略

领先战略旨在充分利用衰退期的行业结构，留守行业的企业有能力收割高于平均水平的赢利能力，而且相对市场份额可以领先于企业。企业旨在成为留守行业的唯一一家企业或者少数几家企业之一。一旦确立了这种地位，企业就可以继续保持这个地位或者实施受控制的收割战略，具体如何则主要取决于行业销售的模式。这种战略实施的前提是通过保持竞争地位或者收割，企业可以获得一个比不实施该战略更具有优势的地位。

执行这个战略的战术步骤是：

- 企业在定价、营销或者其他旨在提升市场份额的方面投资，从而确保其他企业能迅速地从行业中撤出自己的产能。

- 通过以高于其他地方可能的售价收购竞争对手或者竞争对手的生产线来取得市场份额。这有助于降低竞争对手的退出壁垒。
- 采购和撤出竞争对手的产能，这将降低竞争对手的退出壁垒，保证其产能不在业内出售；在机械传感器行业，领导企业要通过要约收购弱势竞争者的资产，其收购动机也是如此。
- 有其他方式可以降低竞争对手的退出壁垒，比如有意为其他产品制造备件、签订长期合约、生产自有产品。通过这些竞争举措，竞争对手有可能终止生产活动。
- 通过公开声明和相应的行为表现出留守行业的决心。
- 通过竞争行动表明自己超凡的竞争力，让对手不战而逃。
- 搜集并公布可靠的消息，消除大家对未来行业衰退的疑虑，这会降低竞争对手过高估计行业前景并留守其中的概率。
- 提高其他企业留守行业的筹码，增加用于新产品或者改良流程再投资的需求。

小众市场战略

这种战略的目标是确定衰退行业的一个细分领域（需求板块），不仅其中的需求稳定或者需求下降的幅度很慢，而且具有特殊的结构特征，能保证回报率。然后，企业投资构建自身的竞争地位。企业可能会采取某些领先战略中列出的举措，来降低竞争对手的退出壁垒或者减少这个细分领域的不确定因素。最终，企业会转而使用收割战略或者舍弃战略。

收割战略

在收割战略中，企业努力做到业务现金流的最优化。为此，企业会减少或者大幅砍掉新投资、减少生产设备的维修、充分利用剩余的业务实例来提升产品价格或者收获后续销售中塑造的良好商誉。在此过程中，连广告和研究费用都有可能减少。其他常见的收割战略包括下列各项，最终实现业务的出售或者清算：

- 减少款式的数量；
- 缩减利用渠道的数量；
- 不再为小规模的客户服务；
- 在交付期（存货）、维修速度或者销售辅助等方面的服务上降低水准。

所有业务都不会自动完成收割。收割战略的前提是企业利用过去赖以生存的某种优势和衰退阶段的行业环境，避免陷入惨烈的竞争大战。如果企业不具备某些优势，企业的价格会上升、质量会下降、停止广告宣传或者使用其他战略，从而遭遇销售量的骤减。如果行业结构导致了在衰退阶段非常不稳定，竞争对手将抓住企业缺乏投资的机遇来大肆蚕食市场份额或者打压价格，由此降低企业本可以通过收割战略、降低费用而获得的优势。此外，有些业务很难实施收割战略，因为几乎没有进一步缩减费用的空间。这里有个极端的例子是，如果不加维护，这个工厂必定难以为继。

收割战略中有个明显的特点是客户能够看得到企业的一些行动，比如加价、广告费用的缩减，也有些行动看不见，比如延迟维修、减少小型客户。不具备优势的企业可能不得不只采用客户看不到的行动，这些行动能否产生现金流的井喷，将取决于业务性质本身。

在衰退行业的所有战略选择中，从行政管理的角度来看，收割战略能创造最大的需求，但这在已有的研究文献中很少提及。在实践中，由于员工士气和流动性、供应商和客户的信心以及管理者的激励等原因，很难管理受控制的清算活动，按照本书第 3 章描述的组合管理方法来区分可以收割的业务，也不太有效。虽然通用电气和米德公司已经改善了管理的激励制度来适应实现收割战略的情况，但这些举措的成效并不明显，而在收割战略中面临的其他行政管理问题也依然存在。

舍弃战略

这个战略的前提是企业通过在衰退阶段早期出售产品，而非收割或者日后出售，或者采用其他办法使业务的回报最大化。尽早出售业务能够使企业从中获得的价值最大化，因为业务出售的时间越早，最终行业需求下降的不确定性就越大，而且针对这类被出售业务和资产的需求也越大，比如在国外市场就有吸纳这些资产的好机会。

在某些情况下，最好能够在行业衰退发生之前舍弃业务，甚至在行业成熟阶段就可以舍弃。一旦衰退比较明显，行业内外的业务资产买方就有比较强的议价能力，企业就会处于不利地位。另外，尽早出售业务表明企业需要承担风险，因为它对行业衰退的预期未必正确。

舍弃战略可能会迫使企业面对诸如企业形象和关联性等退出壁垒，不过尽早舍弃业务能缓解这些因素的影响。企业可以使用自有品牌战略或者向竞争对手出售产品线等方法来帮助缓解这些问题。

行业衰退期的战略决策

上文的阐述为我们提供了很多确定企业在衰退行业所处地位的一系列分析步骤。请回答下列问题：

- 按照本章所述的分析条件，行业结构是否有助于企业留守处于衰退阶段的行业，即企业是否有赢利的可能性？
- 每个重要的竞争对手面临的退出壁垒是什么？谁能实现快速退出，谁又会留守行业？
- 各留守的企业服务需求板块的相对优势是什么？在退出发生前，按照各自面临的退出壁垒分析，它们的竞争地位受到负面影响的程度如何？
- 企业面临的退出壁垒是什么？
- 企业相对于自身服务的需求板块的相对优势是什么？

为行业衰退阶段选择一种战略，需要权衡企业留守行业的意愿与企业的相对竞争地位。企业的关键优势和劣势决定了其相对竞争地位，但与行业发展初期有所不同。主要看企业服务于留守行业需求板块的能力，还要看衰退行业的条件以及留守企业之间的竞争性质。对于领先战略或者小众市场战略来说，核心问题是提升竞争对手退出壁垒的高度。处境不同的企业面对行业衰退期有不同的战略。

图 12–1 显示了在行业衰退期企业战略选择的分析框架。

当不确定性、退出壁垒低等因素使得行业结构有助于企业在行业衰退期实现竞争优势时，拥有实力的企业就可以实现领先战略或者防御自己的小众市场竞争地位，这主要取决于行业结构的特征，即企业在仅有的剩余细分领域或某一两个细分领域里竞争的结构可行性。拥有实力的企业有能力确立自己的领先地位，竞争失败的企业则会退出行业。一旦企业确定了领先地位，这时候的行业结构就有利于企业。当企业的资质平平，没有特定的竞争优势，那么获得整体领先地位或者小众市场领先地位的概率就很低，但企业仍然可以利用有利的条件实现收割战略。企业可以选择尽早舍弃业务，按照收割战略是否可行采取措施，寻找出售被舍弃业务对应资产的机会。

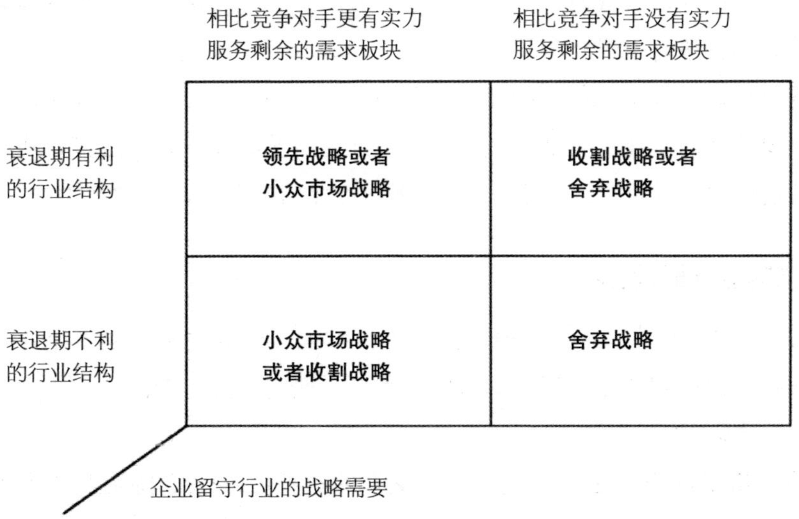

图 12–1

假如行业衰退期的环境条件很差，因为行业存在的不确定因素很高，竞争对手的退出壁垒很高，行业的终局博弈异常动荡，那么实现领先地位的投资就不太有可能获得收益，企业也不能在小众市场竞争中取得优势。如果企业的相对竞争地位较高，可以通过退守小众市场或实施收割战略有效地利用行业条件。如果企业没有什么特殊的优势，我们建议只要退出壁垒条件允许，就应赶紧离场，因为其他陷入行业不能自拔的企业面临的退出壁垒较高，可能很快就会攻击企业现有的竞争地位。

在这个简单的分析框架里，还有一个分析维度，即企业有可能出于战略需要存在于留守行业里。比如，为了现金流的战略需要，企业可能倾向于实施收割战略或者过早出售资产，哪怕有其他条件表明企业可以争取实施领先战略。从运营的角度来看，企业必须评估战略需要的性质，然后对照行业衰退期的其他条件来确定正确的战略。

企业尽早决定实施某一种应对行业衰退的战略，就能获得更多的优势。尽早决定实现领先战略可以尽快发出信号，迫使竞争对手退出市场，明确实现领先战略的时机优势。尽早决定舍弃战略，也能给企业带来相应的好处，这在上文已经讨论过。若推迟应对行业的衰退战略，可能会减少企业的选择余地，迫使企业实施收割战略，或是实施小众市场战略。

在衰退行业中进行战略选择，尤其是开展激进的战略选择的一个关键就是想方设法使特定的竞争对手退出市场。本章上文已经介绍了实现领先战略的方法。有时候，只有当具备较高市场份额的竞争对手退出市场后，企业才有可能采取激进的应对行业衰退的战略。在这种情况下，企业可能会实施收割战略，等待时机；如果行业领导者选择留在行业里，企业可能会立即实施收割战略或者舍弃战略。

行业衰退期的战略陷阱

找到如图 12–1 显示的企业地位需要进行细致入微的分析。很多企业违背了图中显示的行业结构和战略选择最基本的一致性。研究衰退行业的结果也表明企业有可能陷入战略陷阱。

无法认识到行业衰退。企业对在衰退期的行业的振兴抱持乐观的态度，事后我们发现这种做法并不可取。但是行业的不确定性的确存在，我们不可能提前预知。总有一些企业没法真正客观地观察行业衰退的实质，这有可能是因为企业长期以来非常认同行业或者对替代品的预见过于短视。存在较高的退出壁垒有可能对管理者如何评价环境产生影响。这些管理者总是在寻找乐观的信号，因为悲观情绪会让企业苦不堪言。从我对多家衰落行业的研究可知，能在行业衰退期保持客观看法的企业往往也涉足替代品行业，它们能更清楚地观察替代品以及衰退给企业带来的威胁。

消耗战。与竞争对手在具有较高退出壁垒的行业里开展消耗战往往会导致灾难的发生。这类竞争对手被迫对企业的行动做出激烈的回应，在没有大力投入的情况下，它们根本不可能赢得一点儿竞争地位。

实力不足，却依然实施收割战略。除非行业结构在衰退阶段非常有利，否则企业若无明显实力，实施首个战略则是不明智的。一旦企业的营销或者服务水准下降，或者价格升高，客户会很快转向其他地方完成业务。在收割的过程中，业务的重置价格可能无从知晓。收割战略要求企业承担的竞争和行政风险表明企业必须要深思熟虑，以防战略不当。

准备好应对行业的衰退

如果企业可以预测行业在衰退期的条件，就能通过在成熟阶段采取有效的措施，大大提升自己在行业衰退期的竞争地位。有时候，考虑到企业在成熟阶段的战略地位，这些举措的成本微不足道，它们包括：

- 按照本书有关壁垒原因的分析，尽量避免可能提升退出壁垒的投资或者行动；
- 将战略重点放在行业衰退期强势的市场细分领域中；
- 在这些细分领域里创造转换成本。

13 全球化行业发展的竞争战略

在全球化行业中，各大主要区域市场或者国内市场的竞争企业会受到其全球竞争地位的影响。IBM各个部门综合发展技术实力、营销市场以及全球范围内协调有序的生产制造系统，大大提升了它在法国和德国计算机市场的销售份额和竞争地位。为了分析企业在全球化行业的竞争地位，有必要在开展企业个体分析后，对照其不同区域市场或者国内市场分析行业的经济规律和企业的综合实力。

全球化行业要求企业进行全球范围的竞争，开展有序的协作，还有可能让企业面临竞争劣势。有些行业中有许多跨国公司，因此被认定是国际化行业，其实它未必具备全球化行业的根本特征。在很多消费类包装食品行业，雀巢、派特公司、CPC国际公司在很多国家都设有分公司。除了产品开发的限制外，这些跨国公司的子公司都是自主经营，在各国之间建立竞争平衡。企业为取得成功，不一定就要在全国范围内竞争。因此，有跨国公司经营的行业未必就是全球化行业。必须要意识到全球化只是一个程度的问题，而企业依靠全球化竞争战略在国际市场取胜的程度则依据行业的不同而有所不同。

20 世纪 70 年代，越来越多的行业成为全球化行业。这种重要的结构环境未来将会变得更加普遍。无论从哪种角度衡量，国际贸易和对外投资都有大幅度的上升，伴随着行业变革产生的战略地位调整，企业日趋国际化，其速度之快、幅度之大常让人震惊。电视机、摩托车、缝纫机和汽车行业的变化尤其明显，虽然它们未必就是行业内的典型案例。全球化演变类似于 19 世纪 90 年代到 20 世纪 30 年代美国各行业从地区化向全国化过渡的情景。正如上文指出的，促成这类变化的根本原因是一样的。此外，全球化竞争的变化趋势影响相当深远。几乎每一个行业的管理者都必须考虑全球化发生的可能，而在很多行业全球化已成事实。

国际化竞争和国内竞争有很多区别，在制定竞争战略的时候，必须要意识到这些区别：

- 不同国家的要素成本存在差异；
- 国外市场的环境不同；
- 国外政府在市场中的职能不同；
- 企业的目标、资源以及监测国外竞争对手的能力不同。

不过，全球化行业和国内行业的结构要素和作用的市场力量几乎相同。全球化行业的结构化分析必须包含对国外竞争对手的分析，考虑潜在的进入者时要更加全面，替代品的范围也要拓宽，企业的目标和特征以及对重大战略认知的差异也更大。话虽如此，但本书第 1 章描述的结构要素依然奏效。正如我们看到的，绝大多数成功的全球化战略都是建立在意识到这些市场力量的基础上的，企业要明确和国内竞争的情况相比，全球化竞争的市场力量更加复杂，情况也大不相同。

本章将利用本书第一部分提出的理论框架来分析全球化行业中出现的具体经济和竞争问题。要分析的核心问题将从利弊两个角度展开。企业是否依靠全球化竞争提升了自己在行业中的竞争地位？企业受到国际竞争的威胁程度有多大？在分析问题时，我将首先辨别推进并阻碍全球化竞争的市场结构条件。这类分析是理解行业全球化发展的基础，包括明确政府职能的变化和有可能触发全球化竞争的企业战略创新。在这种背景下，我将考虑在全球化竞争中企业所面临的其他重大战略问题以及可以选择使用的战略。最后，本章还提出有可能影响全球化竞争态势的行业趋势，包括分析可能推动或者阻碍新兴发达国家（比如韩国和新加坡）企业竞争的行业条件。这些国家的行业在全球化行业中扮演着日益重要的角色。

全球化竞争的起因和障碍

企业可以通过 3 种基本机制来参与国际竞争：许可经营、出口和对外直接投资。通常情况下，企业的首次境外交易涉及出口或者许可经营。在企业获得了一定的国际经营经验后，才能考虑对外直接投资。出口或者对外直接投资在真正国际化竞争的行业里都存在。许多国家存在的大量出口交易是全球化竞争中非常可靠的信号，但行业中即使出现了大宗对外直接投资，我们也未必能确定全球化竞争的存在。这些投资可能以国外市场独立经营的子公司形式出现，每个子公司的竞争地位主要取决于公司所在国拥有的资产和当地环境。

从根本上来说，行业成为全球化行业是企业在许多国家以协同方式竞争实现增效的结果，即获得经济或者其他方面的优势。针对这类国际战略优势，存在诸多促进其实现或者阻碍其发生的因素。全球化竞争分析的任务是评估特定行业内的上述因素，理解该行业存在全球化竞争或者国内竞争的原因，同时理解为何全球化竞争的优势超越了劣势等。

全球化竞争的起因

全球化竞争起源于 4 个方面：第一，传统的比较优势；第二，国内市场超越规模或者累计数量的规模经济或者学习曲线；第三，产品差异化的优势；第四，市场信息和技术的公共产品特点。

比较优势。存在比较优势是全球化竞争存在的传统因素。当一个国家或者多个国家在用于产品生产的要素成本或者要素质量上存在明显优势时，这些国家就可以成为原产地，出口产品至其他国家。在这些行业中，全球化企业在拥有相对优势的国家中的战略地位对其全球地位有着重大影响。

生产的规模经济。如果在生产过程或者提供服务的过程中存在超越了主要国际市场的规模经济，企业就可以通过集中生产和全球化竞争赢得成本优势。比如，现代高速钢铁厂的最低生产规模可以满足全球 40% 的需求。有时候，垂直一体化的优势是实现全球化生产规模经济的关键，因为垂直一体化的有效规模比国内市场的规模更大。实现生产规模经济要求企业向其他国家出口产品。

全球化运营经验。专有技术的扩散会导致成本的显著下降，在这类技术中，企业若有能力在很多国家市场中销售同类产品，就必然能从中获得巨大的收益。产品若在很多国家的市场内销售，其累计销售量会大大增加，这样就产生了全球化竞争的成本优势。这种情况在轻型起重机行业中已经发生过，如丰田公司获得统领地位和绝对优势。哪怕企业在单个区域市场竞争最终能实现的累计销售量有限，全球化竞争也能够加速企业的学习过程。由于全球化企业可以在不同车间内共享工艺改良和技术提升的经验，企业就能获得更多经验，这样全球化竞争就能帮助企业实现成本优势，哪怕生产不够集中，只能在不同的区域完成生产过程也可以。

物流的规模经济。假如国际物流系统包含了固定成本，通过向多个国家市场供应产品可以分担物流的这部分固定成本，那么全球化竞争企业就能获得潜在的成本优势。全球化竞争还可以帮助企业实现物流的规模经济，前提是企业有能力使用专业化的系统，如专业化的船舶。再如，日本企业使用专业船舶来运输钢材和汽车制造所需的原材料和成品，借此大大降低了成本。如果企业在全球范围内运营，就需要重新审视自己的物流安排。

营销的规模经济。虽然营销职能的很多基本任务需要在各个国家的市场内进行，但在某些行业内实现全球化营销也能够获得规模经济，最显著的是在那些拥有全球化统一部署销售团队的行业里。比如，在重型制造业和飞机或者涡轮发动机制造领域中，销售任务非常艰巨，销售人员主要和几个买方不定期开展交易。因此，全球化竞争企业可以分摊在很多国家市场内运营的高素质销售团队的高额成本。

如果能在全球范围内使用专有的营销技巧，也能获得潜在的营销规模经济。通过将某个市场中的知识免费应用于其他市场，全球化企业可以获得成本优势。麦当劳的配方活动或者天美时的破坏性营销测试都是在全球范围内展开的。有些品牌在不同区域市场内通用，但很多企业必须在每个国家市场中都有所投入，才能确立自己的品牌地位。当然，有些品牌是通过财经媒体、技术文献、文化优势或者其他不需要投资的方式确立国际知名度的。

采购的规模经济。假如企业的采购规模超越了单个国家的市场规模，全球化竞争企业就有可能获得采购的规模经济和潜在的成本优势，因为企业可以提升自己的议价能力或者降低长期采购的成本。例如，全球化竞争的电视机制造商似乎能够以更低的价格采购晶体管和二极管，由此获得成本优势。与生产原材料或者部件的规模相比，行业的采购数量适中，则全球化企业获得规模经济的概率也就较大。如果采购量很大，企业可能早已采取了各种议价的办法。如果企业直接涉及原材料的提取和采集（如矿产品）或者生产（农产品），相应的成本优势也类似。假如某个矿产品在一个较大的国家市场中竞争，行业的效率规模超过了该市场对矿产品的需求，那么该企业按照效率规模的大小开采，且开展全球化竞争，就能获得成本优势。然而，企业在全球范围内竞争并实现这种优势需要有个前提，那就是企业不在效率规模的层面上开采，也不会将多余的矿产品出售给其他企业。

产品差异化。在某些行业里，尤其是技术快速发展的行业，全球化竞争能让企业获得信誉优势。在领导潮流的化妆品行业里，企业会因为自己曾在巴黎、伦敦和纽约开展业务获得形象的优势，这将有助于企业打开日本市场。

专有的产品技术。全球化的规模经济还来源于企业在多个国家的市场里应用专有技术的能力。当研究活动的规模经济相比某个国家市场的销售额而言较大时，企业的这种能力就很重要。在计算机、半导体、飞机和涡轮发动机行业中，全球化竞争企业的技术优势尤其明显。技术的进步耗资巨大，要求全球市场来吸收才行。全球化竞争有时候可以给企业一系列在全球范围发展技术的机会，进而提升各自的技术竞争力。

生产的流动性。由于规模和专有技术的共享而产生的一个重要的规模经济是产品或者服务的生产具有流动性。例如，在重型制造行业中，企业的项目团队在全球各地来回调度，参与项目建设：油轮在全球各地运载原油；地震监测小组、石油探测小组、资讯顾问也都是四处奔波，居无定所。此外，企业可以投资高素质的人才或者移动设备，这些人才或者设施的利用如果局限在某个国家的市场内，当然显得不够划算。这又是一个规模经济超过单个市场规模的例子。

全球化竞争优势的起因可以综合在一起共同起作用，彼此之间也有影响。例如，生产的规模经济为企业入侵国外市场提供了基础，这将进一步形成物流或者营销的规模经济。

全球化优势的每一种起因的重要性主要取决于两点。第一，实现全球化的业务在总成本中所占比重。第二，企业如果实现全球化竞争有优势，具体的业务对企业总体竞争有何意义。某个领域业务占总成本比重较小（比如销售团队），却实现了竞争优势，这对某些行业的竞争成败具有重大意义。在这种情况下，即使在成本或者效率方面实现了看似微不足道的改良，也将对企业的全球化竞争产生巨大的影响。

要注意的是所有全球化竞争的起因都代表了全球化企业面临着退出壁垒，这个要素对于我们讨论全球化行业的竞争问题至关重要。

全球化竞争的障碍

全球化竞争企业的优势的形成过程中有很多种障碍。这些障碍可能会限制行业的发展，延缓其全球化进程。当全球化竞争的优势超越了障碍，这些障碍会给国内竞争的企业带来巨大而可靠的小众市场竞争优势。第一类障碍是经济因素，这些障碍提高了全球化竞争的直接成本。第二类障碍未必会直接影响成本，但有可能会影响企业管理任务的复杂程度。第三类障碍与纯粹的体制或者政府制度约束相关，与经济因素无关。第四类障碍与行业中存在的企业的观念或者资源限制有关。

经济障碍

运输和存储成本。运输或者存储成本会抵消集中生产的规模经济以及综合多个国家和联合运输系统的一体化系统生产的效率。像预应力混凝土、有害化学品和化肥这样的行业，高昂的运输成本意味着要在每个市场建立厂房，规模超过单个国家市场需求的厂房能减少生产成本，但也无法避免成本抵消生产效率的情况。可见，竞争的性质依据市场而定。

产品需求存在差异。如果不同的国家市场需要不同的产品类别，就会阻碍全球化竞争。由于文化差异、经济发展状态、收入水平、气候等因素，不同国家的市场对产品的需求有很大不同，主要体现在对成本、质量、性能、式样、大小等方面的权衡。例如，虽然在美国和西欧市场，计算机控制式缝纫机都在销售，但是发展中国家需要的是功能简单的缝纫机。不同的法律规定、建筑规范或者技术规则，使得不同的国家市场针对具体的产品需求不同，哪怕产品的本质特征一样，款式也要有所差异。不同的市场需要不同款式的产品，这阻碍了全球化的规模经济，使得全球化企业的学习效应很难实现。如果不同的产品款式要求不同的原材料或者部件，还会让企业无法享受全球化采购的好处。

产品需求的差异引起的全球化竞争障碍取决于调整产品以适应不同国家市场所需要承担的成本。如果需要的产品差异只是外观差异，企业可以通过标准化生产达到要求，无须支付太大成本，全球化企业依然能够收获全球规模效应。

现有的分销渠道。在每个国家市场都获得分销渠道有可能使全球化竞争受阻。若行业的客户人数较多，且单独采购订单的数量较小，企业要在竞争中取胜，就必须能够与既有的独立库存分销商建立合作关系。比如，在电气产品领域，任何单个产品的销售规模都很小，包括负荷中心或者断路器，为此建立公司内部的分销渠道就不太实际。在这种情况下，国外公司很难进入既有的分销渠道。除非国外公司做出巨大让步，否则这些销售渠道不会为了和国外公司建立合作关系，而切断与国内公司的现有关系。而国外公司为此做出的让步常让人难以消受。如果行业处于新兴发展阶段，分销渠道尚未发展成熟，这种“瓶颈”问题就不会如此严重。不过，如果企业的大量产品都只经过少量的分销渠道销售，国外公司获得分销渠道的概率就更大一些。不然，碰到业内存在很多小规模渠道商的情况，国外公司就得一一说服它们接受自己的产品进行分销了。

销售力量。如果产品要求本地制造商的直销队伍参加，国际化企业就面临着潜在的规模经济壁垒；如果国内竞争企业销售大量的产品，那么这种壁垒就会对全球化竞争造成巨大的障碍。比如，这种因素有可能阻碍医药产品行业的全球化。

本地维修服务。企业若需要安排本地维修服务，就会阻碍企业的全球化竞争，与需要本地销售团队销售产品构成的障碍类似。

对交付期比较敏感。如果行业的潮流周期较短，技术发展迅速，就会造成客户对交付期比较敏感的结果，这样就会阻碍全球化竞争。各国市场和集中生产、产品开发或者营销行动的距离往往会导致企业对市场需求的延迟，在服装行业和分销行业，这一点很难被人接受。如果本地产品的需求不同，还会激化这个问题。

与交付期相关的问题是全球范围的产品运输。这时，交付期往往就会转化为成本。从理论上讲，每一种产品最好都能空运，哪怕这样做成本很高。这里的关键是虽然全球范围内的运输也有低成本的方式，但这势必造成运输期限的延长，对市场的响应时间也太慢，让人无法接受。

区域市场内的细分过于复杂。各国市场的客户对不同品牌的产品及其性价比进行权衡比较，将影响全球化竞争，其原理与不同国家市场的产品需求差异会阻碍全球化竞争是一样的。复杂的细分提升了产品款式多样性的要求，企业需要具备按照客户要求定制产品的能力。产品款式增多，势必会增加成本，这就大大影响了企业依靠一体化生产系统从集中生产中获得的成本优势。本地企业更能适应本地市场不同细分领域的需求。

缺乏世界需求。如果在很多国家市场内不存在对某种产品的需求，那么全球化竞争就不会发生。若行业较新，或者产品和服务只适合某几个国家市场内特殊客户群体的需要，就会出现这种情况。

行业较新可能表明了在国际贸易的产品生命周期中国际需求的缺乏。这个概念认为一开始在市场上推出的产品，其特征具有最大价值（比如在高薪国家内开展节约劳动力的创新）。最终，产品模仿和技术扩散导致其他国家产生需求，该国的创新企业开始出口业务，开展对外投资。一旦国外市场有需求，技术传播到国外，国外企业就开始生产这类产品。随着行业的不断发展成熟，后续的产品标准化和价格竞争启动，海外企业可能因为后发优势获得成本优势，或者因为相对优势在行业占据突出的地位。所有这些观点表明行业发展比较成熟是全球化竞争存在的前提条件。相比多年前的情况，由于很多跨国公司具有全球化竞争的经验，可以快速实现新产品的全球传播，如今全球化竞争的行业成熟度要求较低。

管理障碍

营销任务不同。就算全球出售的产品种类接近，不同地域范围的营销任务也大不相同。不同的国家，分销渠道的本质、营销媒体以及接触客户的最佳方式都会有所不同。这样一来全球化竞争的企业不仅无法妥善利用从其他市场上获得的营销知识，也很难做到像本地厂商那样在当地市场开展卓有成效的营销。虽然全球化竞争的企业应该开展集中的生产或开发活动，外加本地化营销的辅助，但是在实践中操作起来却很难。在某些业务领域中，客户可能会偏向本地企业，其背后的原因也五花八门。

密集的本地服务。在行业要求企业开展密集的本地化营销、服务或者其他与客户的互动时，企业发现很难在一体化的全球范围内实现这一点。虽然全球化企业可以通过放权的业务单元执行这些职能，但往往事与愿违。管理任务非常复杂，要求本地企业对需求的响应更加及时。当密集的本地化营销和分销（不具有全球经济效益）成为企业竞争的根本，全球化企业其他集中活动获得的收益将不敌本地企业的反应。虽然全球金属制造商可以从跨国经营中获得一些生产和技术利益，但是开展密集的本地营销活动、高响应的服务以及快速周转的要求表明本地企业的表现能与全球化企业匹敌，甚至赶超全球化企业。

快速变化的技术。随着技术的快速发展，要求不断进行产品和服务的重新设计来适应本地市场的需求，这时全球化企业的经营就会出现困难。自给自足的国内竞争企业能够更好地适应这种情况。

制度障碍

政府障碍。存在多种影响全球化竞争的政府障碍，大多数都打着保护本地企业或者当地就业情况的旗号。

- 关税。关税会制约生产过程中规模经济的实现，这与运输成本的限制是一样的。
- 配额制度。
- 政府和准政府机构优先选择本地企业的协议（比如电话公司、国防承包机构等）。
- 政府坚持由本地企业开展研发工作或者要求产品中包含本地企业生产的部件。
- 税收优惠、劳工政策或者其他有利于本地企业的运营法规和规定。
- 不利于企业国际运营的行贿受贿法、税法和其他母国政府规定的政策。

政府障碍可以帮助本地企业或者要求企业在某个国家内开展生产，这就抵消了企业从全球化生产获得的规模经济。政府法规可以规定产品在特定国家内销售，甚至要求企业采取有国别差异的营销举措。

政府障碍最有可能在所谓的支柱行业中发生，或者在那些能够影响重要政府目标的行业中发生，如就业、区域发展、战略性原料的本地供应、国防和具有文化意义的行业。比如，在发电和电信设备行业，通常存在着巨大的政府障碍。

观念或者资源方面的障碍。最后一种阻碍全球化竞争的障碍与行业内现有企业的观念或者资源限制有关。分辨全球化竞争的机会本身就是一种创新，这其中涉及了超越国内范围的国际问题。行业内的企业可能缺乏必要的视野。在企业确立自身在国际市场地位的过程中要承担很高的信息和搜索成本。要构建全球范围的设施或者为进入新市场启动投资，企业也需要很多资源。这些投资可能完全超越行业内企业的能力。展开全球化竞争要求有超凡的管理和技术水准，这也让当前行业内的企业束手无策。

无论是什么行业，全球化竞争的障碍似乎一直存在。即便是在那些看似具有普遍的全球化竞争性质的行业里，也会存在一些本地要素。在某些市场中或者在某些细分领域中，存在一些非常明显的全球化竞争障碍，因此国内竞争企业可能会比全球化竞争企业表现得更加出彩。

全球化行业的变革

很少有行业在诞生之初就是全球化行业，但是这些行业往往会演变为全球化行业。接下来我将讨论有助于全球化行业形成的常见因素，包括确立或者提升全球化竞争优势起因、减少或者根除全球化竞争的障碍。后者不会导致行业全球化的发生，除非行业已经存在着重要的战略优势诱因。不论处于什么情况，哪怕通过经济或者体制改革已经具备了行业全球化的条件，企业也需要采取战略创新来实现行业的全球化。

全球化的环境诱因

规模经济增加。技术进步增加了生产、物流、采购或者研发活动的规模经济。这显然是全球化竞争的一大诱因。

运输或者存储成本的降低。运输或者存储成本的降低显然会刺激全球化。过去几十年时间里连续发生的运输成本的下降是全球化竞争加剧的又一大诱因。

分销渠道更加合理或者发生改变。如果分销渠道处于不断的变化中，国外企业面临的压力会大大减少。分销渠道趋于合理也会有同样的效果。例如，如果某个产品的分销渠道从很多分散的零售商转变为几个国家级的商店和大型连锁分销商，国外企业面临的获得渠道分销商的问题也就大大减少。

要素成本发生变化。要素成本的变化能大大加强全球化的诱因。劳动力成本、能源和原材料的增加能优化生产过程或者分销渠道的配置，帮助企业从全球化竞争中获得更多的利益。

各国经济和社会条件差异的缩小。不同国家、不同地域市场的经济发展程度不同，这在一定程度上催生了市场对产品类别多元化、营销方式多元化的需求，以及获得本地销售渠道的问题。不同国家在市场经济发展、相对要素成本、收入水平、分销渠道性质以及现有的营销媒介等方面都存在差异。不同区域市场的经济和文化环境日渐趋同，只要行业内存在获得全球化优势的要素，这个行业内就有全球化竞争的可能。例如，美国的能源价格上涨，其他国家与美国人均收入的差距减少，这两个因素使得美国汽车制造商进入小型汽车领域，开始全球范围的销售活动。相对美国和欧洲市场，远东地区和南美市场的快速增长，使得这些地区的消费品市场的经济条件日渐趋同，增加了消费品行业的全球化竞争。

政府管束的减弱。取消配额制度、减少关税、提升技术标准的国际协作以及诸如此类的政府政策的改变会提高全球化竞争的概率。例如，欧洲经济共同体的形成大大提升了美国对欧洲的直接投资。

战略创新刺激全球化

如果不存在诱发全球化的环境因素，企业的战略创新也会刺激全球化。

重新定义产品。如果不同国家之间的产品差异减小，企业就可以获得全球化竞争的其他潜在优势。有时候，随着行业的成熟和产品的标准化，各国产品差异自然缩小。然而，企业可以重新设计产品，提升各国市场对产品的认可度。通用汽车和其他汽车公司都在纷纷制造“世界汽车”。还有一种情况，营销创新重新界定了产品的形象或者概念，这等于开拓了全球化竞争的许多机会。例如，本田公司在美国重新定义了摩托车的形象，把它作为一款实用、容易驾驭、方便操作、简洁大方的交通工具重新推出，改变了原先人们认定摩托车是一群穿着连帽皮夹克的潮人用来飙车的观念。综合本田在日本和美国新市场的销售量，可见本田能够在摩托车生产中获得大量的规模经济。重新定义产品可能会降低获得分销渠道的难度。

辨认市场细分领域。不同国家对产品的需求有所差异，但不同国家的市场内都存在细分领域，很多细分领域的需求远远没有得到满足。例如，日本和欧洲企业都能在美国市场销售小型叉车和小型电冰箱，因为美国生产企业没有很好地满足这些细分领域的需求，它们只专注于自己的主打产品。这些细分领域要求企业具有独特的技术、设施或营销方法，这些因素符合全球化经济发展的特征，且本地企业无法企及。还有一些细分领域受到阻碍全球化竞争因素的影响。比如在印刷业，高品质的持久细分领域对交付期的要求最低，这个领域由全球化企业服务，而其他细分领域则由国内企业服务。

减少本地化的成本。如果企业能够降低按照本地需求调整产品的成本，就能大大减少因为国别差异造成的全球化竞争障碍。法国和其他国家对于电视机的信号接收有不同的技术规定，即PAL制式和SECAM技术。有报道称，松下电器就开发出了能够接收这两种制式信号的电视机。不同国家对电信转换设备的需求各不相同。爱立信一直在开发系列模块软件应用包，该软件包可以在将普通产品调节成为符合本地需求的硬件过程中使用。任何对产品进行模块化改制以方便应用于各地市场的创新，任何能够提升产品兼容性的创新，都能为全球化竞争创造条件。能够降低生产特殊产品成本的生产技术变化也能推进全球化竞争。

设计的改变。设计的改变可以使全球采购规模经济下的部件生产更标准化，或者使新部件满足全球化采购模式的要求，若能实现规模经济，那么这类设计的变化就能推动全球化竞争的改变。

生产的去一体化。企业可以集中生产部分或者所有部件，然后在本地完成装配。这样一来就能克服某些行业里政府要求本地化生产的限制。如果规模经济主要来自于一种或者多种关键部件，那么这些部件的集中生产就能大力刺激竞争的全球化。

减少资源或者观念的限制。新企业的进入能够减少全球化竞争的资源限制。新企业可能用全新的战略在行业中开展竞争，这些战略不会受到行业内在全球化竞争开展前竞争战略实施的牵制。例如，日本企业和近来其他亚洲企业，比如新加坡和韩国的企业，就通过这种途径非常成功地实现了行业转型。

国外公司可能有能力更好地发现并重新界定产品或者服务在全球细分领域中的机遇，这是它们优于美国公司的地方。这也多半是因为它们在自己的国家里有过以这种方式竞争的经历。例如，日本摩托车企业一直应对的市场是作为常规交通工具的摩托车。欧洲企业长期以来一直生产小型冰箱，主要是因为欧洲地区的住宅单元的面积历来比美国小，当然这并不是欧洲率先生产小型冰箱的唯一原因。

进入美国市场

美国市场空间无限，机会很多。在很多行业中，其他国家的企业进军美国市场，才算有可能实现全球化。意识到美国市场的战略性质，国外公司一直努力创新，希望能打开美国市场。此外，美国企业有个巨大的资源大国和广阔的市场做东道主和后盾，在设计真正全球化竞争的模式时，感受到的压力更小。

与其他国家的政策相比，美国政府政策对国外公司的限制更小，美国市场的开放程度也更高。这样的自由度得益于这样一个事实："二战"之后美国花费了很大精力帮助日本和德国恢复经济实力。

全球化行业的竞争

与国内竞争相比，全球化行业的竞争提出了许多独特的战略问题。虽然其解决方式要依据具体的行业情况以及母国和东道国的情况而定，但全球化竞争的企业必须都要坦然面对下列各个问题。

行业政策和竞争行为。全球化行业的典型特征是企业除了总部在母国外，还要在全球范围内多个国家的市场内运营。尤其在美国以外的地区，竞争对手分析涉及全面分析企业及母国政府的情况。两者之间千丝万缕的联系可能涉及多种形式的政府管制、补贴和其他形式的扶持。母国政府常围绕自己的目标行事，包括就业和国际收支平衡等。从企业的角度来看，这些目标未必就和经济发展有关。政府实施的行业政策可能影响企业的目标，为企业提供研发基金，以及从多方面影响企业在全球化竞争中的地位。母国政府可以帮助企业在全球市场中谈判（比如在重型制造行业和飞机制造行业），通过中央银行为企业提供融资销售服务（比如农产品、国防产品和船舶等），也可以利用政治杠杆从其他方面提升企业的经济利益。在某些情况下，母国政府直接通过部分或者全额所有制形式干涉企业的经营。这种全方位的支持和帮助，其直接的后果是企业的退出壁垒也在不断升高。

在没有仔细分析企业和母国政府关系的前提下，要想进行全球化行业中的竞争对手分析无异于纸上谈兵。企业一定要理解母国政府和这类产品销售国政府的相对政治和社会经济关系，才能理解国家的行业政策。

全球化行业中的竞争性质往往会受到政治因素的影响，这些政治因素与经济可能相关也有可能无关。采购飞机、国防产品或者计算机可能在很大程度上取决于母国政府和购买国之间的政治关系，因为这些国家的市场都在比较彼此的产品。这个因素表明，在全球化行业中生存的企业，必须要时刻关注政治资讯，还必须明白企业与母国公司和购买国公司的特定关系，这些关系具有真正的战略意义。竞争战略还必须包括构建政治资本的事件，如在主要的市场里设立安装作业区域，不管这些安装作业设备的购置是否具有经济学意义。

在主要市场中企业与东道国政府的关系。企业在各大主要市场中与东道国政府的关系，是全球化竞争中必须要考虑的因素。东道国政府有很多机制，可能会阻碍企业的全球化竞争。在某些行业中，政府是主要的买方；而在其他行业里，政府的影响比较间接，但是影响力很大。东道国政府往往会施加自己的影响力，阻碍全球化竞争或者在行业内创建不同类型的战略群体。多兹开展的研究就确定了三大战略群体。第一类由协作开展全球化竞争的企业组成。第二类是遵循本地响应战略的跨国公司（拥有的市场份额往往不高），而不开展一体化。这些企业规避了很多政府的障碍，甚至得到了东道国政府的支持。最后一类战略群体由本地企业组成。对于国际公司来说，对东道国政府的响应程度成为一项关键的战略要素。我将在下文详细介绍几大类全球化竞争战略。

努力开展国际化竞争的企业需要在特定的主要市场中获得经济效益。比如，企业应在特定的主要市场获得足量的销售额，从而实现全球化生产战略。因此，企业必须要关注如何巩固自己在这些市场中的战略地位，企业的这些市场表现会影响自身实施全球化战略的能力。这类要求使这些国家的东道国政府具备了针对企业的议价能力，企业为了保持整个战略，不得不做出一些让步。例如，在电视机和汽车行业，日本企业不得不在美国开展部分生产，从而安抚美国的政治顾虑，保持美国市场的销售额，因为这是日本企业实现全球化竞争优势的一大关键要素。还有一个例子是IBM的本地满额招聘政策，平衡了跨国公司的商品流通，还充分利用了本地的研发力量。

系统化竞争。全球化竞争从其定义上来看，是指企业认定竞争在全球范围内开展，并据此制定战略。因此，竞争要求企业在全球范围内寻找协同增效的竞争模式和市场地位，构建设施和开展投资也要着眼于全球。企业的全球化竞争战略，难免会碰到各方在服务市场、地域范围等有交集的情况。从系统的眼光来看，要保持企业的竞争平衡，需要在特定市场和地点开展防御性投资，以防竞争对手获得一些可能会影响自身全球化竞争态势的优势。尼克博克针对国际竞争的研究给这种行为模式提供了大量的证据。

竞争对手分析的难点。虽然第 3 章描述的竞争对手分析的因素在分析国际竞争对手的时候同样有用，但在全球化竞争行业中，竞争对手的分析更难，因为到处都是国外企业，需要从系统的角度来分析彼此之间的关系。国外企业数据的搜集往往更难，虽然企业与国际对手之间的差距在日益缩小。国外企业的分析可能还涉及体制因素的考虑，这一点外人很难理解，比如劳动力政策和管理框架等。

全球化行业的可选战略

在全球化行业中有很多基本战略可供选择。企业必须要做的最基本的战略选择是在全球市场中开展竞争，还是选择小众市场构建防御战略，从而在某一两个国家的市场内开展竞争。

广线全球化竞争。这一战略主要针对行业的全线产品在全球范围内开展竞争，利用全球化竞争优势的各种起因来实现差异化或总成本优势。实施这项战略要求企业投入大量的资源和长远的眼光。为了使竞争优势最大化，一定要努力构建企业与各国政府的良好关系，从而减少并跨越全球化竞争中的各种障碍。

全球化集中。这一战略使企业锁定行业的某个细分领域，在全球范围内开展竞争。细分领域选择的一个标准就是全球化竞争的障碍较少，企业能很好地捍卫自身在这个细分领域的地位，免遭实施全球范围竞争的企业的侵袭。这一战略可以使企业在锁定的细分领域里实现低成本或者差异化。

国家集中。这一战略要求企业利用国别差异来创造针对特定国家市场的集中战略，使企业能在这个国家市场内远超全球化竞争企业对手。作为集中战略的一种，这种战略能帮助企业实现差异化或者低成本优势，满足一国市场的特定需求；这个细分领域也可能存在影响全球化竞争的经济障碍。

小众市场受保护。这一战略要求企业寻找那些存在较多政府管束的国家，这些国家政府制定了各种法规，要求国外公司生产本地部件、推行的关税率很高等，给全球化竞争造成了很大的障碍。企业采用保护小众市场的战略可以有效地应对在这些设定了各类限制条件的市场中的竞争，格外注意东道国政府的动态，从而保证自己在这个市场留守和保持竞争优势的能力。

在某些全球化行业中，国家集中战略或者保护小众市场战略并不可行，因为这些行业中不存在全球化竞争的障碍；而在其他行业，企业应用这一战略是为了构建抵抗其他全球竞争对手的防御工事。全球化行业中，大刀阔斧的战略日益流行，如跨国企业联盟或者行业内不同母国公司之间的协作。竞争企业之间的联盟是为了克服技术、市场进入等方面的全球化竞争障碍。如今实现跨国联盟的企业很多。在飞机制造行业，美国通用电气和法国斯奈克玛结盟；在汽车行业，美国克莱斯勒和日本三菱结盟，瑞典沃尔沃和法国雷诺结盟；在电子产品行业，德国西门子和美国艾利斯查莫斯联合，古尔德和瑞士布朗勃法瑞的联合也是全球化行业或者近似全球化行业开展跨国联盟的典型。

影响全球化竞争的趋势

鉴于上文的讨论可知，有很多趋势会对当前和未来新出现的全球化行业产生重大的影响。

国别差异下降。很多观察者指出发达国家和新兴发达国家之间的经济差异逐渐在缩小，比如收入水平、要素成本、能源成本、营销实践和分销渠道等。跨国公司在全球传播技术方面做出了突出的贡献，这促成了国别差异的缩小。无论起因是什么，国别差异的缩小有助于全球化竞争的开展。

更加积极主动的行业政策。很多国家的行业政策正在发生巨大的变化。有些国家政府比较主动，有些比较保守，比如日本、韩国、新加坡等国正在采用积极的姿态来刺激特定行业的发展，加速淘汰那些没有前景的行业。这一新的行业政策大力支持某些国家的企业，加速它们从本地化竞争到全球化竞争的转型。很多企业纷纷建设大型厂房，投入大量的先期资本，进入新市场。因此，这些行业中的企业如果得不到政府的支持，就有可能被淘汰，而那些能在全球化行业中幸存下来的企业就会有完全不同的做法。后者得到了政府更多的支持，采取更加主动的姿态，投入更多的要素，竞争的筹码就会更多。政府主导的非经济目标也将在企业的竞争中发挥更加重要的作用。得益于这些因素，国际竞争不断升级，退出行业的壁垒也在升高，这将进一步推动全球化竞争的白热化。

国家认识到特殊资产的价值，并实施相应的保护措施。政府可能会日益从经济竞争的角度来辨认那些独特的资源，更加倾向于从占有这些资产中获益。自然资源（如石油、黄铜、锡和橡胶等）就属于这类资产，通过政府直接控制实施国有体制，或者通过政府与企业建立合资企业实行间接控制。存在大量的低薪普通技工和非技能型劳工（比如在韩国，以及中国台湾和中国香港），他们是很多国家和地区的重点保护对象。诚如上文所述，政府积极地利用这些资源，反映了对行业政策态度的转变。

政府的这种姿态给受保护的资源起重要战略作用的全球化竞争行业带来了根本的影响。国外企业无法控制关键资源。比如，在石油领域，政府的重新定位引起了石油公司的战略定位调整。原先企业把战略重点放在生产和零售阶段，收取生产阶段的利益，而今它们把眼光放在了垂直一体化的每个环节。在其他行业，母国政府的企业还获得了政府给予的其他优势，这都有利于它们在全球化竞争中取胜。

技术流动更加自如。更加自如的技术流动赋予很多企业，包括来自新兴发达国家的竞争对手，投资于现代化、世界规模设施的能力。有些企业，特别是日本企业，在出口技术方面非常大胆，购买了技术的企业愿意高价卖给其他公司。所有这些活动都会促进更多的全球化竞争。

新兴大规模市场的日渐兴旺。美国因其广阔的市场一直被认为是全球化竞争的战略市场，但是中国、俄罗斯和印度将成为未来企业的必争之地。这种趋势存在多方面的影响。第一，如果中俄两国的企业控制了其他市场，那么它们就可以成为全球最大的竞争对手。第二，进入中俄这些国家的市场可能会成为未来企业竞争的一大战略要素，因为这些国家给企业提供了广泛的市场背景。

新兴发达国家的竞争。过去几十年间发生的变化表明了世界行业经历了来自新兴发达国家企业的强势竞争力量，尤其是中国台湾地区，以及韩国、新加坡和巴西等地企业的崛起。传统而言，新兴发达国家的企业竞争优势体现在低廉的劳动力成本或自然资源上，当然这些国家的企业在这方面的优势在很多行业依然存在，如纺织、玩具和塑料产品等轻工业品制造业。但是，新兴发达国家的竞争在资本密集型行业的影响力日渐增强，比如船舶制造、电视机、钢材、纤维，甚至汽车制造业等。

如上所述，新兴发达国家也日益做好准备在大型设施上进行大量投资，积极寻求最新技术的许可交易，愿意承担更大的风险进行竞争。受到新兴发达国家影响最大的行业是缺乏下列进入壁垒的行业：

- 发展迅速、可能成为专有技术的壁垒；
- 高技能的劳动力壁垒；
- 对交付期敏感的壁垒；
- 复杂的分销渠道和服务壁垒；
- 较高的消费者营销壁垒；
- 复杂、技术含量高的销售壁垒。

这些要素可以视为全球化竞争的壁垒，具体见上文描述。虽然这些要素不至于阻碍来自发达国家的竞争对手开展全球化竞争，但是却给来自新兴发达国家的企业出了很大难题，因为后者缺乏必要的资源或技能，经验不足，信誉不高，也没有既有的行业人脉，甚至有可能无法理解因地域差异造成在已经发展成熟的市场中竞争的要求，如分销、面向消费者的营销和销售活动等。

COMPETITIVE STRATEGY

第三部分 战略决策

在第一部分介绍的分析框架基础上，第三部分主要分析企业在某个行业中竞争的主要战略类型，具体如下：

- 垂直一体化（第14章）；
- 重大的产能扩张（第15章）；
- 进入新的业务领域（第16章）。

舍弃业务是一项重要的战略，这点在第12章已经详细描述。当时我们分析了在衰退行业中竞争的主要问题。

第三部分每个章节的分析都将利用第一部分提出的概念来阐明具体战略的应用。本部分还将介绍一些经济理论，说明与每一种战略对应的组织管理和人员激励的方法。

第三部分的目的不仅包括帮助企业做出正确的战略决策，还希望给企业分析竞争对手、客户、供应商和潜在的新进入者提供全新的见解。在此过程中，还将进一步深化本书第一部分和第二部分提出的概念。

14 垂直一体化的战略分析

垂直一体化是指将技术要求完全不同的生产、分销、销售或其他经济活动综合起来，在一个企业的控制范围内实现的过程。它代表了企业决定利用内部交易或者管理层的交易而非市场交易来实现其经济目标的方式。例如，企业本可以将其销售任务通过市场外包给独立的销售机构来向客户提供销售服务。有了自己的销售团队后，企业可以自行完成销售任务。同理，企业本来可能要把采购职能外包给独立的原材料采购机构，如今可以自行完成生产所需要原材料的采购。

从理论上讲，企业的所有职能都可以由一系列独立的外部经济实体完成，只要有了外包合约，企业所需要的就只是一个负责协调的经理和给经理准备的办公桌而已。事实上，在图书出版业和唱片制造业，很多板块的企业都是利用这种方式经营业务的。许多出版商将编辑服务、排版、美工、印刷、分销和销售等全盘外包，留给企业内部完成的无非是图书选题、营销和融资。有些唱片公司也与独立的艺术家、制片人、录音工作室、唱片制作机构、分销机构和营销机构签约合作，完成唱片的创作、制作和销售工作。

在绝大多数情况下，企业认定自行完成绝大部分职能对自己更有利，比如管理、生产、分销、营销，以实现产品的生产和服务，而不是将这些职能外包给独立的经济实体完成。它们认为在企业内部完成这些职能的成本和风险更低，协调工作也更方便开展。

很多垂直一体化的决定是按照“非买即做”的思路进行的，主要集中于与决策有关的财务计算。通过开展一体化的成本分析，可以将所需要的投资和回报进行权衡。然而，垂直一体化的决定远不止这些。垂直一体化决定的本质不是财务计算本身，而是计算过程中涉及的原材料种类和数量。一体化决策超越了成本和投资分析，而是考虑到战略层面的问题，确定一体化或者市场交易哪一种更合适，还要处理垂直一体化的企业运营时遇到的棘手的管理问题，这些问题应对不好就会影响企业的成功。这些问题都很难量化。垂直一体化的成本和回报，在经济层面以及企业总体运行层面的战略影响等，才是决策的本质。

本章分析了垂直一体化在经济和管理层面产生的结果，帮助管理者确定在战略背景中实施垂直一体化的程度，引导他们做出垂直一体化或者去一体化的决策。要明确适当的战略，在垂直一体化过程中做到张弛有度，企业需要平衡垂直一体化的经济和管理效益与成本。这种平衡，包括垂直一体化具体的成本和利益本身，取决于具体的行业以及企业所处的战略发展情景。垂直一体化的收益和成本也受到企业是否使用锥形一体化的决策的影响（锥形一体化是指某些职能由企业自行完成，某些职能实施外包），即企业是否完全实施一体化。通过准一体化，企业在无须支付一体化所有成本的前提下，可以获得一体化的利益。准一体化是指利用债务或者股权投资等方式在垂直相关的企业之间建立联盟，而无须全权所有。

这里提出的框架并非统一的模式，而是确保企业能周全考虑垂直一体化的利益和成本，警示管理者一些长期的战略陷阱，为企业提出可行的战略措施，坐享全盘垂直一体化的利益。垂直一体化的分析要与详细的行业和竞争分析结合起来，进行慎重的战略评估，帮助企业进行决策。

垂直一体化的战略利益和成本

垂直一体化的战略利益和成本具有重要意义。企业无论做任何决策都需要考虑垂直一体化，但究竟有多么重要，要依据具体的行业而定。无论是前向一体化，还是后向一体化，成本和收益都适用，但角度需要调整。本章将描述垂直一体化常见的收益和成本，下文将分析企业在前向一体化或者后向一体化的过程中面临的具体问题。为此，在垂直一体化链条上，卖方企业是上游企业，买方企业是下游企业。

生产能力相对于效率规模的比例

首先，垂直一体化的利益取决于企业采购或者出售产品和服务的数量相对于企业在这个阶段的设施所能实现的规模。为方便讨论，我们以后向一体化为例。打算进行后向一体化企业的采购数量必须够多，来支持内部供应单元的运营，收获自行生产投入要素的规模经济，否则企业将面临两难的境地。企业要么接受内部生产投入要素的成本劣势，要么在公开市场出售上游业务单元的产品。正如下文所述，在公开市场出售多余的产能很困难，因为企业销售的对象是其竞争对手。如果企业的需要不能超过效率单元的规模，企业就得承担一体化的成本，由此权衡一体化的收益。企业要么建立一个效率不高的小型工厂来满足需要，要么建立一个高效的工厂，并承担在公开市场买卖的风险。

一体化的战略利益

一体化的经济效益

如果生产能力的规模足够收获经济规模，垂直一体化最常见的效益就是在联合生产、销售、采购、控制等其他领域实现规模经济或者节约成本。

整合运营的经济效益。将技术要求完全不同的活动整合起来，企业就可能获得效益。比如，在生产领域，这个举动可以减少生产过程中的必要步骤，减少装运成本或者运输成本，利用闲置的生产能力。闲置生产能力的产生有很多起因，其中包括某个生产阶段的不可分割性，比如机器运行时间、物理空间和设备维护等。在生产热轧钢的经典案例中，炼钢和轧钢作业被整合，钢坯无须二次加热，工厂也无须对钢材进行精加工，防止在下一道工序前钢材被氧化。某些设备可以应用于两道工序中，可见整合生产可以节约闲置的产能。在大型化肥制造企业和石油企业中，许多大型硫酸用户实现了后向一体化，进入硫酸生产领域，于是就近布局的生产设施就很有帮助，两道工序之间的运输成本也可以消除。运输硫酸这样的产品难度大，风险高，运输成本也很高。

内部控制和协调的经济效益。在一体化企业中，排产、协调运营和响应紧急事件的成本将大大降低。一体化单元设施比较靠近，会方便协作和控制。企业这样的安排能增加兄弟业务单元之间的信任度，使它们更加重视对方的感受和要求。因此，就算存在突如其来的事件，企业业务也无须预留太多的产能来应对。原材料供应更加稳定，或者企业有能力保证更加平稳的产品交付，这样有利于企业控制生产进度、交付进度和维护作业，因为供应商无法及时交货造成的收入损失会小于企业中断生产造成的损失，供应商的供货由此无法及时得到保证。在公司内部协调产品设计的变更、款式变化、产品新设计和推出新产品等任务也更加容易或者更加快捷。由于存在内部控制的经济效益，设备投资闲置的时间会减少，存货的需要也会降低，实施管理控制的人员也会减少。

信息的经济效益。整合运营可能会减少搜集市场中各类消息的需求，减少搜集信息的总成本。监控市场和预测供应、需求和价格的固定成本可以在一体化的企业上下分摊。如果在分散运营的企业里，这部分固定资本每个部门都得承担。比如，一体化经营的食品加工厂可以使用销售预测功能为垂直一体化所有细分领域的成品进行预测。同理，组织内部市场信息的流通更加畅快，不需要经过多个独立的实体传播。因此，一体化可以让企业更快更准确地获得有关市场的关键信息。

避免市场交易获得的经济效益。通过一体化，企业可以潜在地节约很多市场交易成本，包括销售成本、比较成本、谈判成本和交易成本。虽然在内部交易中总会出现一些议价行为，但内部协调的成本比对外出售或者外部采购的成本更小。企业不再需要销售部、营销部或者采购部。此外，广告也不再有必要。其他与市场交易有关的成本也可以节约下来。

稳定关系的经济效益。无论是上游生产环节还是下游生产环节，都与企业有着稳定的采购或者销售关系。交易时，因为彼此信任的合作关系，双方有可能打造更有效率、更加专业化的工作流程，这类流程在企业与独立的供应商或者客户打交道时无法实现。比如，无论是买方还是卖方，都有可能担心自己被挤出市场，这样的竞争风险不可能排除。而垂直一体化实现后，与客户或者供应商的专业相处方式包括专门的物流系统、特殊包装、独特的记账和控制方式，以及其他能够节约成本的互动方式。

关系的稳定能够使上游业务单元调整产品（质量和规格等），以符合下游业务单元的精确要求。下游业务单元也可以调整自己来适应上游业务单元的需要。一旦做出了这样的调整，就相当于双方确立了某种彼此依赖的关系。如果不存在垂直一体化，这类关系的确立就要求企业支付风险溢价，这样一来成本也相应增加。

垂直一体化规模经济的特征。一体化的经济效益是垂直一体化分析的核心，不仅因为它本身很重要，还因为一体化的经济效益对一体化的其他问题和因素有着重要影响。这一点将在下文阐明。显然，行业不同，企业不同，一体化经济效益对整体的影响都有所不同，主要取决于企业的战略及其优势和劣势。实施低成本生产的企业可能更加重视各类经济效益。同理，拥有营销劣势的企业可能会通过避免市场交易节约更多成本。

开发技术

垂直一体化的第二项潜在效益是开发技术。在某些情况下，通过实施一体化，企业更加熟悉对企业基础业务的成功有重要意义的上游业务或者下游业务的技术，这种信息的规模经济非常重要，需要单独分析。例如，很多大型计算机和小型计算机企业已经开展了后向一体化进入半导体设计和制造行业，从而更好地理解这种关键技术。很多领域的部件制造商通过开展前向一体化进入某个生产系统，从而更精确地理解部件的应用方式。利用一体化来开发技术，可以视为锥形一体化或者部分一体化。而企业实现全盘一体化，可能会承担一些技术风险。

保证供应或需求

垂直一体化可以保证企业在排产很紧的时期接收稳定的原材料供应，在总体需求较低的时期，企业的产品也有自己的销路。一体化保证需求，但仅限于下游单元能消化上游单元的那一部分。下游单元能否消化上游单元的产能，主要取决于竞争条件以及对下游单元的产品需求。如果对下游单元的行业需求下降，内部单元的销售量也就比较低，要求内部供应的数量就比较少。因为企业偶尔会遭遇客户需求很低的情况，而不能为消化企业产品需求打包票，所以，一体化只能降低一定程度的不确定性。

虽然垂直一体化能降低供需的不确定性，保护企业不受价格波动的影响，但这并不代表企业的内部转让价格就不能反映市场的价格波动。产品应该能在垂直一体化企业的各个业务单元之间流动，转让价格应该反映市场价格，保证每个业务单元的业务经营正常进行。如果转让价格比市场上价格便宜很多，就相当于某个业务单位在补贴另一个业务单位，这和公开市场上的企业概况相比，显然有失公允。而上游单位和下游单位的管理者如果按照这种价格来做决策，必然会降低工作效率，损害各个业务单元的竞争地位。因此，厚此薄彼的做法不适合一体化的企业。例如，如果上游单元向下游单元以远低于公开市场的价格供应产品，公司的整体利益就会受到侵害。下游业务单元的经理按照这种人为压低的价格做出决策，就会力图在下游业务单元所在的市场中扩大业务规模，提升竞争地位，而这将要求上游业务单元提供更多的补贴产品。

因此，实现一体化，保证供需状况，不能视为一种对企业不受公开市场波动影响的保护，而至多是一种对这类波动给企业造成影响的缓解。上游业务单元和下游业务单元应该更好地进行规划，降低企业遭遇采购或者供应中断的风险，减少来自供应商或者客户变化带来的影响，降低企业处于尴尬境地的概率，不至于为了应付突发情况，被迫支付高于市场价的价格。减少不确定性因素对于采购或者供应阶段呈现资本密集特点的企业来说格外重要。确保供应和需求的稳定，已经成为多个行业开展一体化的动因，包括石油、钢铁和炼铝业等。人们常对此津津乐道。

抵消交易对手的议价能力，减少采购要素时的成本判断偏差

如果企业面对的供应商或者客户的议价能力很强，投资回报率高于资金的机会成本，就算一体化不会让企业在其他方面有任何节约成本的成效，企业实施一体化也能有所裨益。通过一体化抵消交易对手的议价能力，这不仅能降低供应的成本（后向一体化）或者提高销售价格（前向一体化），也能使企业减少其他用来对付议价能力很强的客户或者供应商的麻烦，企业的运营效率也将大大提高。供应商或者客户的议价能力取决于各方所在行业与企业所在行业的相对结构。

实施后向一体化来抵消交易对手的议价能力，还有其他好处。企业可以保证自己赢利，这部分利润本来要被外部供应商赚得，借此机会还能知道投入要素的真正成本。这样一来，企业就有机会调整自己产品的价格来使两个业务单元的总利润最大化。一旦企业了解了投入要素的真正成本，企业也可以调整应用于下游业务生产过程中不同要素的比例和构成，这个举动也能提升企业整体的赢利能力。

虽然按照投入要素的真正成本进行调整的利益，在公司看来非常明显，但仍有必要留意的是，有些内部存在的传统转移价格的政策有可能会剥夺企业从中受益的机会。如果某生产要素外部的供应商的议价能力较强，按照市场价格实现内部转移，要素的成交价就会高于投入要素的真正机会成本。然而，按照市场价的转移会给企业带来重要的管理利益，包括管理者的激励机制。

提升差异化的能力

垂直一体化能增强企业实施差异化战略的能力，在管理层的控制下，增加企业产品的附加值。这一方面使企业更好地控制分销渠道来为客户提供优质的服务，另一方面使企业通过内部制造某些专有部件来实现差异化战略。垂直一体化对差异化的影响将在下文做进一步说明。

提高进入壁垒和移动壁垒

如果垂直一体化实现了上述任何一点好处，都会提升移动壁垒。这样的好处能让垂直一体化企业比分散型企业有更多的竞争优势，主要表现在价格更高、成本更低或者风险更低。因此，分散型企业必须实现一体化，要不就面临着巨大的竞争劣势。新进入的企业必须要进行一体化，否则就会带来苦果。一体化的净利润越大，其他企业进行一体化的压力就越大。如果实施一体化要求相当高的规模经济或者资本要求壁垒，那么企业进行一体化的压力就会提升行业的移动壁垒。相反，如果一体化的规模经济或者资本要求不高，那么企业即使必须要开展一体化，对其竞争意义也不会有太大的影响。

进入高回报的业务领域

企业有时候可以通过实施一体化提升其总体投资回报率。如果企业考虑一体化时，生产阶段的结构具备较高投资回报率，那么企业实现一体化本身就算没有规模经济，也能提升其赢利水平。当然，实现一体化的企业在计算投资回报率时，必须要包括克服进入邻近行业的壁垒所付出的代价，不能只考虑进入邻近行业所开展投资的回报。因此，正如本书第 16 章中提出的，企业进入邻近行业，能够拥有比其他潜在进入者更多的潜在优势。

防止被孤立

哪怕一体化没有任何积极效益，企业利用一体化也能防止因竞争对手实现一体化而与供应商或者客户的联系被截断的风险。竞争对手的广泛一体化可能会侵占众多的供应商或者理想的客户或者零售网点等。在这种情况下，没有实施一体化的企业前景堪忧，只能拼命求取剩下的供应商或者客户，承担着在交易中低人一等的风险。这样一来，截断供货源或者客源的行动可能会提高企业获得分销渠道的移动壁垒或者获得性价比高的供应商的绝对成本壁垒。

为了防御目的，企业可能不得不进行一体化，否则就有被孤立的劣势。随着被竞争对手一体化截断的客户或者供应商的比重日益加大，这种劣势变得更加严重。这些顾虑表明新进入者必须以一体化的姿态处理业务。如果一体化涉及的规模经济很大或者资本要求很高，那么一体化就会形成较高的移动壁垒。供应货源或者客源被截断的问题引发了诸多行业的防御性一体化，比如美国的水泥业和制鞋业。

一体化的战略成本

垂直一体化的战略成本基本上涉及进入成本、企业的灵活性、平衡问题、管理一体化企业的能力等，还涉及内部组织激励和市场激励的权衡问题。

克服移动壁垒的成本

垂直一体化显然要求企业克服移动壁垒，在上游或者下游业务中竞争。毕竟，一体化是进入新行业普通战略选择的特殊案例，虽然它本身非常普遍。由于一体化牵涉内部购买和出售关系，实施一体化的企业有能力克服进入邻近行业的移动壁垒，比如获得分销渠道和实现产品差异化。然而，专有技术或者理想的原材料货源产生了成本优势，要克服这类壁垒，实施垂直一体化的企业必须支付一定的成本，这与克服由规模经济或者资本要求壁垒需要付出代价一样。因此，垂直一体化往往出现在金属制罐、喷雾剂包装和硫酸这样的行业中。在这些行业中，技术要求高众所皆知，车间的最低效率规模也不算大。

运营杠杆升高

垂直一体化提升了企业的固定成本占总成本的比例。如果企业在现货市场购买要素材料，所有的要素成本都是可变的。如果要素是由内部生产，且因为经济衰退或者其他原因导致了这类要素的需求升高，那么企业就必须承担生产要素的固定成本。由于上游业务的销售派生于下游业务的销售，导致上游或者下游业务的波动将形成整条垂直链的波动。波动有可能是因为经济周期的原因，也有可能起因于竞争或者市场发展等。因此，一体化增加了企业的运营杠杆，使企业可能遭受收益的周期性震荡。垂直一体化则增加了这个层面的商业风险，虽然一体化对风险的总体影响取决于企业一体化是否会降低其他维度的商业风险，这一点我们在上文已经有所讨论。如果业务涉及固定成本，实际提高的经营杠杆将微不足道。

广泛的垂直一体化导致了经营杠杆风险，柯蒂斯出版公司就是一个典型例子。柯蒂斯出版公司建立了深度的垂直一体化，发行几种杂志，以《星期六晚报》最为重要。20 世纪 60 年代末期，当这份杂志陷入困境时，垂直化的公司经营对柯蒂斯出版公司的财务业绩的影响是灾难性的。

企业在更换合作伙伴方面的灵活性大大降低

垂直一体化表明业务单元的财富在一定程度上与企业的内部供应商或者客户的竞争能力有关，该客户有可能占据企业的分销渠道。技术变化、涉及部件变化的产品设计的更改、战略性的失败或者管理问题都可能导致一种尴尬的情形，即企业内部供应商提供的产品或者服务的成本高、质量差或者用途不合时宜，或者企业内部的客户或者分销渠道在市场上的竞争地位降低，因此无法继续做企业的客户。垂直一体化使企业不能随便和独立的经济实体签订合作合约，提升了企业专注于其他供应商或者客户的成本。例如，加拿大顶级烟草生产商伊玛斯科公司，通过后向一体化进入了生产过程所用包装材料这个行业。但是技术发展使得这种形式的包装过时，内部供应商无法提供最新的包装。经过一番举棋不定的纠结，其最终放弃了这个供应商。罗伯特霍尔公司遭遇了男装业务的困境，部分原因在于该公司全部依赖内部生产的商品在市场上竞争。

这种风险的程度取决于企业对一些情况的现实估计，即内部供应商或者客户是否可能陷入困境、外部或者内部的变化是否要求兄弟业务单元做出变革等。

退出总成本更高

企业实施一体化进一步提升了资产专业化、战略关联或者对某种业务的感情，这将提升总退出壁垒。本书第 12 章描述的任何一种退出壁垒都可能受到影响。

资本投资要求

垂直一体化需要消耗资本资源，企业需要为此担负一定的机会成本；如果企业不实施一体化应对独立的经济实体，也可以使用外部的投资资本。按照本章讨论的战略调整，如果一体化的决策值得，垂直一体化带来的回报应该大于或者等于企业的资本机会成本。就算一体化有很多潜在的利益，如果企业努力开展一体化只是为了进入潜在回报平平的行业，比如零售业或者分销业，那么一体化本身就不足以给整个企业带来足够高的投资回报率。

企业若打算实施一体化，无论是上游业务，还是下游业务，都同样需要大量的资本，这样一来企业的机会成本是不言自明的。如果需要的资本相对于企业的融资能力来说比较大，那么向一体化业务单元再次投资的需要将让企业受制于其他方面的战略风险。如此看来，企业可能为了实施一体化，需要吸收本可以用于其他地方的资金。

一体化会减少企业分配投资资金的灵活度。由于整个垂直链的业绩取决于每个环节，企业可能为保持总体的实力而投资无关紧要的环节，这样就占用了可以分配到其他地方的资本。例如，有些供应原材料的大型一体化企业陷入了低回报的业务中，因为它们缺乏多元化所需要的资本。为了保持运营过程中的资本价值，这类资本密集型的一体化运营方式消耗了企业大量的投资资金。

截断供应商货源或者客源的研究和专有知识

通过一体化，企业可能会切断来自供应商或者客户的技术流。一体化常代表了企业必须承担发展自己技术实力的责任，而不能坐享他人的技术成果。然而，当其他企业实施一体化，而企业选择不开展一体化时，供应商往往愿意大力支持企业开展研究，提供工程帮助等。

如果许多独立供应商或者客户都在开展研究，供应商或者客户的研究实力雄厚或者拥有难以复制的特殊技术和专有知识，由于实施一体化，企业面临的技术封闭就构成了巨大的风险。企业若利用一体化直接开发邻近业务的技术，技术被截断的风险就会带给企业致命的打击，虽然企业可以选择不开展一体化来规避这个风险。就算企业只进行部分一体化，在公开市场上继续买卖某些产品，企业也有可能面对技术被截断的风险，因为这样就意味着企业与供应商和客户直接竞争。具体见下文。

保持平衡

实施一体化企业的上游业务单元和下游业务单元的生产力必须保持平衡，否则就会出现潜在的问题。若垂直链中某个阶段出现生产力过剩（或者需求过旺），就必须在公开市场上出售其多余的产能（或者采购一些投入要素），否则企业就得牺牲自己的市场地位。这种局面企业将很难面对，因为垂直关系往往迫使企业向其竞争对手出售产能或者从其竞争对手那里采购要素。这些对手可能会因为自尊或者给企业增加竞争筹码而不愿意与企业打交道。如果多余的产能能够在公开市场成功销售，或者使生产要素的多余需求能够得到满足，那么不平衡的风险也不会太大。

垂直一体化的各个环节出现不平衡，原因有很多。首先，在不断增长的市场里，上下游的生产环节增加产能的效率规模不均匀，这样就会产生不平衡的情况。其次，某个环节出现技术变革，相对于其他环节，这个环节的产能必然提高。最后，产品组合或者质量的变化对垂直链上各环节的影响不均衡。不平衡的风险取决于人们对下列因素的预期。

激励不足

垂直一体化表明买卖行为会受到内部关系的牵制。上游业务单元直接将产品出售给企业内部的其他单元，而不需要在市场上竞争，这样其执行职能的动力就会减弱。相反，企业内从其他业务单元采购的单元也不会像外来供应商那样卖力地砍价。因此，内部交易会减少企业各个业务单元的交易动机。这种现象的直接影响是，针对内部扩展产能的项目或者内部的销售或者采购合约，企业可能不会像对待外来客户或者供应商那样仔细审视这些合约或者项目的执行情况。

激励不足是否会真正影响垂直一体化企业各个业务单元的绩效，取决于企业的管理结构和垂直链上决定不同行政管理单位之间关系的流程。企业经常会对内部交易做出一定的政策规定，使得公司管理者在内部业务部门竞争力不强的条件下有选择外来货源或者客源的余地。可惜，企业做出了相关的规定是不够的。利用外来货源或者客源，拒绝利用企业内部业务单元，这往往给业务单元经理很大压力。人们往往希望这些业务单元的经理向高层管理人员做出解释，绝大多数经理可能不愿意因此面对高层管理人员。在一个企业里，大家各司其职，共同为公司效力，不免有些同事情怀，不会为了这些问题伤了和气。要是按照严格的投资回报率来看待一切决策，恐怕谁也容忍不了这样较真的做法。尤其当某个业务单元本身回报率就很低或者已经陷入麻烦，再雪上加霜就实在没有必要了。因此，在内部交易中，独立和自由的精神难能可贵。

上述困难导致了“烂苹果”问题的出现。如果上游业务单元或者下游业务单元出现问题，可能是战略层面的，也有可能是其他方面的，这个单元的问题就会传染给其他单元。其他单元可能被迫伸出援手，拯救这个业务单元，哪怕这意味着它们要接受高成本产品、次品，甚至贱价卖东西给这些问题兄弟业务单元。这样一来，本来健康运营的业务单元就受到牵连。如果母公司想要帮助这个有问题的业务单元，就必须做出补贴，自己直接帮助该业务单元，或要求兄弟业务单元给予支持。就算高层领导人员意识到了这一点，也很难让健康的业务单元铁面无私，大刀阔斧地做出取舍。这种情况已经在很多企业里出现，这也难怪，人性使然。可以说，问题业务单元会无情地侵害健康的业务单元。

管理要求的差异

虽然彼此存在垂直关系，但不同的业务领域在结构、技术要求和管理方式上有很大差异。金属初级制造业和加工锻造业就大不相同。前者是资本密集型行业，而后者对资本要求不高，但要求对生产进行严格的监控，对服务和营销要突出分权。制造和零售是两个根本不同的领域。理解如何管理不同的业务是一体化的主要成本，这也有可能成为一体化决策的一大风险。能够妥善管理一体化中某个环节运营的管理层也有可能管理好其他环节，但这只是个别情况。通常情况下，一刀切的管理模式或者设想很少能在一体化中的多个业务领域里奏效，而且还有可能起反作用。

由于垂直关联的业务单元彼此交易，往往会给管理层一个错觉，认定它们的管理模式很相似。所以，企业往往会把基础业务单元的组织结构、控制手段、激励政策、资本预算指南和其他多种管理方法盲目地应用于上游或者下游业务。同理，凭借基础业务领域的经验获得的判断和规则也有可能在一体化发生时应用于其他业务单元。一刀切的管理模式是一体化的另一种风险。

在评估垂直一体化的战略利益和成本时，我们不仅要从当前的环境出发，还要考虑到行业结构在未来可能发生的改变。一体化的规模经济现在看似很小，但有可能在行业成熟的时候变得很大。行业增长和后续的企业增长也可能表明企业能够迅速成长为有实力驾驭内部业务单元的效率规模。还有一种可能性是技术变化的节奏放慢会减少企业被内部供应商锁定的风险。

前向一体化特有的战略问题

除了上文描述的一体化利益和成本外，前向一体化过程中还会出现一些特定的问题。

提高企业实现产品差异化的能力。前向一体化往往能使企业更出色地实现产品差异化，因为企业能对生产过程中更多的要素或者产品出售方式进行妥善控制。比如，德州仪器公司利用前向一体化进入消费品领域，包括手表、计算器等，大力发展自己的品牌，而这些产品中电子部件却是核心的商品。蒙福特本来主营奶牛养殖，后来通过前向一体化进入了肉类包装和分销领域，与零售商共同开发品牌。

企业不仅生产、出售产品，还为产品提供相应的服务，这样一来，哪怕产品本身并没有什么特别出彩的地方，企业也能实现差异化。企业通过前向一体化进入分销领域，能够控制销售等多方面的工作，包括销售人员的陈述、具体的销售设备、店面的选址和形象、销售人员的薪金奖励和零售职能的其他要素等，这些都有助于实现产品的差异化。无论具体情况是什么，一体化的基本理念是增加创造的价值，为差异化创造条件，而这些价值和条件在未开展一体化的企业里不存在或者不可能实现。在提升产品差异化的过程中，企业同时也提升了移动壁垒。

获得分销渠道。前向一体化解决了获得分销渠道的问题，也降低了很多分销渠道的议价能力。

更好地获悉市场信息。在一体化的各个环节中，对产品最基本的需求（以及最终在各个竞争品牌中做出决策的人员）往往处在前向一体化的阶段。这个阶段决定了上游生产阶段的需求规模和构成。例如，对替代型建筑材料的需求取决于分包商或者开发商，这些人员负责平衡消费者对质量的需求和原材料的成本。做出关键的市场决策的阶段被称为需求引导阶段。

朝向或者进入需求引导阶段的前向一体化过程能为企业提供关键的市场信息，提升整个垂直链的运作成效。从最简单的层面来看，这让企业可以更快速地做出决定，确定对产品的需求数量，无须根据客户的订单量做出间接推断。每个中间环节都存在一定的存货量，但据此以及客户的订单量来评判需求量往往很复杂。尽快获得市场信息能让企业更好地判断生产水平，减少生产过量或者不足的情况，降低成本。

信息利益可能远不止及时获悉有关需求规模的信息。在需求导向阶段积极思考，企业就可以快速及时获得有关最佳产品组合、买方品位趋势和最终影响产品的竞争发展趋势等第一手信息。这种信息有助于企业针对上游阶段的产品特征和组合降低调节的成本。

很多公司遵循明示或者暗示的战略，在所有的业务领域开展进入需求导向阶段的一体化。捷越是一家加拿大水泥和建筑材料龙头企业，它通过前向一体化进入住宅建筑和重型建筑行业。英达尔有限公司是另一家加拿大公司，本来其业务集中在金属滚轧、成型和表面处理，后来通过前向一体化进入金属加工业。这两家公司进行前向一体化的过程中，都非常注重市场信息的获取，认定这是一体化的重要原因。

前向一体化针对信息获取的益处取决于下列各项因素：第一，在需求导向阶段市场条件不稳定或者变化的程度；第二，企业是直接按订单生产还是保有存货；第三，企业在不诉诸一体化的前提下获得期货市场信息的能力。在建筑和金属加工行业中，最终的需求都有很强的周期性，其竞争状况变化迅速。需求的周期性、不稳定和多变性加强了企业及时获得信息的重要意义。如果最终的需求比较稳定，从客户那里获得的市场信息可能就足够企业的决策应用了。

企业能否从客户那里获得精确的信息取决于行业本身。虽然这一点很难总结，但如果行业内存在很多小规模的客户，非正式的取样也许就能帮助企业确定期货市场的情况。如果行业内存在一些大规模客户（尤其当他们非常强大时），就表明很难获得精确的信息。特定客户针对产品规格或者组合的变化对这种情况造成的影响要比想象中的大。

实现更高的价格。在某些情况下，前向一体化能帮助企业实现更高的售价，让企业有可能为不同的客户针对本质相同的产品设定不同的价格。这种做法的问题在于会出现定价的随意性，按照美国《罗宾逊-帕特曼法》的规定，这种做法可能违法。如果某种产品的需求弹性较大，其价格本身不高，但由于企业通过一体化进入该行业，就有可能实现较高的售价。不过，如果实施该产品的其他企业同样实施一体化，那么除非该企业实现了产品的差异化，否则客户会接受竞争对手的产品，因为对手的产品完全可以替代企业生产的产品。

通过实施一体化，企业还可以实现一个目标：本企业的产品价格更能满足终端客户对产品的需求弹性。有些客户因为一些原因，愿意出高价购买某产品，比如使用频率更高的产品。企业因为无法衡量客户对产品的使用频率，很难将产品定价与客户的使用频率匹配。但是如果企业可以提供有偿服务或者出售产品的附属品，就可以压低基础产品的定价，明确客户对关联产品或者服务的需求弹性，及时满足不同客户的不同需求，从中受益。这种方法在复印机和计算机行业中广泛使用。只要企业不强制买方购买关联产品，即不把购买关联产品作为购买行为的前提，这种做法就不会违犯反垄断法的规定。

后向一体化特有的战略问题

与前向一体化一样，后向一体化过程中也有很多特殊的问题需要仔细考虑。

专有知识。企业通过内部生产活动满足自己的需求，就能避免与供应商共享专有的数据信息，而供应商需要这些信息来生产部件或者原材料。供应商能从部件的规格获悉产品设计的关键特征或者生产过程，有时候部件本身就足以成为产品专有知识的一部分。如果在这种情况下，企业不能自行生产产品，其供应商就有可能在应对企业时具有强大的议价能力，并对企业构成进入威胁。长期以来，宝丽莱已经自行完成了产品的很多专业部件的生产，然后将剩余的部件生产外包，主要原因也在于此。

差异化。后向一体化可以帮助企业提升差异化水平，不过与前向一体化提升产品差异化水平的方式有所不同。通过控制关键生产要素的生产，企业有能力更好地实现产品的差异化或者获得更好的差异化信誉。例如，企业实施一体化能让企业获得特定规格的生产要素，提升其产品的性能和价值，使其与竞争对手的产品相比卓尔不群。虽然普渡公司的鸡与其他同类产品没什么不同，但实际上普渡公司却声明他们家的鸡是使用特殊方法饲养而成的。如果只是从公开市场获取寻常的小鸡，然后进行再加工，人们很难相信这样的说法。

长期合约和一体化的经济效益

一定要明白一点，企业可以通过与独立企业签订长期或者短期的合约来实现一体化的经济效益。例如，将两个独立企业的工厂毗邻而建，生产流程的效率就会大大提升，也节约了流程成本。金属制罐生产车间往往与主要的食品加工厂相邻而建，两者之间建有许多输送设施，这样就能降低运输成本。企业与某一家供应商签订长期合约，并规定固定的交货日期，这样就能减少销售和协调成本。

然而，一纸合约未必就能保证企业实现一体化的所有规模经济，因为合约限制了签约双方的行为空间，使一方或者双方承担很高的风险；再者，企业和独立方的利益也可能存在分歧。这些风险和利益的差异往往加大了独立企业签约的难度，可能是因为谈判的成本，也有可能是因为签约后双方的分歧和争吵。于是，一体化成了企业获得相关利益的不二选择。

因此，企业应该一直考虑与独立企业签约实现同类收益的可能性，不能认定一体化是唯一的选择，尤其当一体化的风险和成本比较大时。垂直一体化最常见的缺陷是当企业还在纠结于如何对一体化的成本和风险做出决定时，其他企业已经通过巧妙地与外在的企业（供应商或者客户）签订合作合约实现了相关的利益。

锥形一体化

锥形一体化是指部分实现的前向一体化或者后向一体化，企业将剩余的活动安排在公开市场上实现。锥形一体化要求企业的需求超过内部运营效率的规模，多余的部分需要通过新开辟市场来满足。如果企业不够大，不足以支持内部的运营效率，那么小规模劣势可能会抵消企业从锥形一体化中获得的利益。

锥形一体化可以为企业带来很多上述的一体化利益，同时降低一体化的成本。若因没有实现完全一体化放弃的利益超过了一体化成本的节约幅度，则锥形一体化就没有实现预期的目标。锥形一体化和完全一体化之间的决策依据不同的行业以及同行业内不同的企业而不同。

锥形一体化和一体化的成本

锥形一体化比完全一体化所需的固定成本要少一些。此外，锥形化的程度（或者说需要从外部购买的产品或者服务所占的比重）可以进行调节，从而反映市场的风险程度。可以与独立的供应商签订合约来承担市场波动的风险，而内部的供应单元则可以用来保持企业稳定的生产效率。在汽车行业中，这种情况就存在。很多日本的制造业中，锥形一体化是常见的做法。锥形一体化可以用来防御一体化不同环节的不平衡问题，具体如上文所述。最佳的锥形化程度各不相同，取决于预期的市场波动程度和因为技术变化或者其他因素造成的一体化不同环节的不平衡程度。要注意一点，必须要实施的锥形一体化要求企业向其竞争对手出售产品，或者从其竞争对手那里购买要素。如果这种做法风险很高，锥形一体化就不值得一试。

锥形一体化减少了固化关系的风险，具体要按照锥形化的程度而定。这种做法还使企业有能力从事外部的研发活动，为调节内部机理机制提供一定的解决方案。内部供应单元或者客户和独立供应商或者客户共存状态创造了另一种形式的竞争态势，这种竞争态势有可能提升企业的工作效率。

锥形一体化和一体化的利益

锥形一体化使企业向竞争对手证明其会在必要的情况下实施完全一体化，带给对手切实的威胁。在这样的威胁下，供应商或者客户不敢越雷池一步，企业也无须用完全一体化来限制交易对手的议价能力。此外，锥形一体化让企业详细了解了邻近行业的运营成本，使其具备了应急供应的能力，这些要素都给了企业额外的议价能力。在各大主要汽车生产商和国际石油公司里随处可见这样强势的议价能力（这些石油巨头给自己的舰队购买石油运输服务）。在不具备羽翼丰满的内部生产设施的前提下，企业可以保持先导工厂，或许可以实现锥形一体化的效果，这样做对投资的要求也更低。

锥形一体化还让企业获得了一体化的诸多信息优势，但是上述一体化的其他利益却大大减少。有些情况下，锥形一体化获得的好处远远达不到它应得的部分。锥形一体化偶尔还会增加协调成本，因为外部供应商和内部供应单元所生产的产品必须完全匹配。

准一体化

准一体化是指在垂直关联的业务之间建立一种介于长期合约和完全控股之间的关系。常见的准一体化形式包括：

- 少数股权投资；
- 贷款或者贷款保证；
- 预付信用；
- 独家经销协议；
- 专业化物流设备；
- 合作研发活动。

在某些情况下，准一体化实现了一体化的所有好处，但却不需要企业支付一体化的全部成本。通过准一体化，可以在买卖双方之间建立更大的利益群体，这能推进某些专业化的生产经营活动（比如物流设备），从而降低单位成本、减少供应或者需求中断的风险、减少交易对手的议价能力。这种利益共同体的形成有多种起因，包括商誉、信息共享、管理层更频繁的非正式接触、互持股份等。通过实施准一体化可以降低成本，不必支付完全一体化那样高的成本，还可以减少企业实现邻近业务完全供应或者需求的压力，避免企业对一体化全力投资，减少管理邻近业务的需要等。准一体化的好处不胜枚举。

准一体化应该是完全一体化的替代方案。这里的关键是通过准一体化建立的利益共同体是否足以实现一体化对应的利益，保证准一体化对应的投入回报率大于一体化的投入回报率。一体化的某些利益，如增加投资回报率、提升产品差异化能力或者提升移动壁垒是很难通过准一体化实现的。分析特定行业垂直一体化的所有利益和成本，以及准一体化对应的投入和回报，是分析准一体化这种战略是否可行的必要步骤。

垂直一体化决策的误区

对于垂直一体化决策有很多误区，需要我们时刻警惕。

1. 如果企业在一体化中的某个环节具有较强的市场地位，这种地位也会自动延续到下一个环节。

人们常说在基础业务上具有较强竞争地位的企业在通过一体化进入邻近业务领域竞争时，也能在市场上赢得相应的地位。若某个具有竞争优势的消费品生产商通过前向一体化进入了竞争相当激烈的零售行业，则虽然被整合的零售商可能会经营生产中的所有业务，提高自己的市场份额，但如果有很多零售商竞相销售它的产品，那么该生产商就能得到更好的服务。生产商诚然可以提升自己给自有零售商的产品售价，这对企业来说只不过是不同业务单元会计处理的差别而已，但是自有零售商会据此调整自己的价格，结果恶化自己的竞争地位。因此，一体化不会自动将某个环节的竞争地位顺理成章地延展。只有当一体化本身产生了切实的利益时，才能拓展企业的市场力量，因为在这种情况下，一体化能提升整个企业的竞争实力。

2. 内部开展的业务，成本都会低一些。

正如上文所述，垂直一体化过程包含了很多潜在的隐形成本和风险，而企业如果和外部企业打交道，就能完全回避这些成本和风险。与适当的外部交易方签订划算的合约可以让企业在无须承担一体化成本或者风险的前提下收获利益。人们看待一体化的规模经济的视野往往过于狭窄，而一体化决策也会忽略很多问题。

3. 通过一体化进入某项竞争激烈的业务，这种做法很有道理。

通过一体化进入某项竞争激烈的业务，往往困难重重。竞争激励行业中的企业获得的回报率较低，要殊死拼搏才能提升自己的产品质量和服务客户的水准。在这个行业中开展业务，总有很多买方和卖家可供选择。垂直一体化可能会让企业竞争的动力减弱，甚至让人丧失斗志。

4. 垂直一体化可以挽救病入膏肓的某项战略业务。

虽然垂直一体化战略能够在上述的条件下提高某项业务的战略地位，但却不足以拯救战略有问题的业务。企业在垂直一体化某个环节中的市场地位具有优势，但这种优势地位未必就能自动延展到其他环节，除非有特殊情况。垂直链的每个环节对保持整个行业的健康都有一定的战略意义。如果某个环节出了问题，这个问题迟早要传播到其他健康的业务单元中去。上文就详细讨论过这个问题，反之亦然。

5. 垂直一体化某个环节的经验可以自动让管理者有直接管理上游或者下游业务单元的能力。

正如上文所述，各个垂直关联业务的管理特征有很大不同。因为业务接近就错误地认为管理模式可以一刀切，认定应用以前的管理方法和流程可行，这将导致新的上游业务或者下游业务的灾难性的毁灭。

15 产能扩张

产能扩张是企业面临的最重要的一大战略决策，可以从涉及的资本数量或者决策问题的复杂程度两个方面来衡量。产能扩张是商品行业的核心战略。因为产能增加需要若干年的时间，且产能通常持续数年，所以有关产能的决策要求企业要按照对未来行业的预期分配资源。企业针对下列两方面的预期非常关键：有关未来行业需求的预期和有关竞争对手行为模式的预期。前者在产能决策中的重要意义不言而喻。精确地估计竞争对手的行为也非常必要。假如有很多竞争对手需要同时扩张产能，所有企业都可能难逃厄运。因此，产能扩张涉及寡头竞争中的很多典型问题，在寡头竞争行业中，企业彼此互相依存。

产能扩张的战略问题是如何增加产能来实现企业的目标，借此提升自己的竞争地位或者市场份额，同时避免行业的产能过剩。企业产能不足很少成为问题，即使有问题也是暂时的，因为这种状态很快就能吸引新的投资。然而，针对产能的投资往往都是不可逆转的，产能大于需求的状态也很可能持续很长时间。在很多行业里，产能过剩都是一个让人绞尽脑汁的顽固问题。它们反复发作，让人不得安宁，包括造纸业、航运业、铁矿石业、炼铝业等。

本章讨论了在战略背景下产能过剩的问题。首先，我们将概括这个决策的诸多要素。由于行业产能过剩是一个长期困扰企业的问题，我们将分析产能过剩的原因以及预防产能过剩的方法。最后，我们将讨论产能过剩的先发制人的战略，这个战略在 20 世纪六七十年代非常普遍。

产能扩张决策的要素

从传统资本预算的角度来看，进行产能预测决策的机制非常直接，任何财务教科书都会教给你细节。可以预测未来由新产能带来的现金流，并测算出贴现值，与投资需要的现金流进行对照。企业可以根据最终的净现值对不同的投资项目进行比较并排序。

然而，这类决策包含着非常微妙的问题，往往让人忽视。企业通常有很多个增加产能的选择需要比较。此外，通过从新的产能角度考虑未来的现金流，企业必须预测未来的利润。这将取决于企业每一个竞争对手针对产能的规模和时机所做的所有决定以及其他多项因素。针对未来技术发展的趋势以及需求状况，往往有很多不确定因素。

产能决定的本质不是计算贴现值，而是得到现金流背后的数据，以及对未来概率的估计。在行业结构和竞争对手分析中，估计这些数据（而非单纯的财务状况分析）也是非常微妙而复杂的问题。

财务教科书中呈现的简单计算没有考虑不确定因素，也没有考虑竞争对手多种可能的行为和状态。在考虑现金流贴现值计算时，肯定涉及这些要素，情况也将变得非常复杂，因此有必要采用模型精确地分析，这样才能做出决策。图 15–1 的各个步骤描述了模型化分析的诸多要素。

图 15–1 展示的分析必须要结合每一步骤的反馈进行。第一步是确定企业在增加产能方面现实可行的方案。通常情况下，产能增加的规模都不同，新产能垂直一体化的程度也成为一个变量。分散产能的增加可能成为一种规避风险的方式。由于企业针对产能增加多少的决定能够影响竞争者的行为，所以每一个可选方案的分析都必须结合竞争对手分析进行。

决定企业增加产能的规模和类型的可选方案

↓

评估未来可能的需求和投入要素的成本

↓

评估可能的技术变革和过失的概率

↓

通过了解竞争对手对行业的预期，预测每个竞争对手的产能增加情况

↓

汇总上述因素决定行业的供应和需求平衡，以及由此产生的行业价格和成本

↓

总结产能增加的情况来确定预期的现金流

↓

测试分析的一致性

图 15–1　产能扩张决策的要素

在确定了几个备选方案后，企业可以对未来的需求、要素成本和技术进行预测。未来的技术是预测未来的必要条件，就企业当前增加的产能是否很快会过时，设计改变能否通过现有的生产设施实现有效的产能扩张这些问题，未来技术水平对之会有很大影响，因此也非常重要。预测投入要素的价格，必须考虑新产能引起的需求增加会抬高要素价格的可能性。有关未来需求、技术和要素成本的预测会受到未知因素的影响，本书第 10 章介绍的行业情景就可以在分析过程中用来处理未知因素。

企业接下来要对每个竞争对手何时以及如何增加产能等问题进行预测。竞争对手分析过程中，这个问题比较棘手，必须要综合使用本书第 3~5 章的各种技巧，进行全面的分析。竞争对手的产能行动将由其对未来需求、成本和技术发展的预期状况决定。因此，预测对手的行为不外乎明白这些预测中包含了什么内容。

预测竞争对手的行为同样需要反复进行，因为一个竞争对手的行为会影响其他企业的行为，尤其当这个竞争对手还是行业的领导者时。因此，竞争对手扩张产能

的情况必须通过彼此对照来预测最终可能的行为动态和各家企业的反应。在产能扩张的过程中会出现跟风行为，企业要想精确掌握行业的未来方向，必须要明确这一点。具体见下文。

接下来的分析步骤是将所有竞争企业的行为综合起来，计算整个行业的产能及各自的市场份额。对照预期的需求，这一步骤使企业能够预测行业的价格，然后预测投资产生的现金流。

整个分析过程要防止出现前后不一致的情况。如果预测的结果是企业因为没有增加产能而境遇堪忧，就得做出调整，使企业明白这样做的不良后果，然后增加产能。或者如果整个预测产能扩张的过程违背了企业绝大多数预期状况的条件，企业也必须做出调整。产能扩张过程的模型非常复杂，需要做出大量的估计。但是，借助这个模型，企业能深刻地理解驱使行业扩张的原因，并使企业按照有利于自己的方式来驾驭这些因素。

产能扩张过程模型反映了针对未来不确定因素的程度是决定产能扩张过程的关键要素之一。假如未来需求存在很多不确定的情况，风险规避和企业财务实力方面的差异就会使得企业采取井然有序的方式扩展产能。有些企业愿意承担风险，现金储备充分，在行业发展中下了血本，因此就会率先扩张。而其他企业往往会持观望态度，等待局势的发展。当然，如果人们认定未来需求非常稳定，产能扩展过程就成了先发制人的游戏。企业对未来的需求了如指掌，竞相进行产能布局，以便满足未来客户的需要。一旦企业有所行动，其他企业也会着手行动，生怕让别人占了先机。这种先发制人的游戏往往伴随着比较明显的阻止其他企业投资的信号。当很多企业都想先发制人、抢占先机，就会误解对手的意图，误读市场信号，对自己和其他企业的相对优势和持久竞争的能力产生错觉，这样一来就容易导致产能过剩的出现。这种情况是行业产能过分扩张的主要原因。我将在下文做进一步的分析。

过度增产的起因

行业往往有过度增产的倾向，尤其在商品行业里，原因是企业常误认为其他企业有先发制人的举动。由于产能扩张的过程中，过度增产是一个关键问题，所以我们有必要详细讨论这个问题。

过度增产在商品业务领域里更加严重，主要原因有两个。

1. **需求一般具有周期性。**周期性需求不仅会导致经济下滑时期产能过剩，也会在经济上涨时期导致人们因过分乐观而过度增产。

2. **产品没有实现差异化。**产品没有实现差异化，竞争中成本就成了唯一的要素，因为买方的购买决策很大程度上取决于价格。当然，缺乏品牌忠诚度意味着企业的销售额与其拥有的产能密切相关。因此，企业面临着巨大的压力来新建大型车间、扩大产能，从而提升自己的竞争实力，拥有充分的产能来获得更大的目标市场份额。

有很多条件导致了行业内的产能过剩，包括商品业务领域和其他业务领域。我们将这类因素按照下列方式分类。如果某个行业出现了一项或者多项下列因素，该行业出现增产过度的概率就比较高。

技术原因

大幅度增产。必须要大幅度增产，这样的决定大大提升了很多企业竞相增产造成整个行业产能过剩的风险。20 世纪 60 年代末，彩色显像管出现产能过剩，增加产能的规模过大就是罪魁祸首。很多生产电视机的厂商发现了确保显像管供应的必要性，但是相对于电视机装配车间而言，有效的显像管车间规模很大，需求不可能那么快地增长，消化一下子如雨后春笋般冒出来的多余产能。

规模经济或者重要的学习曲线。若这个因素存在，上文所述的先发制人的情况就更有可能发生。具有最大产能或者早早增加产能的企业拥有成本因素，迫使其他企业快速行动，积极采取应对措施。

增加产能过程的交付期较长。较长的交付期要求企业将自己的决策建立在对未来需求和竞争对手行为的预测上。如果企业没能做到这一点，一旦需求变成现实，企业没能抓住机遇，就会为此付出沉重的代价。交付期较长增加了因产能不足落后企业可能遭遇的损失。因为这一点，很多风险规避型企业明知增产决策本身有很大风险，依然会倾向于积极投资。

最小效率规模的提升。如果最小效率规模不断提高，新建大型厂房的效率将大幅度提升，除非需求快速增长，否则行业内建造厂房的数量一定会减少，也就有可能出现产能过剩。除非每一个企业都有很多厂房，需要实现整合，否则在必要情况下，有些企业还得缩减市场份额，这些都是企业最不愿意看到的事情。企业有可能依然新建厂房，造成产能过剩，这种概率很高。

这种情况还有一种表现形式，比如在油轮运输行业，20 世纪 70 年代订购的新的超级油轮远远超过了市场需求。

生产技术的变化。生产技术的变化有可能吸引人们投资新技术，虽然使用旧技术的厂房依然在正常运营。陈旧设施的退出壁垒越高，它们有序退出市场的概率就越低。化学品的生产行业就出现了这种情况，石油有替代天然气成为生产原料的趋势。如果以石油为生产原料的企业也加入行业大军，那么整个行业就出现了产能严重过剩的情况。只有天然气价格不断上涨，以天然气为原料的工厂逐个倒闭，才能缓解这种严峻的形势。

结构原因

退出壁垒很高。虽然退出壁垒很高，低效的多余产能却不会轻易地去除。这个因素加剧了产能过剩的问题，也延长了这个问题延续的时间。

迫于供应商的压力。设备供应商向企业提供补贴、放宽融资条件、降低价格等会加剧企业所在行业产能过剩的情况。为了争取订单，供应商可能会为边缘型竞争企业创造条件构建产能，这些企业在一般情况下，根本不可能有机会这样做。为维持就业水平，在政府大力补贴的帮助下，船舶制造商将迫使航运业增加产能。新增放贷者向所有借款企业提供资金，也会加剧行业产能过剩的情况。例如，在 20 世纪 60 年代末 70 年代初，野心勃勃的房产投资信托基金就要为美国酒店业的产能过剩负一定的责任。

建立信誉。行业常常要求某一段时间有多余产能，从而推进向大型买方的销售，尤其当新产品是买方所在行业重要的投入要素时，更是如此。在买方确定自己的供应商行业里已经有了充分的产能来生产新产品之前，买方是不会轻易改变自己的供应商的，其最不希望受制于几个供应商。高果糖玉米糖浆行业发生的情况就属于这一类。

还有一个更常见的例子，买方鼓励企业为了更好地开展未来的业务，投资扩大产能。通过旨在表达自己对新产能强烈需求的声明，买方可以直接或者间接激励企业。当然，一旦企业的产能建立，买方并不一定马上要确立订单。确保供应商所在行业有充分的产能，从而满足其最大需求，这样的做法符合其利益。但对于供应商来说，建设这些产能并不是最审慎的政策，因为没有人可以保证需求水平的稳定。

当行业面临着相近产品的替代时，买方的压力最大。行业产能不足有助于替代品在行业的渗透，而企业应该要着力防止这种情况的发生。

一体化竞争对手。如果行业的竞争对手在下游业务领域实施一体化，产能过剩的压力就可能会提升，因为企业渴望保护自己向下游业务链条供应的能力。在这种情况下，如果企业满足需求的能力不足，不仅会丧失行业内的市场份额，还有可能丧失下游业务单元的份额（或者增加获得内部供应的风险）。因此，企业最好能确保自己有充分的产能，哪怕对未来行业的需求不确定。如果竞争对手正在着手上游业务的一体化，情况也是一样的。

产能份额影响需求。在诸如航空公司这样的行业中，拥有最大产能的企业可能占有市场份额的比例更大，因为买方往往会优先选择这家公司。行业的这个特征会给企业带来巨大压力，几家企业会为了争取产能的领导地位不惜过度增产。

产能的新旧和类型影响需求。在某些行业里，比如许多服务企业，产能成了向买方直接营销的重要手段，拥有现代化设施、装修豪华的快餐店就一定能获得竞争优势。在某些行业中，如果买方选择企业的唯一或者部分标准是现有的产能，那么这个行业就存在着产能过剩的压力。

竞争原因

企业数量很多。当行业内有许多企业拥有实力和资源来增加产能时，产能过剩的倾向最明显。这些企业都会争先恐后地赢得市场地位，希望能够抢占市场先机。造纸业、化肥业、谷物磨制行业、航运业中过度增产的问题就很严重。

缺乏能够服众的市场领导者。如果有好几家企业在争夺市场领导地位，没有企业有足够的威望担当市场领导者，无法推动产能扩张的有序开展，增产过程不稳定的因素就会增多。如果行业内有个强大的市场领导者，足以号令天下，拥有充分的增产能力，满足行业的需求，在必要的情况下能对不自量力的对手施以沉重的打击，在这样的领导者的带领下，业界的佼佼者就可以联合起来通过声明和行动开展有序的产能扩张行动。我们在第 5 章已讨论了企业的信誉和发表声明的办法。

新企业进入。新进入的企业经常会制造或者加剧产能过剩的问题。它们争夺行业的竞争地位，而行业内现有企业则拒绝放弃。进入已经成了化肥行业、石膏制造业、镍制品等行业产能过剩的主要原因。如果进入某个行业比较容易，就比较容易出现过度增产的情况，因为行情火爆必然会招致大量跟风者入行。

先发优势。尽早订购并兴建产能往往会给企业带来先发优势，比如缩短设备的交付期、降低设备成本、抢先利用供需不平衡产生的机遇等。如果企业对前景比较乐观，为了抢占先机，许多企业会迫不及待地扩充产能。

信息流

未来预期出现膨胀。如果竞争对手关注其他企业的公开声明以及证券分析师的报告，就会发生对未来需求的预期过度乐观的情况。这种情况在乙烯和乙二醇行业出现过。这里要留意的是经理往往是乐天派，愿意主动争取，不愿意守株待兔甚至杞人忧天。

假设或者看法不同。如果企业对竞争对手和自己的相对优势、资源和在行业竞争中的耐力的看法不同，它就有可能给产能扩张的过程带来不稳定的因素。企业可能会错误估计（高估或者低估）对手可能投资的力度，导致自己盲目投资或者错过投资机会。前者直接导致产能过剩，而后者导致一些落后的企业拼命往前冲，试图追赶领先企业，引发进一步过度投资的浪潮。

切断市场信号。当企业因为新进入的企业、条件改变、近来爆发竞争大战以及其他诸多原因不再相信市场信号时，产能扩张过程的不稳定性也随之增加。如果市场信号灵敏可靠，就能推动行业产能扩张有序地进行，使企业互相预警下一步的行动，为预期的产能扩张的开始和结束做好准备等。

结构变化。与前一点密切相关，行业结构变化经常会推动行业产能的过度扩张，主要原因是它要求企业投资新型产能，或者行业结构变化的旋涡使企业更容易错误估计其相对竞争优势。

金融利益团体压力。虽然金融团体的存在有时候是一种稳定因素，但证券分析师的言论或者评判往往会给行业煽风点火，说其他企业都在投资建厂了，为什么你们还不去。管理者可能要向金融团体做出一些积极的承诺或者发表自己意气风发的看法，旨在力挺股价，但竞争对手会把这些企业壮胆的言论理解为挑衅行为，甚至开展竞争，坚决反击。

管理问题

管理层的生产导向。如果管理层向来关心生产，而不是营销或者财务，那么过度增产出现的概率就较大。在这类业务领域中，管理者会执迷于厂房设施的先进程度，唯恐自己会落后，虽然他们总是投资兴建最先进、最有效率的厂房，不管相应的风险如何。因此，这样的增产压力迫在眉睫。

风险规避不对称。可以比较两种情况。其一，其他企业都增加了产能，企业是唯一一家按兵不动的，失败的原因是产能不足；其二，企业和对手一样都在扩建产能，只不过因为需求没有实现，企业的产能过剩。后者在财务报表上至少不会太吃亏，相对竞争地位也未必就此失去；而在前一种情况，经理们可能饭碗不保，企业的战略地位可能也会失去。这样针对建立或者不建立产能的不同结果，可能会迫使所有企业在看到少数企业有所行动的情况下，竞相扩展产能，造成行业产能过剩。

政府原因

不正当的税收激励。税收结构或投资税收优惠政策有时候会鼓励过度投资，这在航运业是非常突出的问题。斯堪的纳维亚的税法体系鼓励企业将利润用于产能投资；如果利润没有用于投资，就会课税。只要行业条件允许，这种制度鼓励所有的航运业对产能进行再投资。在美国，本国企业海外分支的留存收益无须纳税，这项制度无疑也会刺激过度增产。

青睐于本地行业。受民族主义热情的驱动，有助于本地行业发展的行业政策出台，无疑会推动本地行业的进步，这样一来也有可能引发增产过度。很多国家试图建立立足本国的行业，希望能将多余的产能在世界市场上出售。如果相比世界市场，这个行业的最低效率规模较大，就有可能导致产能过剩。

增加或者保持就业压力。政府有时候会向企业施加投资或者不要撤资的压力，从而刺激或者保持就业，这也是政府工作的社会目标。这个要素使得产能过剩的问题雪上加霜。

限制产能过剩的因素

虽然上述很多产能过剩的起因存在，不过还是可以利用一些限制产能过剩的因素。最常见的如下：

- 财务限制。
- 企业实施多元化战略。这将提升资本的机会成本或拓宽管理层的视野，使他们从过分关注生产或者提高产能中转变过来，不要一味想着如何保护他们在传统行业中的地位。
- 在高层管理人员中引入具有财务背景的人员，替代那些具有营销或者生产背景的人员。
- 环境污染控制成本和促进增产的其他新成本。
- 大家普遍认为增产后，行业未来存在很大的不确定性。
- 过去产能过剩的贻害未消。

铝制品行业产能过剩的情况一直没有得到改善。到了 1979 年，上述诸多限制产能过剩的因素出现，打破了行业的传统模式。20 世纪 60 年代末，该行业的企业因产能过剩收益率很低。工资水平的规定也限制了行业需求高涨时企业的获利空间。受这些因素的影响，该行业的企业在财务上的表现无法令人满意，根本无力做出重大的投资，直到经历多年的繁荣局面，企业的情况才有所改变。此外，自 1968 年以来，建筑设施的成本提高了 3 倍。受这些条件的影响，该行业有可能打破过去产能利用的恶性循环。

有时候，一个企业可以在多方面影响产能扩张的过程，利用企业的行为向竞争对手发出信号，提示它们自己的预期、计划或者影响竞争对手对行业的期望。比如，下列行为可以让竞争对手对增加产能的行为望而却步：

- 宣布企业要大规模增加产能（见下文有关先发制人战略的描述）。
- 企业利用声明或者其他信号、信息说明企业对行业前景的悲观态度。
- 企业利用声明或者其他信号、信息影响其他企业对技术发展的判断。竞争对手会由此高估技术过时发生的概率。

先发制人的战略

在增长型市场中进行产能扩张的一种办法是先发制人的战略。其中，企业努力占据市场地位、率先扩张产能，阻止竞争对手增产或者进入行业。如果企业对未来的需求很明确，企业可以建立足够的产能来满足所有需求，其他企业可能会打消增加产能的念头。通常情况下，先发制人的战略不仅投资生产设施，就算投资的财务绩效结果为零甚至为负，也要坚持投资。若预期到未来的需求，企业就会增加产能，如预计未来的成本下降，价格也会顺势折中。

先发制人本身是一个具有风险的战略，它需要企业在市场结果明朗前提早投资主要的资源，开展行动。此外，企业一旦做出增产的承诺和行动，就不会轻易退却；如果这一举动没能成功制止竞争，而企业仍增加产能，其他对手也不会坐以待毙，坚持增产，这样就会爆发竞争大战，结果将是灾难性的。

先发制人的战略让企业面临着相当高的成本和风险。一定要明确这个战略成功的先决条件。只要任何一个条件不成立，就会失败。因此，先发制人战略的风险是实实在在的。

相对于预期的市场规模，产能扩张是巨大的。如果某个举动相对于预期的市场规模来说不算大，这个战略就很难称得上先发制人。因此，针对未来需求已知的情况，产能规模必须超过某个确定的最低值，才能收到预期的战略成效。然而，这里有个关键的问题需要大家明确，即每个竞争对手或者潜在竞争对手对未来需求的看法。如果所有竞争对手或者潜在新进入者都认为未来的需求很大，足以吸收先发制人战略的结果，企业就会照常投资。因此，企业如果想要开展先发制人的战略，必须要满足下列两个条件中的一个：第一，企业确信它明确了竞争对手的预期；第二，企业必须以某种方式影响竞争对手对未来的预期，从而保证自己的战略具有先发优势。如果竞争对手高估了未来的需求，实施先发制人战略的企业必须要让对手明白，一旦证明了未来市场需求高于预期的情况，企业将立即快速扩张产能。

相对于整个市场需求或者重要的经验曲线，企业具有相当高的规模经济效益。如果相对于整个市场需求，规模经济较大，先发制人的战略就有可能让对手相信，利用剩余的需求将使竞争对手无法实现效率规模（见图 15–2）。在这种情况下，如果竞争对手不放弃投资，就必须斥资，且与其他企业浴血奋战，实现产能的完全利用，否则就只能较小规模地投资。不论属于什么情况，面临的成本都比较高。这样一来，对手企业就只有两种选择，要么完全放弃投资，放弃增产计划，要么就开展小规模投资，但需要接受在成本上永远处于劣势地位的事实。

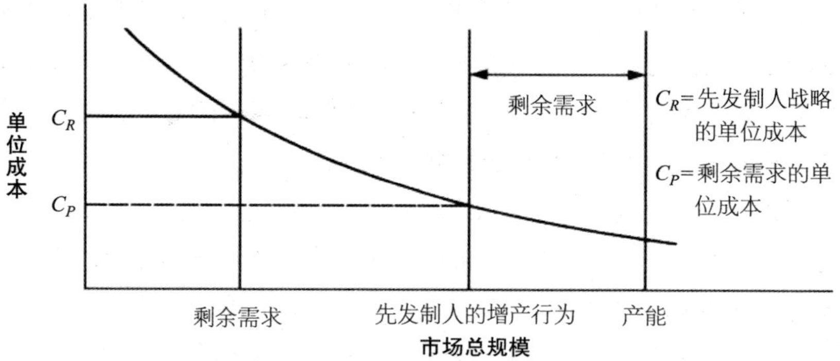

图 15–2　给定规模经济下利用先发制人的战略进行的产能扩张

如果存在重要的经验曲线，其利益能转化为专有知识，尽早投资扩大产能会让企业拥有持久的成本优势。

实施先发制人战略的企业拥有的信誉。先发制人的企业发表的声明，需做到言必行、行必果，让人相信它有能力执行先发制人的战略。信誉的确立要求企业具备一些条件，包括拥有必要的资源、需要的技术能力、按照计划投资取得的成绩等。没有信誉，竞争对手不会认真对待企业先发制人的战略，也不愿意应对企业的种种战略。

在竞争对手行动前，企业实施先发制人战略的能力。企业必须有能力发出信号，表明在竞争对手开展投资前，它会率先抢夺市场。这样企业就要赶在竞争对手考虑建立产能之前实现生产，或者企业必须通过声明或者其他渠道表明其抢占先机的决心。企业必须让对手相信它会坚决执行必要的战略，来履行其抢占先机的承诺，而这样做的目的就是先发制人。

竞争对手让步的意愿。开展先发制人战略的前提是，竞争对手会权衡与企业对抗的潜在后果，并认定风险很大，不值得与先发制人的企业殊死搏斗。竞争对手在做出这种决定的时候会受到很多条件的干扰。在某个特定的行业，如果企业的几个竞争目标是确立或者维持很重要的竞争地位，那么人们认定其下了血本实施先发制人的战略，并承担巨大的风险。对待下列竞争对手，企业实施先发制人的战略会有比较大的风险。

1. 竞争对手的目标不仅仅是经济目标。因为行业的历史传统或者其他情感牵绊，竞争对手非常重视在行业内的竞争，它们就会尝试反抗先发制人的企业，奋力确保自己的竞争地位，不管是否存在上述有利于先发者的优势。

2. 业务领域涉及竞争对手的核心战略或者与其业务组合中其他业务关系非常紧密。在这种情况下，虽然竞争对手明白不要和先发制人的企业对抗才是明智之举，但是竞争对手不会孤立地看待这个决定。对它而言，继续这项业务，在行业中继续立足才是真正重要的事情。这样一来，企业先发制人的战略几乎不会成功。

3. 竞争对手具有可持续性竞争优势、高瞻远瞩、愿意牺牲利益换取市场地位。会有一些竞争对手更看重在行业内取得长远的成功，并准备打持久战。在这种情况下，先发制人的战略也难以成功。

16 进入新的业务领域

本章分析了进入新的业务领域需要做出的战略决策。我们在这里选择了进入企业的视角，企业进入新的业务领域有两种途径：通过收购战略或者内部发展进入行业。本章阐述了两种进入方式及其对应的战略分析，希望帮助企业利用最好的战略选择正确的行业进入。

无论是通过收购还是内部发展进入新的业务领域，企业都要进行复杂的决策和实践过程，包括寻找业务领域、协商、整合资源、组织、激励和管理等。本书其他章节已经描述了行业分析和竞争对手分析的方法，本章的重点是如何利用这些方法来帮助管理者做出进入决定。我们可以看到，要确定哪些业务领域是企业进入的理想选择，有一些基本的经济原则；此外，企业需要借助这些原则确定公司的哪些资产和技能帮助企业进入新行业并赢利。这些原则决定了企业进入能否取得成功，虽然企业常常无暇顾及这些原则，因为企业总是在忙着考虑人力资源、组织、财务、法律和管理等问题。不过这些因素对企业能否成功进入某个业务领域同样有着重要的作用。

影响企业进入的经济因素取决于一些最基本的市场力量，无论企业什么时候进入行业，这些市场力量都会发挥作用。在经济学家看来，如果这些市场力量运作完全有效，无论企业做出什么进入决策，都不可能获得高于平均水平的投资回报。这个让人震惊的观点是分析进入经济规律的关键，一定要找到市场力量无法完美运作的行业条件。人们往往对进入行为想当然。我们分析的主要结论是，就算我们暂且抛开有关一体化和管理新业务的所有问题不管，并假设行业环境比较理想，业务发展态势良好，也不足以保证进入战略能够成功。无论是通过收购，还是内部发展进入，这个结论都成立。话虽如此，依然有很多办法可以帮助企业进入行业。

通过内部发展进入

企业通过内部发展进入行业，需要在行业里创造新的业务实体，包括新的生产设施、分销关系、销售团队等。即使是以建立合资企业的形式，面临的经济问题从本质上也是一样的，因为合资企业也是新成立的经济实体，只是出资双方的权责分工、实际业务操控和管理等问题会更加复杂。

分析企业通过内部发展进入行业时发现，企业首先要直接面对的问题是进入行业的两类壁垒。其一是结构化壁垒，其二是行业现有企业的预期反应。通过内部发展进入的企业必须要克服结构壁垒障碍，还有可能面临行业现有企业的激烈反抗。前者要企业付出的代价包括先期投资和启动损失，这是新企业开展投资的基础。现有企业会奋力反抗，企业面对的这种风险可以说是进入的附加成本，即遭到现有企业报复所需要承受的负面影响与反击发生的概率。这些负面影响包括降价、营销成本的提高等。

在本书第 1 章，我详细描述了结构化壁垒和决定现有企业报复发生概率的因素。企业进入某行业的决策是否合理，取决于针对下列成本和收益的权衡和分析。

1. 进入新行业必需的投资成本，包括投资兴建生产设施、存货（结构化进入壁垒还有可能提升其中某些壁垒）。

2. 克服其他结构化进入壁垒的附加投资，包括品牌识别度和专有知识。

3. 企业应对行业现有企业反击所需的成本，并与第 4 点做比较。

4. 在行业里经营预期的现金流。

很多针对企业进入决策的资本预算方案忽略了上述因素。例如，财务分析中，人们往往采用企业进入前行业的价格和成本，只顾及那些必需的可见投资，如构建生产设施和组建销售团队等。往往忽略了克服结构性进入壁垒的成本，如著名品牌连锁店、与竞争对手绑定的分销渠道、竞争对手优先拥有最好的原材料供应渠道以及开发专有技术的需要。进入新的业务领域还有可能提升稀有生产要素、设备或者劳动力的价格，这表明进入企业必将承担更高的成本。

还有一项因素经常被忽略，即新进入企业增加了产能，会对行业的供需平衡产生影响。如果这个通过内部发展进入的企业增加的产能规模很大，且企业力图全面利用产能，就有可能导致产能过剩。固定成本很高，会有可能触发降价行动，其他保证产能充分利用的行动也有这种效果。这些行动会一直延续，直到一些企业因为行业增长或者设施淘汰而退出行业为止。

在企业决定进入行业前，还有一点容易被忽略，那就是现有企业对新进入企业具有怎样的反应。行业内现有企业对进入的企业有很多种反应，具体见下文描述。最常见的反应是降低价格。这样看来，企业要做出是否进入的决策，一定要以低于现价的水平作为估算的基础。在企业进入行业后，往往很多年价格都一直处于低迷状态。在谷物湿磨行业中，可以看到嘉吉公司和阿彻丹尼尔斯米德兰公司进入行业后，行业价格持续走低。在佐治亚太平洋公司进入石膏行业后，其产品价格也是大幅锐减。

面对企业进入行业的情况，行业内现有企业还有可能在营销活动、特殊促销活动、质保条款、信用宽限以及产品质量提升等方面加大反击的力度。

企业进入行业后，还有可能触发行业新一轮的增产热潮，尤其是新进入的企业拥有比现有企业更先进的设备。在产能扩张方面，各个行业的稳定性不同，针对哪些因素导致了产能扩张时期行业的不稳定，请参阅本书第 15 章的内容。

企业可以提前估计行业现有企业的反应及其持续的时间。按照这些预计的结果，及时调整针对进入决策进行估算的成本和价格。

进入的企业是否会遭遇现有企业的报复？

若行业内现有企业认定反击进入企业的行动划算，就会对进入企业实施报复，主要出于经济和非经济两方面要素的考虑。企业通过内部发展进入，产生的破坏力较大，最容易引起其他企业的反击。这些企业的进入会让行业内现有企业认定未来的行业前景受到了损害，尤其在下列行业中最明显。因此，企业在选择进入哪些行业时，需要避免这些行业。

行业增长缓慢。企业通过内部发展进入行业，当然会从现有企业手中夺走一些市场份额。然而，在增长缓慢的市场里，内部进入的企业尤其不受人待见，因为这些企业的进入代表了绝对销售额的下降，遭遇其他企业报复的可能性极高。如果市场增长很快，就算行业里来了新企业，占用了一些市场份额，行业内现有企业依然能保持较高的财务绩效，而新进入企业创造的产能很快就会在不打压价格的基础上被市场消化掉。

产品属于大众商品或者类商品。在这类业务领域里，不存在品牌忠诚或者细分的市场。新进入的企业和行业内现有企业存在此消彼长的关系。企业进入这样的领域，必然对整个行业状态造成影响，因此价格战很有可能一触即发。

固定成本很高。若固定成本较高，新企业入行增加了产能，行业产能利用率不高就很容易引起现有企业的激烈反抗。

行业集中度很高。如果企业进入的行业集中度较高，其他企业的市场地位就会受到较大的影响。在一个高度分散的行业里，新进入的企业对现有企业的影响程度有限。已有企业不会怕自己受到很大的负面影响而奋起反击，也没有哪一家企业有能力对新进入者实施惩戒。在评价新进入企业可能碰到的报复时，显然明确每个企业受到的影响很重要。如果行业内现有企业感受到的影响各不相同，受到负面影响最大的企业往往最有可能反击新进入企业的行为。如果行业内现有企业受到的影响比较均衡，那么企业的进入也不会带来太大的威胁。

行业内的现有企业非常重视自己在业务领域的战略地位。当新进入的企业影响了某些行业内的现有企业，这些企业认定保持自己的业务份额具有重要的战略意义，那么进入就有可能引发其他企业的激烈报复。战略意义体现在下列某个方面：第一，企业依赖这项业务获得现金流或长远发展；第二，该业务是公司的旗舰业务；第三，该业务和公司其他业务之间具有紧密的关联。提升某些业务的战略重要性的因素在本书第 3 章和第 12 章中已有描述。

行业内现有企业管理者的态度。行业内如果有历史悠久、发展成熟的企业，尤其是单业务公司，新企业的进入就有可能导致这些企业的强烈反抗。在这些行业里，企业的进入往往被视为对行业的不敬或者不公正之举，行业内现有企业的反抗也更加激烈。在通常情况下，行业内现有企业管理层的态度和背景会在反击的过程中扮演着重要的作用。有些管理人员曾有过一些经历或者倾向，导致他们一旦面临新进入者，就会坚决实施报复。

现有企业过去对新进入者的态度和做法能让企业明白自己进入行业后，会遭到这些行业内现有企业怎样的攻击或者反应。对于企业的进入行动，现有企业过去有何反应？它们对于其他企业试图转变战略群体的行为又如何反应？这些问题的答案能给企业带来有用的线索。

明确内部进入的目标行业

假设进入行业的企业能够正确分析上述的进入决定，那么哪些行业适合企业进入？这个问题的答案要从明确结构化分析的基本框架开始。企业在某个行业的潜在赢利能力取决于五大竞争力：现有竞争者之间的竞争、替代威胁、供应商的议价能力、买方的议价能力以及进入威胁。进入企业是决定行业赢利能力的因素之一。当企业比较稳定或者处于平衡状态，进入企业潜在的赢利能力就反映了进入的结构壁垒高度以及进入企业对遭遇反击的预期。潜在的进入者会发现即使行业内现有企业的利润较高，计算自己的预期利润时，也只能得到平均水平的利润。这种结果不足为奇，因为新进入者必须要克服结构性壁垒，承担遭到报复的风险，要比当前已经取得一定成绩的企业承担更高的竞争成本。这些成本会减少进入企业获得的利润。如果进入企业的成本低于行业的平均回报，其他企业肯定早已抢占先机进入企业，蚕食利润至较低的水平，一直到企业进入的成本能抵消它们获得的利润为止。因此，企业在行业处于平衡的时候进入，往往不划算，除非企业拥有特殊的优势，否则企业的进入行为会让其得不偿失。

企业如何才能做到从进入行业的行为中获得高于平均水平的利润？首先要确定市场机制无法正常运作的行业条件。内部进入的主要目标行业可以归为下列几类：

1. 行业处于不平衡的状态。
2. 预计行业内现有企业的反击或者报复无效或者比较缓慢。
3. 企业进入成本比其他企业低。
4. 企业有影响行业结构的独特能力。
5. 进入行业的行动对企业当前的业务有积极的影响。

行业不平衡

并非所有的行业都处于平衡状态。

新行业。在增长快速的新行业里，竞争结构尚未成熟，此时企业进入的成本要低于以后企业进入的成本。这个时候，行业还没有锁定原材料的供货源，也没有确立明显的品牌识别度，行业内现有企业也还没有来得及对新进入的企业进行反击。现在的企业一门心思只想着扩张，但扩张的速度可能会受到限制。然而，企业不能只凭一个行业是新兴行业就决定进入。经过全面的结构化分析（见第 1 章），企业应确信在很长的时间里，能够获得高于平均水平的回报，证明投资有所得，否则就不足以认定企业可以进入。还要指出的一点是，在某些行业里，先行者进入行业的成本要比后来者进入行业的成本更高。第 10 章针对新兴行业的分析，阐明了进入行业的最佳时机。最后，总是会有企业不断进入新行业，企业要做出进入的决定，且相信自己能源源不断地获得高于平均水平的利润，就要有充分的经济理由认定后来入行的企业一定面临着更高的进入成本。

进入壁垒不断升高。如果进入壁垒不断升高，未来的利润抵消当前的进入成本将绰绰有余。作为首个进入行业的企业能使进入成本降到最低，有时候还能在产品差异化方面获得竞争优势。然而，如果企业可以尽早进入，这种优势将不复存在。因此，企业若想从进入行动中获得最大的优势，最好是早早进入，然后提升进入壁垒来阻挡后来的进入者。

信息匮乏。在某些行业长期存在进入成本和预期利润的不平衡，主要是因为潜在的进入者一直没有认清这个事实。如果行业信息封闭，无法引起著名企业的关注，这样的情况将时有发生。

一定要意识到市场力量会从某种程度上阻止进入企业的成功。由于行业的不平衡，企业预计进入行业会一帆风顺，市场也会给其他企业发出同样的信号，其他企业也会蜂拥而至，企图进入市场。因此，在企业决定进入前一定要清楚为何企业能从行业的不均衡态势中获益，其他企业为何不行。预测这一点的能力常常取决于企业尽早进入市场，了解行业不均衡的地方。因此，除非进入的企业能给其他企业设置较高的壁垒，阻止它们模仿，否则尽早进入行业的优势也会很快消耗殆尽。进入战略必须要考虑这些问题，并做好相应的准备和规划。

行业内现有企业的反击迟缓或者无效

如果行业内现有企业处于赢利状态，麻痹大意，信息闭塞，无法对新进入者实施有效的反击，那么其中就会出现预期利润和进入成本的不平衡，这种不平衡对进入的企业有很大好处。如果企业能最先进入行业，就能收获高于平均水平的利润。

如果行业不具备让行业内现有企业对新进入企业奋力反击的特征（具体见上文），而具备下列独有的特征的话，就能成为企业进入的目标行业。

行业内现有企业有效实施报复的成本超过了获得的收益。考虑进入的企业必须明白现有企业针对新进入者所做的估算，明白其对后者实施报复的概率。进入企业需要明白行业内现有企业要想打击报复进入的企业，自己要付出多大的代价。行业内现有企业能否保证自己会比新进入企业具有更持久的生命力？相比获得的收益，对新进入者打击报复的成本越高，实施报复的概率就越低。

进入企业不仅要选择行业内现有企业报复概率较低的行业进入，还可以对行业内现有企业实施报复的概率产生影响。例如，如果进入企业能让行业内现有企业相信自己将坚持不懈地进入行业，行业内现有企业可能不会浪费财力和人力来阻拦新企业的进入。

在行业中存在一个权威领导型的企业或者一群作为长期领导者的企业。主导企业习惯了以家长的眼光看待行业发展，不愿意展开竞争，懒得学习。行业领导者（无论是一家还是多家企业）往往自认为是行业的保护者和发言人。该企业可能会按照最有利于该行业的方式行事（比如保持价格不变、保证产品质量、维持高水准的客户服务或者技术支持），但实际上未必就是最佳的企业。只要行业领导者没有因受到挑衅积极反击，新进入的企业就有可能在行业占据一席之地。在镍制品和谷物磨制行业，这种情况已经出现。其中，像国际镍业公司和CPC国际公司这样的行业领导者就丧失了自己的行业领导地位，让新进入的企业抢占了市场地位。当然，这个战略的风险是，行业领导者一旦苏醒，进入企业就不会有任何成功的机会。因此，新进入企业一定要做好判断，深刻理解领导企业的管理风格和决策特点。

行业内现有企业为了保护自己的业务，反击新进入企业的成本很高。这种情况恰恰证明了本书第 3 章描述的竞争对手动机不纯的情况。比如，行业内现有企业要反对新进入企业使用新的分销渠道，这有可能让行业内现有企业疏远当前的分销渠道。如果行业内现有企业为回应新的竞争对手，需要减少主打产品的销量，或者帮助新进入企业的战略合理化，或者行业内现有企业在市场中反击新进入企业与其形象不相符，那么企业进入该行业的机会就存在。

新进入企业可以利用传统智慧。当行业内现有企业相信传统智慧的力量，认同一些行业竞争的既定方法时，没有传统知识束缚的企业往往能更好地洞察全新的局势，防止受到传统观念的影响。传统观念可能无处不在，存在于生产线、服务、厂房选址以及竞争战略的其他要素中。行业内现有企业可能会因为这些观点在过去很可靠，且墨守成规。

进入成本降低

如果市场力量的作用不会降低企业内部进入的可能性，那么并非所有企业都面临着相同的内部进入成本，但这种情况比较少见，风险也更低。如果企业能够克服结构性进入壁垒，且负担的成本比其他潜在的进入企业更低，那么这些企业进入行业也能获得高于平均水平的回报。企业在行业中竞争获得的特殊优势也会超过进入壁垒。

企业能否以更低的成本克服结构性进入壁垒，主要取决于两个因素：第一，企业是否能从已有业务中获得特定的资产或者技能；第二，企业是否开展了有利于引导企业形成进入战略观念的创新活动。企业要善于发现特定的行业，针对这些行业的进入壁垒，企业应具备克服进入壁垒的优势，包括专有技术、既定的分销渠道、众所周知的品牌名称，这些品牌名称的转让能给企业带来巨大的价值。如果还有很多其他可能进入的企业拥有相同的优势，这些优势就能体现在进入成本和收益之间的对比关系上。然而，如果企业拥有克服结构战略壁垒与众不同的能力，企业就能从进入行业这个行为中获利。通用汽车进入休闲汽车领域，利用汽车底盘、发动机的生产优势以及凭借长期的汽车经营获得的经销网络优势等，就取得了丰厚的利润。强鹿利用自身在农业机械设备领域获得的生产技术以及在产品设计和服务中的经验，成功进入了建筑设备行业。

如果企业在业界受到人们的广泛尊重，或者它进入某个行业，没有引起行业内现有企业的重视，认定其进入不会构成太大威胁，那么这个企业即使进入某个业务领域，也不会引起太激烈的反击。企业凭借自己的规模、资源或者公平竞争的名声获得了很高的声望；同理，如果企业做事不光明磊落，也会落个坏名声。企业长期以来一直局限于小众市场的竞争，很少开展价格竞争等，有了这样的经历，即使企业进入新的业务领域，行业内现有企业也不会认定它具有巨大的威胁。如果这些情况存在，企业进入行业被打击的概率就比较低，那么要克服反击的成本就要比其他新进入行业的企业更低。对这类企业而言，获得高于平均水平收益的概率就更高。

具有影响行业结构的独特能力

如果企业具备改变目标行业结构平衡的独特能力，不管市场力量的作用如何，企业都能通过内部进入赢利。如果企业能够提升行业中的移动壁垒，加大后来者进入行业的难度，行业中的结构平衡就会发生改变，先发制人的企业就能从进入这个行为本身获得高于平均水平的利润。当然，企业进入较分散的市场，有时候会引发一场行业变革，要么导致移动壁垒大大升高，要么使行业集中度大大提升，后者在本书第 9 章中已经有详细描述。

对现有业务实施积极的影响

就算行业不具备上述条件，企业通过内部进入，对它现有的业务产生积极的影响，就也能赢利。这种积极的影响可以是提升与分销商的关系、公司形象、预防威胁等。就算新业务的赢利水平一般，公司整体的经营回报也能提升。

施乐公司打算进入全国电子数据传输网络，就证明这种进入方式给企业带来的好处。施乐公司试图建立“未来办公室”这个通用的基础平台，这个基础平台的构成包括计算机之间的数据传输、电子邮件和各地办公网络之间的数据传输，当然还有传统的复印机业务。施乐虽然在数据网络业务上没有优势，但通过进入新的业务领域，它巩固了当前在传统行业的优势。伊顿公司进入了企业维修点业务。作为维修部件首屈一指的生产商，通过开展汽车维修业务，伊顿可以打开市场，确保自己不再服务于汽车制造商内部的经销服务部门，而这些部门往往只经销企业制造的部件。虽然伊顿公司没有理由怀疑进入维修业务领域，能够获得高于平均水平的回报，但这样的进入行为本身能够推进企业的整体回报。

进入战略的通用概念

企业进入行业有很多方法，主要取决于企业以更低的成本克服进入壁垒的方式。具体如下。

降低产品成本。找到成本低于行业内现有企业的方法来生产产品。要实现这一点可以通过下列途径：第一，全新的工艺技术；第二，厂房规模更大，收获更大的规模经济；第三，更先进的设施，这些设施是科技进步的结晶；第四，与行业内现有企业共享活动，从而获得成本优势。

低价买入。牺牲短期利润，逼迫竞争对手就范，获得更多的市场份额。这种方法要成功，就得使竞争对手不愿意或者无法对新进入的企业进行打击。

提供卓越的产品（广义定义）。企业的创新生产或者服务的理念将使企业克服产品差异化的壁垒。

发现新的小众市场。企业发现了尚待开发的细分市场或者企业有能力服务的具有独特要求的小众市场。找到小众市场，能让企业克服在产品差异化（甚至分销渠道）中的现有壁垒。

进行营销理念创新。找到新的营销产品的方式，克服产品差异化的壁垒或者绕开分销商的议价能力。

使用其他分销渠道。如果本企业的其他业务已经确立了分销渠道，企业进入新行业就可以在此基础上建立进入战略。

通过收购进入

通过内部发展进入行业与通过收购进入行业所使用的分析框架完全不同，因为收购就表示不会在行业中建立新企业。正如大家看到的，一些决定企业能否通过内部进入在新的业务领域取得竞争优势的因素，同样也会影响打算通过收购进入新的业务领域的企业。

通过收购进入行业，关键问题是明白收购价格是在各企业所在的市场形成的。企业所在的市场中，公司所有者是卖方，而收购企业是买方。在绝大多数工业化国家，尤其是美国，公司所在的市场非常活跃，其中出现了很多公司的转手和买卖。市场组织有序，包括大量的中间人、经纪人、投资银行家等，他们的任务是给买卖双方搭建桥梁，并从中收取佣金。近年来，随着中介机构和公司产权交易机构日渐发展成熟，企业产权市场的组织日益完善。中介机构积极为待售企业寻找多个竞价方，这已经成了司空见惯的现象。企业产权市场也是财经媒体曝光率最高的市场，数据搜集工作比较充分。所有这些都表明这个市场运作有序而高效。

企业产权市场有效率，就会大大减少任何收购行为获得高于平均水平回报的可能性。如果公司团队管理妥善，前景良好，其价格就能在产权交易市场中一路飙升。相反，如果公司的前景黯淡，或者对投入的资本要求很高，其售价就会低于其面值。如果产权交易市场在一定程度上运转有效，收购成交价将侵蚀买方的大部分利润。

当待售公司有保持并经营业务的选择余地时，它就有助于保持产权市场的效率。在某些情况下，企业有充分的理由待售，因而让自己无权选择，只能接受市场中买方的出价。不过，如果卖方有保留自己业务的余地，且售价并没有超过企业继续经营预期获得的价值，那么现在出售企业就未必是明智之举。企业未来经营预期的现值成了企业转让的底价。在出售企业的交易中，最终的成交价必须要高于这个价格，否则就不会出现产权的交易。在实践中，收购价格往往要大大高于卖家的底价，这样产权所有人才能获得相当大的溢价。在当前的产权交易市场中，远远高于市场价格的溢价是惯例，而非例外。

这种分析表明，赢得收购这场博弈将很困难。企业产权市场中，卖方有选择的余地，这一点很重要，一定要对照卖方继续经营的成本和从收购中获得的高于平均水平的回报。经调查，收购行为往往不太符合经理的预期，原因也许就在于此。这个分析与经济学家开展的多项研究的结果一样。经济学家提出卖方是产权交易市场的强势一方，买方未必能得到便宜。

这种分析的真正用处体现在，它让我们明白决定特定的收购行为所带来较高回报率的概率。当满足下列条件时，收购的赢利概率比较大。

1. 卖家选择继续经营，由此产生的底价不高。
2. 产权交易市场不完善，没有通过竞价机制去掉高于平均水平的利润。
3. 买方具备独特的能力，经营被收购的业务。

要注意的是，就算底价不高，竞价机制也会减少收购行为的赢利性。因此，收购的成功，至少得满足上述两个条件。

底价的高度

收购的底价取决于卖方是否有能力继续保持业务。这一点本身要取决于卖方的看法，而非买方或者产权交易市场的判断。显然，当卖方认定非卖不可的时候，底价最低，主要原因是：

- 卖方出现了不动产的问题；
- 卖方急需现金；
- 卖方失去了关键的经理人员，或者找不到合适的继任者。

如果卖家准备继续经营业务，对于出售的前景不看好，底价肯定比较低。在下列条件下卖方会认定自己经营业务的能力要比买方低：

- 卖方清楚自己要增长的业务将遭遇资本的限制；
- 卖方意识到管理的缺陷。

企业交易市场不完善

虽然企业交易市场组织有序，但是该市场有很多不完善的地方，也就是说竞价过程不会完全去除收购的利润。这些不完善的起因如下：第一，企业市场交易的对象都是独一无二的；第二，买卖双方有着非常复杂的交易动机。在下列情况下，市场不完善能够推动收购的成功，具体有以下几点。

1. **买方拥有信息的优势。**买方有能力更精准地预计未来某项收购的表现。买方可能对行业、技术发展趋势很了解，或者拥有其他竞价方没有的信息优势。在这种情况下，竞价机制无法消除高出平均水平的收益。

2. **竞价者很少。**竞价机制本身不会排除收购的赢利成分，当竞价者数目较少时，更是如此。如果待出售的企业经营业务比较特殊，或者说待出售的企业规模很大，就会很少有买方能买得起。买方进行协商的方式也会打消卖方寻找其他竞价者的念头（其他企业也不会参加竞价过程）。

3. **经济状况不佳。**经济状况不仅会影响买方的数量，还会影响买方购买的意愿。因此，企业如果在经济低迷期比其他企业损失的数量少一些，且愿意交易，就能收获高于平均水平的回报。

4. **待出售企业经营管理的状态很差。**经研究表明，如果企业管理不善，在出售时会大大贬值，主要是因为收购者希望收购管理有序的企业。因此，面对经营状况不佳的企业，竞价者数量就会减少，这些企业愿意出的价格也不高。怀特联合集团就成功地利用了这种情况，以低价买入一些发展前景不佳的企业或者分部，大力提升收购部门的赢利能力。

5. **卖方除了要提高售价外，还要实现其他目标。**对于收购者来说幸运的一点是，并非所有的卖方都试图抬高自己的售价。公司的售价往往超过针对财务状况所做的估值，卖方往往看重其他方面，比如买方的品牌和声誉；买方如何安置卖方的员工；卖方的管理层是否留任；如果卖方有意继续留在公司，买方打算在多大程度上干预卖方的经营。一般情况下，相比出售整个公司的管理层或者老板，只出售个别部门的企业管理者在出售时关注的非经济目标要少一些，他们自己也有可能继续在公司里留任。

这个分析表明收购者应该寻找那些因非经济因素出售的企业，且着力引导企业确立非经济目标。这还表明特定的收购者会因为对待某些事情的态度而获得优势。比如，如果收购方能证明在收购完成后好好对待员工和管理层，那么他们说服卖方的理由就更加充分。大型的收购者往往也有同样的优势，因为在所有企业的眼里，企业代表了所有者的心血，他们更希望将自己毕生的事业托付给一个有实力的蓝筹股公司。

运营被收购企业的能力

如果下列条件成立，尽管买方可以出价更高，但却依然能获得高于平均水平的利润。

1. **买方拥有独特的能力提升收购后卖方的运营成效。**具备独特资产或者技能的卖方能够提升待售公司的战略地位，这样就能从收购行为本身中获得高于平均水平的利润回报。其他竞价方认定收购行为不会大力提升被收购企业的地位，因此会在回报消失前，停止竞价。这类收购的知名例子当属金宝汤收购福来喜，古尔德收购艾特怡。

具备提升待售公司战略地位的能力本身不足以促进收购行为的发生。买方的这种能力必须独具特色，如果与别的企业没有太大区别，那么自然会有其他竞价方发现收购待售企业带来的潜在利益。这些企业会一直坚持竞价，最终压价到利润被蚕食殆尽的水平。

通过收购和内部发展进入新的业务领域在这方面是最接近的做法。无论属于哪一种情况，买方需要具备在新的业务领域里竞争的独特优势。通过收购进入行业，企业就能够脱颖而出，在竞价中取胜，同时保持高于平均水平的回报。而通过内部发展进入行业，企业能以更低的成本克服进入壁垒。

2. **企业通过收购进入行业，也能满足从内部进入的条件。**在讨论内部进入时，哪些行业比较适合企业进入的问题同样适用于收购进入。如果收购方能在收购基础上，改变行业结构或者利用传统智慧，或者充分利用行业内现有企业做出战略反应时迟钝或者无效的特征，那么在行业里获得高于平均水平利润的概率就会大大提高。

3. **收购会以独特的方式提升买方在当前业务领域中的竞争地位。**若通过收购能够增强买方在现有业务领域的竞争地位，收购本身带来的利润就不会在竞价过程中消失。这种逻辑体现在雷诺兹收购德尔蒙特的案例中。雷诺兹旗下有很多品牌，包括夏威夷潘趣、晋景和佛蒙特州女孩等，但这些品牌一直没能为公司赢得较多的市场份额。收购德尔蒙特让该公司获得了系统的分销体系，并与更多的食品经纪商建立联系，但当前雷诺兹公司旗下品牌进入国际市场的能力比较弱。虽然德尔蒙特的收益一般，但却给雷诺兹食品战略带来了积极的影响，这就表明雷诺兹其他业务从这次收购中获得了较高的回报。

不合理的竞价者

在为待售企业竞价时，一定要分析其他竞价者的动机和情况。虽然一旦高于平均水平的回报在竞价过程中不复存在，企业一般就会停止竞价，但从某个企业的角度来看，有些竞价者会坚持到底，这样的话就会大大减少收购的赢利性。发生这种情况有很多原因。

- 竞价方有提升待售企业的独特能力。
- 收购本身能提升竞价者现有的业务表现。
- 竞价者的目标或者动机不仅是利润最大化。也许增长也是一个主要目标，竞价者看中了收购的一次性财务收益或者喜欢待售企业的特质。

在这样的情况下，我们需要注意的是不能把竞价者愿意抬高价格收购企业作为待售企业价值提升的信号。仔细分析竞价者的出价及其背后的因素非常重要。

依序进入

在做出进入某个行业的决策时，必须要分析目标战略群体。本书第 7 章讨论的内容和本章前面的分析表明企业可能采取依序进入的战略，即先进入某个战略群体，然后转战到另一个战略群体。例如，宝洁公司收购了查敏纸业公司，查敏纸业一直生产高品质的卫生纸和卫生纸生产设施，但是品牌知名度很低，并且只有区域级的销售渠道。被宝洁收购后，查敏纸业依靠宝洁所在的战略群体，获得了宝洁公司的大量资源，从而进行提升品牌知名度的投资，实现了全美联网销售，提升了产品性能和生产设施。因此，查敏成功进入了新的战略群体。

依序进入的战略可以降低克服进入最终战略群体移动壁垒的成本，同时降低风险。随着对行业深入的了解以及循序渐进地提升品牌识别度，企业能降低成本，在进入行业的某个其他战略群体后，最终零成本地转入目标战略群体。通过这种方式进入，企业管理能够更加有序。行业内现有企业也有可能因为新进入者这种依序进入的方式，而弱化对其实施的打击报复。

依序进入的战略使企业对风险进行分级，从而降低了风险。如果企业开始进入的时候就失败了，企业就能节省后续的成本。企业无须将所有的筹码都摆在桌上，马上实现最终目标战略群体的进入。依序进入可以让企业积累资本，为后来转移战略群体做好准备，避免一次性克服移动壁垒付出较高的代价。此外，企业还可以通过依序进入的战略选择进入的战略群体，其中克服移动壁垒所需要的投资可以撤回，比如生产设施可以转让。企业一开始可能进入生产自有品牌的战略群体，在这一步骤成功的基础上，企业会继续进入需要较高投资的领域，比如克服移动壁垒需要开展大量的广告、研发和其他领域的投资。

分析依序进入战略的方法可以用来分析行业内现有企业的情况。假如某种依序进入的战略非常保险，那么行业内现有企业就一定要针对移动壁垒开展直接投资，提升壁垒，避免后来者的进入。

业务组合竞争分析方法

自从20世纪60年代末以来，多元化企业的业务组合分析方法得到了长足的发展。根据这些方法，我们可以针对企业拥有的多种业务组合，利用图形工具构建简单的框架，确定这些业务对企业资源分配的影响。对于制定公司层面的战略来说，组合分析的方法也非常有助于分析各个业务单元的经营情况。但是在制定具体行业的竞争战略时，业务组合分析方法却未必有效。可以说，充分理解业务组合分析方法及其意义，能够更好地帮助企业理解本书第3章提出的分析竞争对手的问题，尤其是面对正在利用战略规划进行多元化经营的企业时，更加得心应手。

针对组合分析最常见的方法，在很多文献里已有描述，在这里我们将不再做详细的讨论。我们在这里集中讨论两种最常见的方法，即波士顿咨询公司提出的增长率/份额矩阵和通用电气以及麦肯锡公司联合提出的公司竞争地位/行业吸引力矩阵。我们将简述这两种分析工具在竞争对手分析中的作用。

增长率/份额矩阵

增长率/份额矩阵将行业增长率和相对市场份额作为矩阵的变量，分别代表企业某业务单元在行业中的竞争地位，以及经营业务单元所必需的净现金流。这种做法反映了这样一个前提，即经验曲线（见第1章）在起作用，且拥有最大相对份额的企业生产成本最低。

综上所述，我们可以绘制如图A–1的组合示意图，每个方框代表企业的一个业务单元。虽然以行业增长率和相对市场份额为标准的划分法难免有些武断，但将业务单元分在4个象限，其核心思想是不同象限的业务单元其现金流的基本特点完全不同，需要用不同的方式管理。由此，我们可以明确企业正确建立业务组合的方法。

- 摇钱树：在增长缓慢的市场里具有较高相对份额的业务单元，其现金流状况比较理想，可以用来资助其他现有业务或者开发新业务。
- 瘦狗业务：在增长速度较慢的市场里占有较低相对份额的业务需要适量的现金投入，但由于这些业务竞争地位处于弱势，往往现金只入不出。
- 星级业务：在增长速度较快的市场里占有较高的相对份额，往往需要大量的现金来维持在市场中的优势地位，同时也能带来较高的现金回报。这类业务的现金进项和出项大致相当。
- 问题业务（有时候也被称为野猫业务）：在增长速度很快的市场里占有相对份额较低的业务需要大量的现金投入，但是由于在市场上不具备竞争优势，因此现金产出量不高。

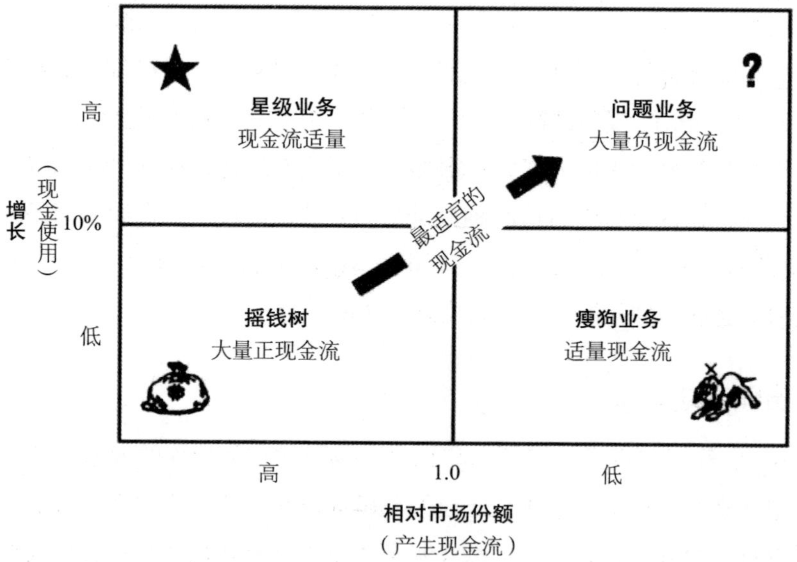

图A–1 增长率/份额矩阵

按照增长率/份额业务组合的思路，摇钱树业务成了发展企业其他业务的资助者。理想情况下，摇钱树业务可以将问题业务变成星级业务。这样做需要投入很多现金，保持业务的增长规模，获得市场份额，针对要将哪些问题业务转变为星级业务的决策就成了一项关键的战略决策。随着市场增速的减慢，星级业务将变成摇钱树业务。而没有进一步投资的问题业务应该及时收割，即回笼资金，将它们最终转变为瘦狗业务。企业针对瘦狗业务，可以进行收割或者舍弃。企业应该管理好自己的业务组合，按照波士顿咨询公司的观点，在厘清业务组合后，制定企业业务发展的优先级，保证整个业务实现现金流的平衡。

增长率/份额矩阵的缺陷

增长率/份额矩阵的实用性取决于很多条件，下面列出了最重要的几项。

- 需要正确地界定市场，与其他市场共享经验，并与其他业务市场建立彼此依存的关系。这个问题通常比较微妙，需要深入分析。
- 行业结构（见第 1 章）和行业内部的结构（见第 7 章）具备这样的条件：相对市场份额能很好地反映竞争地位和相对成本。这一点往往不太现实。
- 市场增长率能明确地反映需要的现金投资，但是利润（现金流）还要取决于其他多项因素。

增长率/份额矩阵在竞争对手分析中的应用

考虑到这些条件的限制，增长率/份额矩阵本身在决定特定业务的战略时不是特别有用。本书描述了很多相关的分析，在确定某个业务单元竞争地位方面非常必要，这是结合当前的竞争地位考虑具体战略的关键 。一旦完成这些前期的分析，业务组合工具能发挥作用的空间就比较有限。

然而，增长率/共享矩阵与本书第 3 章介绍的其他分析工具结合起来时，就可以成为竞争对手分析的重要组成部分。企业可以尽可能针对其重要的竞争对手，绘制对应的公司业务组合图，理想情况下，可以定期进行这样的分析。业务单元在业务组合中所处的地位，不仅可以帮助我们理解本书第 3 章中提出的一些问题，还能明确母公司的期望目标以及公司实施各种战略会给业务单元带来哪些负面影响。比如，收割的业务往往更容易失去自己的市场份额。比较竞争对手的业务组合和企业的业务组合能清楚地显示竞争对手某个业务单元与其他业务单元竞争地位的转变，这就能使企业了解竞争对手的战略方针。如果竞争对手在规划中也使用增长率/份额矩阵，矩阵分析的作用就会更加明显。就算竞争对手并不使用这种方法来分析自己的竞争优势，在涉及总体资源分配的问题上，也能充分使用业务组合的方法。

公司竞争地位/行业吸引力矩阵

还有一种方法是通用电气、麦肯锡和壳牌提出来的 3×3 矩阵。图A–2显示了这种工具的一种形式。两轴分别代表了行业吸引力和业务单元的优势或者竞争地位。使用图A–2的标准可以分析特定的业务单元及其对应的行业，表明其在矩阵中的位置。按照特定业务在矩阵中的位置，可以明确企业应该实施的战略方针是进行投资还是巩固自己的竞争地位，选择平衡现金产出和应用的关系，保持业务的份额，或者选择收割，甚至舍弃。行业吸引力或者公司竞争地位的预期变化能引导人

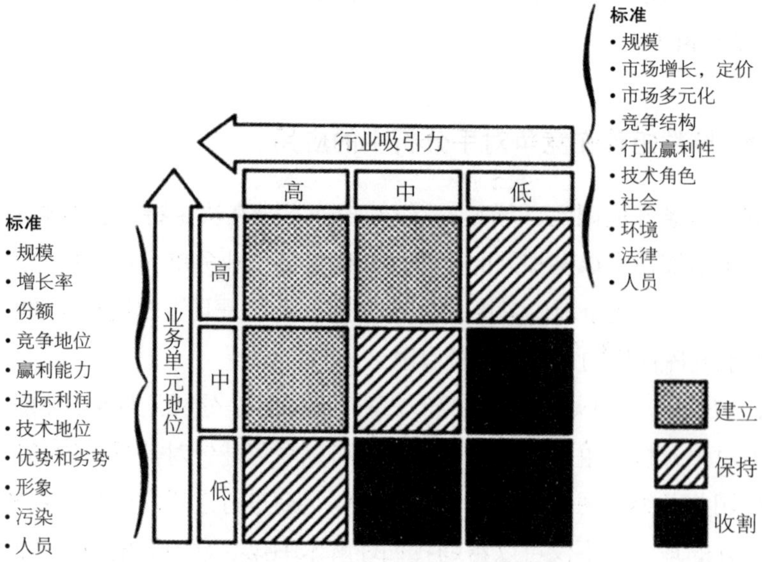

图A–2　公司竞争地位/行业吸引力矩阵

们对战略进行重新分析。企业可以在这个矩阵上分析自己的业务组合，从而确保正确实现资源分配。企业还可以按照不同的标准来平衡自己的业务组合，做好新开发业务和传统业务的调配，保证现金的产生和利用，在整个企业内部保持一致。

企业竞争地位/行业吸引力矩阵这个办法没有增长率/份额矩阵精确，因为它需要人们针对特定业务单元所处的位置做出一些主观的判断。它更容易被人们利用，因而饱受非议。鉴于此，人们会运用一些量化的权重方案，结合企业竞争地位/行业吸引力矩阵，增加整体分析的客观性。这个方法反映了每个业务单元都是与众不同的，需要独特的竞争地位和行业吸引力进行分析。正如上文所述，在实践中构建增长率/份额矩阵要求对每个业务单元进行个性分析。因此，从客观性这个角度来看，增长率/市场份额矩阵和企业竞争地位/行业吸引力矩阵之间的差距并不是很大。

与增长率/份额矩阵类似，企业竞争地位/行业吸引力矩阵在制定某个业务领域的竞争战略时，可以用作最基本的战略匹配性测试。在这个矩阵中，问题就在于具体的业务应该在什么位置，是否与对应的战略方针不符合，到底要采用什么战略，是稳固自己的竞争地位、保持现状还是进行收割。这些步骤需要使用本书提及的具体分析方法，图 A–2 本身不足以确定行业吸引力、企业的竞争地位或者公司的战略。比如这个筛选办法如何能帮助企业推断如何在衰退的行业里进行投资等。就这个问题的建议，请参阅本书第 12 章。

在开展竞争对手分析时，企业竞争地位/行业吸引力矩阵发挥着一定的作用，这与增长率/份额矩阵显示的情况类似。可以用来构建竞争对手的业务组合，理解竞争对手的业务从企业层面来看应该使用什么战略方针等。究竟是用增长率/份额矩阵还是企业竞争地位/行业吸引力矩阵，仁者见仁，智者见智。最重要的是每一种方法的使用都要得当。若知道了竞争对手使用哪一种，我们也应该进行相应的对照分析，这样能帮助我们更好地预测未来。要知道增长率/份额矩阵与经验曲线概念有着千丝万缕的联系。如果竞争对手深受经验曲线的影响，利用增长率/份额组合这个工具，就可以帮助企业更好地理解竞争对手的目标和行为。

开展行业分析的方法

如何进行行业与竞争对手的分析？需要什么数据？如何组织数据？分析数据的角度是什么？本附录回答了这些问题，并阐明了行业分析时遇到的其他问题。行业数据有两种：公开数据和通过采访行业参与者和评论家搜集的数据（现场数据）。在附录2中，我们将着重探讨重要的公开数据和现场数据的来源、数据的优缺点以及按照正确的次序有效应用这些数据的方法。

全面开展行业分析是一项声势浩大的工程，从头开始需要耗费人们数月时间。从着手行业分析开始，人们就会一头扎进浩瀚的数据大海中，搜集大量详细的数据，但对整体思路和分析框架却一无所知。没有正确的方法，人们毫无头绪，如无头苍蝇，结果必然是事倍功半。在考虑具体的数据来源前，一定要考虑开展行业研究的整体战略，明白一开始的关键几个步骤。

行业分析战略

制定行业分析战略包括两个重要的方面。第一是确定搜索的数据目标。找寻任何与行业有关的信息，这样的定义太宽泛，不能有效引导搜索过程。虽然行业分析中需要回答的一系列具体问题会因具体研究的行业对象的不同而不同，但是可以对重要的数据以及原始数据进行概括。本书已经确定了行业的关键结构特征、引起行业结构变化的重要力量以及有关竞争对手的重要战略信息。这些是行业分析的关键要素，本书第 1、3、7 和 8 章陆续确定了分析框架和关键要素。这些结构特征和竞争对手特点并非原始数据，而是针对原始数据分析的结果。企业在展开分析的时候，最好能理解系统搜集数据和信息的框架。表B–1 显示了简单或者全面搜集原始数据的框架。研究者可以全面分析里面每一个领域，借此更清楚地理解行业结构和竞争对手的情况。

有了搜集数据的框架，第二个重要的战略问题是如何在每一个领域分析拓展数据的信息。研究人员有很多种办法，可以循序渐进，系统进行，也可以随机分析。上文已经提到一定要先从整体上了解行业，然后再分析具体的领域。根据我们的经验，从全局掌握信息能够帮助研究者有效地搜集、分析、组织数据，并确定数据的重要意义。

在获得整体信息时，可以按照下列步骤进行。

1. **行业中有哪些企业？**首先要列出行业内的企业，尤其是行业领导者。明白行业内关键的竞争企业能有助于我们找到专业的文章和公司文档，下文探讨的数据将提高这个过程的成效。其中，获得数据源比较好的切入点是美国人口调查局制定的标准行业分类手册中披露的标准行业分类代码（SIC）。SIC 数据系统在数据的广度和深度方面对行业信息做了明确的分类，两位数分类过于宽泛，五位数分类过于细致，四位数分类比较合适。

2. **行业研究。**如果研究人员运气好的话，可能得出比较全面的行业研究报告或者相关的文章。阅读这些文章能让分析人员快速获得对行业的整体看法。（行业研究的源头将在下文讨论。）

3. **年度报告。**如果在行业里有公开上市的公司，研究人员就要尽快查阅年度报告。年度报告本身可能信息不多，但是如果快速浏览几家公司近 10 年甚至 15 年的年度报告，你就能很快了解行业的情况。年度报告中会涉及很多有关行业的信息，总裁致辞可以说是年度报告中最有启发意义的信息了。研究人员要仔细分析公司财务绩效背后的原理，这些信息能帮助人们理解对行业的成功至关重要的信息。还要留意公司对哪些方面的成就得意扬扬，对哪些业务领域忧心忡忡，企业在哪些方面发生了改变。一定要理解不同企业的组织方式、生产流程等信息，厘清同一个公司近几年来在年度报告的字里行间流露出来的有用信息。

研究人员往往是在研究的后期阅读年度报告和公司的相关文件。一开始就阅读年度报告，很有可能遗漏一些有用的细节，因为只有在研究了一段时间后，才能更全面地了解行业和竞争对手。

表B-1　行业分析原始数据的种类

数据种类	编辑
生产线	按照公司
买方及其行为	按年份
互补产品	按照职能领域
替代品	
增长 增长率 增长模式（季节性、周期性） 决定要素	
生产和分销技术 成本结构 规模经济 增加值 物流 劳动力	
营销和销售 市场细分 营销实践	
供应商	
分销渠道（间接）	
创新 种类 来源 速度 规模经济	
竞争对手——战略、目标、优势和劣势、假设	
社会、政治和法律环境	
宏观经济环境	

尽早开展调查，并获得数据

开展行业分析往往会碰到一个问题，就是研究人员往往会花费太多的时间寻找公开数据，在图书馆里浪费精力，然后才着手挖掘现场数据。正如本书上文所述，公开数据有很多缺点：时效性差、数据分散、挖掘不够深入等。虽然一定要对行业有总体了解，使现场访问的价值最大化，但研究人员不应该在开展实地调查前，试图处理所有的公开数据。相反，现场诊断和案例研究应该同时开展，彼此互相补充，尤其是在研究人员努力挖掘每一种现场调查数据源及其对应的佐证材料时。现场调查数据往往效率更高，因为它们能切中要害，无须浪费时间查阅无用的数据。访谈有时候能帮助研究人员确定问题的本质。不过，这样做往往会在某种程度上牺牲数据的客观性。

克服困难

经验表明，行业研究中研究人员的职业操守往往要经历U形曲线的考验。在一开始的时候，研究人员踌躇满志，非常乐观，之后随着行业研究的深入，会让人觉得困惑迷茫，甚至惊慌失措。接着，随着研究的继续深入，情况逐渐明朗，研究人员的心境转好。这种模式需要研究人员提前做好心理准备。

用于行业和竞争对手分析的公开数据源

行业不同，可供公开出版的信息源数量也大不相同。行业越大，发展越成熟，技术发展速度越慢，现有的公开出版信息就越多。遗憾的是，这些公开出版的信息很少会符合研究人员需要的数据要求。通过公开出版渠道获取信息，这是非常常见的方式，研究人员应该积极主动地去挖掘。一般来讲，在使用公开出版的数据来分析行业状况时，主要的问题是这些信息过于宽泛，或者说过于笼统，针对性不强。如果研究人员能以现实的依据处理数据，这些数据会更实用，研究人员也不会轻易放弃。

在使用公开出版的数据进行分析时要遵循两大原则。第一条原则是每一种公开发表的数据源都需进行仔细梳理，方便数据的相互对照，以供现场访谈参考。文章往往会引用一些个人（行业经理人、证券分析师等）的观点，这些人不会无缘无故被提及。他们要么消息灵通，要么是权威的行业观察者，说话很有分量。他们是行业的表率。

第二条原则是对已经披露的信息要整理出一个完整的参考文献。虽然完成信息的索引工作比较困难，但是这项工作不仅能节省研究结束后的参考文献罗列工作，还能省去很多重复性的研究工作，明确所有信息的来源。有关数据源的总结性信息或者信息复印件也很有用，这大大降低了重新阅读的需要，能推动研究团队内部的沟通。

虽然公开出版物的种类比较多，但我们可以按照常规的方法进行归类，具体见下文。

行业研究

能帮助人们理解一些行业概貌的研究大体可分为两类。第一类是指行业的研究专著，一般是由经济学家撰写的（当然也有例外情况）。这些书籍在图书馆的目录索引上可以很方便地找到，也可以通过其他信息源方便引用。一旦这些书面市，无论是行业内的竞争企业，还是行业评论家，都会了解这些书籍及其意义。随着研究的深入，人们也会反复问及这些研究的情况。

第二类是证券分析公司或者咨询公司刊发的财经文章，如弗若斯特沙利文公司、理特管理咨询公司和斯坦福研究中心以及华尔街证券研究机构等。有时候，一些专业的咨询公司针对特定行业搜集信息，如斯马特集团专注于滑雪行业，IDC公司（国际数据公司）专注于计算机行业。获得这些数据需要支付一定的费用。可惜的是，虽然有公开的市场调查研究目录，但却没有包含所有信息的统一检索方法。获得这些信息，最好的办法是通过行业观察者或者参与竞争的企业。

行业协会

很多行业都有行业协会，承担着搜集行业数据、发布详细的统计数据的任务。各大行业协会是否愿意为研究者提供数据，差异较大。通常情况下，如果有某个行业协会成员的介绍，研究人员获得数据的难度将大大减小。

不管行业协会能否成为研究人员的数据源，协会成员都要提醒研究人员与行业有关的出版信息，判定行业内主要的竞争企业，分享他们对行业职能的印象、决定企业成功的关键要素以及重要的行业趋势等。一旦接触了行业协会成员，研究人员就能利用这个渠道获得有意义的消息，包括竞争对手的情况及观点。

行业杂志

绝大多数行业都有一本或者若干本行业杂志，定期报道行业事件，有时候是每天一报。规模小的行业可能没有专门的行业刊物，有可能是某大型刊物的一部分。针对客户、分销商或者供应商所在行业的行业杂志，也是非常有用的数据源。

长期阅读行业杂志有助于人们理解行业竞争的动态和重要变化，诊断行业的标准和态度。

财经媒体

有很多财经出版物不定期报道行业和企业的情况。为了获得参考信息，有很多标准的目录，包括《商业期刊索引》、《华尔街日报索引》和《全文索引》。这些目录主要包括美国的公司，还包含了一些欧洲和国际公司。

公司目录和统计数据

美国有很多公司目录，包括上市公司和私有公司，有些公司透露的信息有限。很多目录公司是按照SIC编码收录的，从中能看到行业内的所有企业成员。完整的目录包括《美国制造商托马斯花名册》(*Thomas Register of American Manufacturers*)、邓白氏《百万美元级目录》(*Million Dollar Directory*)、邓白氏《中等规模市场名录》(*Middle Market Directory*)、《标准普尔企业化名册》(*Standard and Poor's Register of Corporations*)、《董事和总裁目录》(*Directors and Executives*)和穆迪出版物等。还有一类按照行业分类的公司目录是新闻前线《3 万家美国大公司》，但这个目录提供的财务信息有限。除了这些常见的公司目录外，还有其他潜在的信息源，包括金融杂志（《财富》、《福布斯》）和采购指南等。

邓白氏集团针对不同规模的企业制作信用报告，包括上市公司和私有公司。这些报告在图书馆内找不到，一般只向那些支付高昂固定服务费和个别报告服务费的订阅公司提供。邓白氏报告是了解私有公司非常有价值的数据源。但由于这类公司数据未经审计，必须要慎重处理，很多用户曾抱怨过数据存在谬误的问题。

此外，还有很多关于广告支出和证券市场表现的统计数据来源。

公司文献

绝大多数公司都会出版很多文献，尤其是公开上市公司。除了年度报告外，证券交易委员会要求的备案报表（10–K）、委托书、计划书和其他政府文件都可能有用。企业总裁发表的讲话或佐证材料也同样有用。此外，新闻报道、产品说明、用户手册、已出版的公司年鉴、年会文献、招聘广告、专利或者广告等也很有用。

主要的政府信息库

美国国家税务局在《美国国家税务局公司收益统计》中针对公司退税情况，根据公司在行业内的规模提供了广泛的年度行业财务信息。以此为基础的简化版本数据是美国国家税务局的《所得税统计》。这种数据有一大缺陷，即整个公司的财务数据被限定在某个行业内部，而对于那些有很多多元化企业的行业，这难免出现偏差。然而，美国国家税务局的数据很全面，最早可以追溯到 20 世纪 40 年代，它是唯一覆盖行业内所有企业财务信息的数据源。

另一个政府统计信息源是统计局。统计局使用频率最高的是《制造商统计》、《零售商统计》和《矿业统计》，这些统计也可以追溯到数十年前。与美国国家税务局提供的数据一样，统计局的数据不针对具体的公司，而是按照SIC行业编码分散统计。统计局的资料页覆盖了相当多的区域性行业资料。与美国国家税务局数据不同的是，统计局的数据是基于公司内部的数据整合，包括工厂和厂房，而非按照企业整体统计。因此，这样的数据不会因为公司开展多元化经营而出现偏差。《制造商统计》的一个特色内容是它的特别报告——《制造业集中度比率》。这部分内容提供了行业前 4 家、前 8 家、前 20 家和前 50 家企业的销售比例，并且对这个四位数 SIC 制造业的每个子行业都有统计。美国劳动统计局提供的《批发价格指数》是关于行业价格水平变化的统计，也是很有用的政府信息源。

政府出版的多种出版物中包含了多种索引目录，借此可以进一步获得政府信息。联系美国商务部以及其他政府机构的图书馆，也可以达到获取政府信息的目的。其他政府信息源包括监管机构文档、国会听证会材料以及专利局统计材料等。

其他信息源

其他一些潜在的有价值的出版信息源如下：

- 反垄断记录；
- 竞争对手厂址或者总部所在地的报纸；
- 本地税收记录。

搜集现场数据进行行业分析

在搜集现场数据的过程中，一定要确立数据采集框架，判定潜在的数据源，决定数据提供者的配合态度，制定数据分析的方案。图B–1 显示了现场数据调查最常见的数据源，包括行业本身的参与企业、相邻行业的企业和个人（供应商、分销商和客户）、与行业有联系的服务机构（包括行业协会）、行业观察者（包括金融界、监管者）等。从某种程度上讲，这些信息源都有自己独有的特征，研究人员也明白这些特征将很有助于自己分析工作的开展。

现场数据的特征

行业的竞争企业最不愿意合作的就是研究人员，因为企业很难确定自己透露给研究人员的信息是否会带来伤害。这就要求研究人员在接触行业内信息源时格外小心，下文将提供一些指导。有时候，企业会将研究人员拒之门外。

接下来最敏感的信息源是服务机构和人员，如咨询师、审计师、银行家和行业协会人员。这些人员工作有着严格的操守，承担着保密的义务。对于常规的行业信息，这些人员倒未必会完全避而不谈。行业研究的结果不会对其他数据源构成直接威胁。事实上人们往往会受益于行业研究。最能洞悉行业动态的外部观察者当属供应商或者客户企业的经理，因为他们一直关注所有企业。零售商和批发商也是相当不错的信息源。

研究人员可以与主要战略群体内部的所有人员交谈，这些人员能为他们提供重要的数据和交叉检验的背景。由于这些人员有着不同的视角，因此如果他们的观点有冲突的地方，甚至完全矛盾，研究人员也不应该意外。访谈最重要的艺术是能够

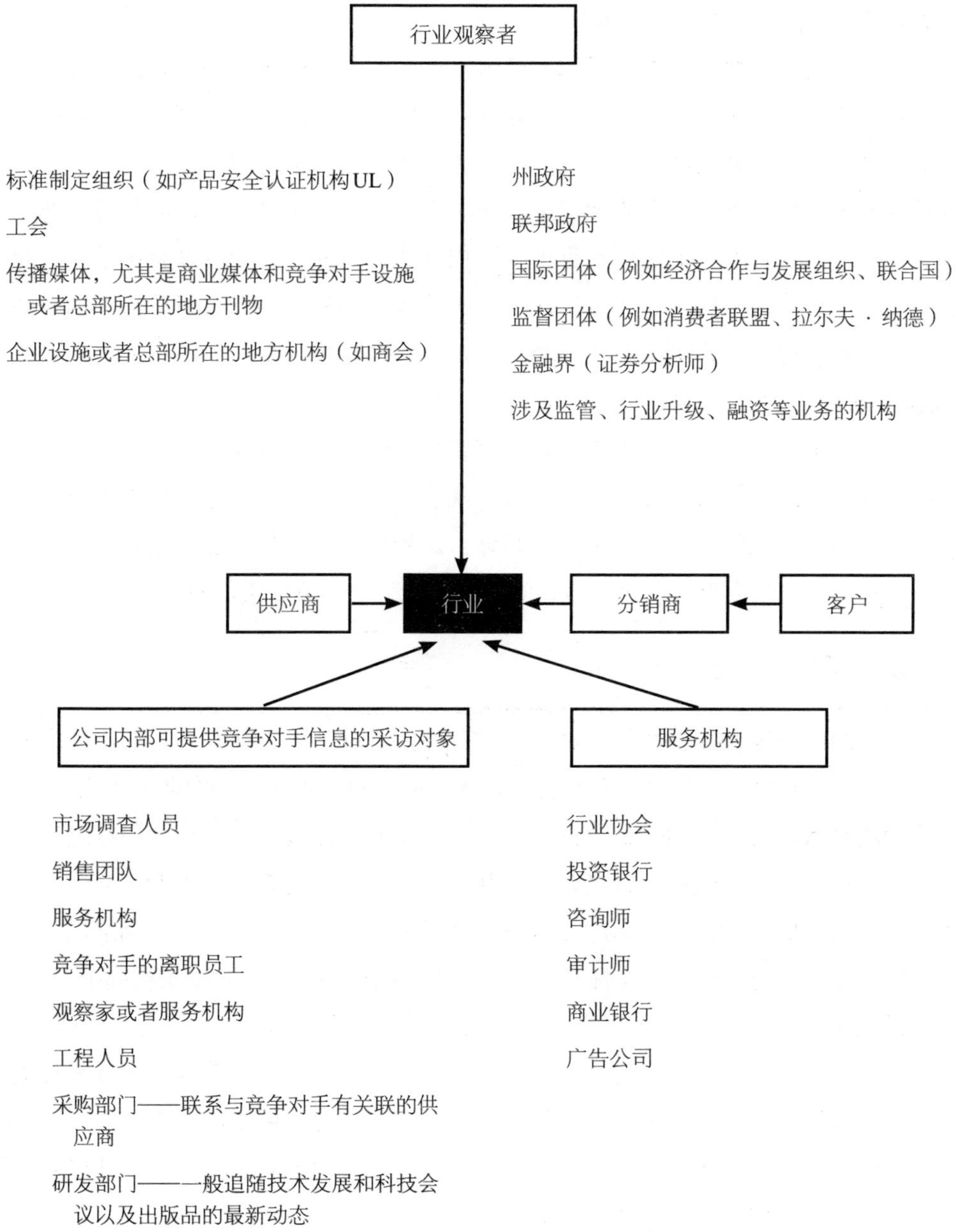

图 B–1　行业分析的数据源

交叉检验，从而验证观点的真实性。

研究人员可以从图B–1中展示的任何一点出发开展访谈。一开始，研究人员可以与对行业深刻了解的人士或者与行业没有直接经济利益关系或者竞争关系的人员讨论。没有利害关系的第三方往往能提供更开放、更公正的观点，通过这些，研究人员就能更详细、更不偏不倚地了解行业的全貌，明白哪些企业扮演着最重要的角色。当研究人员有能力提出更有见地、更加具体的问题时，就可以直接采访行业中的企业。但是，为了提升在所有访谈中的成功概率，一定要有人引荐，哪怕中间涉及多层关系。这一点将决定从哪一个人开始采访。现场研究总免不了随机应变。除了遵循某种方法外，还要找到好的切入点。

一定要记住，行业中很多成员和观察家都彼此认识。行业是由众多有血有肉的人组成的。因此，如果研究人员够内行，就能积极拓展信息渠道。如果现场采访的对象见识不凡，他们的言论经常见于媒体，这种情况就更加明显。还有一个访谈的好办法是参加行业会议，以比较自在的方式接触采访对象，进而建立私交。

现场采访

有效的现场采访很耗时间，过程非常微妙，可以从中收获众多行业研究需要的关键信息。虽然每个采访者都有自己的方式，但下列要点在实践中非常有用。

初次联系。与潜在的采访对象通过电话，而非邮件接触，能够大力推进工作的开展，也可以先邮件联系再打电话取得联系。对于发来的邮件，人们未必会马上做出回应，与写信人合作。电话能推动人们做出决策，如果打电话的人动之以情、晓之以理，接电话的人往往会被打动。这样做比单纯写邮件的成功概率要高很多。

提前安排。研究人员要尽快安排采访，因为整个期限会比较长，旅行时间和日程比较难协调。有时候需要好几个月才能安排一次采访。虽然绝大多数采访需要至少一个星期的时间来安排，但如果采访对象日程有变，留给研究人员的时间却不多。最好能够为某一次行程安排多名采访对象。如果他们有空的话，即使没有提前通知，也会愿意和研究人员见面。

投桃报李。安排采访的时候，一定要向采访对象投桃报李，感谢其抽出时间和研究人员共同研究某主题。回报的形式很多，可以是研究人员当前某个项目的研究发现（当然这些信息的透露是有选择性的），也可以是针对受访者意见深思熟虑后的反馈，或是研究报告定稿后的摘要或者节选。

表明身份。研究人员必须做好准备表明自己从属的机构，说明自己的身份，以及服务的客户的性质，这样接受采访的人就能知道自己透露的信息有可能在研究人员展开调查的过程中被其他哪些机构获悉。研究人员有道德义务去提醒采访对象其透露的某方面信息是否会有损于自己。如果没有表明研究人员的身份或者所属的企业或者服务的客户，一定要事先向采访对象说明本次研究的性质，以及接受采访的人员与行业的相关利益关系，否则采访对象一般不会答应（也不应该答应）接受采访。无法表明研究人员所属机构或者服务客户的性质，往往会限制采访本身的工作成效，但这未必会让采访完全无用。

毅力。无论研究人员应对采访工作多么驾轻就熟，安排采访常让人有非常泄气的地方。很多时候，人们会取消采访，或者采访对象公开表示对采访不感兴趣。但经验表明，一旦开始了会谈，采访对象的表现会更加积极一些，而采访者和采访对象之间的私人关系也会更加紧密。

可信度。研究者在安排并开展采访的时候，可以透露自己对行业的理解，这样能增强整体采访的可信度。这种理解应该在一开始接触时和采访过程时就显现出来。这能提升采访的兴趣，且对主题研究的开展也有益。

团队协作。采访是一项费心劳力的过程，如果条件允许，可以两人搭档完成。这样做比较理想，一个人负责提问，另一个人可以负责做记录，并思考下个阶段提出的问题，这能让采访者与采访对象保持眼神交流。团队作业还可以让双方在会谈之后或者当天会谈结束时，迅速做出总结。这对于后期的回顾和记录整理非常重要，可以检验两人对采访对象的观点理解是否一致，帮助分析采访过程，并整合两人的发现等。行业调查中的很多创新工作就是在这个阶段完成的。单独一个人完成采访工作时，也一定要预留出这样的时间。

问题。搜集精确的数据取决于提出正确的问题，使问题本身不会导致回答有偏见或者限制了回答者的回应空间，也避免了引导采访对象按照采访者的思路回答。采访者的措辞必须谨慎，不能无意间通过行为、语音语调或者表情暗示出期望的答案。绝大多数人都具有合作精神，会在会谈中表现得很礼貌。因此采访者绝对不能表露自己的观点，这样采访对象有可能为了迎合自己而不道出真相。

记录。除了做记录外，采访者还可以记录一些自己针对采访过程本身的看法。

采访对象使用哪一类公开出版物？他们阅读什么书？办公室多久装修一次？是豪华风格还是简约风格？采访对象在办公室里有没有摆放样品？这种信息往往能帮助研究人员更好地解释从采访中获得的语言信息，也能进一步引导采访者通过其他信息渠道深入了解被采访者和有关情况。

关系。一定要明白采访对象是人，且是初次见面，这个人有自己的个性，对于自己该说什么不说什么不太确定。采访对象的措辞和词汇、姿态和态度、肢体语言等都会透露出重要的信息，研究人员需要快速判断。好的采访者通常能很快与采访对象建立联系，努力按照采访对象的特点来调节采访的风格，降低采访对象心中不踏实的感觉，使谈话双方建立融洽的关系，而不是一直在抽象的商业层面讨论问题，这样的谈话获得的信息质量必然会受到影响，这样也有助于提升获悉信息的公正性。

营造氛围。在正式访谈结束后，往往能获得很多有用的信息。比如，如果研究人员计划好了参观工厂，采访对象可能会在参观途中敞开心扉，因为不再有采访过程的拘谨，而且工厂参观的气氛会比会谈的气氛轻松一些。研究人员应该努力营造氛围，调整提问的顺序，消除采访对象的拘束感。采访者可以选择一个中立的地点、安排旅行或者在饭桌上举行，进而畅谈，不要把问题局限在行业本身。

敏感话题。一开始访谈的时候，最好从一些不太会引起人戒心的问题开始，然后再提及具体的数字问题或者其他敏感问题。如果访谈涉及一些敏感话题，研究人员可以在一开始就声明不会提及一些专有信息，主要目的是调查整个行业的情况。如果研究人员不过度深究数据的精度，而主要问一些区间性问题，采访对象就会更自在，他们愿意用“大约多少，取整后多少”的方式回答。一般提问的方式是：“你们的销售人员有多少？更接近 100 还是 500？”

按图索骥。研究人员要在采访中花费一些时间提出这类问题：我们还能和谁聊一聊？我们应该熟悉哪一类出版物？我们是否有必要参加一些对我们有用的会议？很多行业会议一般都在 1 月和 2 月举行。有哪些好书可以推荐给我们读？这些问题能最大限度发挥采访的作用。如果采访对象愿意推荐其他人员接受采访，采访者一定要欣然发出邀请，这将有助于进一步推进后续的会谈。

电话访谈。在研究后期安排电话访问，工作成效会很明显。这个阶段的问题会更加集中。电话访谈非常适合供应商、客户、分销商和第三方信息渠道。